· 建筑学"十四五"江苏省重点学科(2021—2025 年)
· 国家自然科学基金青年项目"景观基因视野下的多尺度中东铁路工业遗产景观空间图式语言体系构建及应用研究"(项目编号:52008280)
· 国家自然科学基金青年项目"空间人文视域下大运河(苏南段)文化遗产的公众感知多维测度研究"(项目编号:52308029)

中东铁路近代建筑的技术表征与发展演化研究

司道光　屈丽艳　高飞　张兴　王传哲　著

东南大学出版社
SOUTHEAST UNIVERSITY PRESS
·南京·

图书在版编目(CIP)数据

中东铁路近代建筑的技术表征与发展演化研究 / 司
道光等著. -- 南京：东南大学出版社，2025. 3.
ISBN 978-7-5766-2073-3

Ⅰ. K928.713

中国国家版本馆 CIP 数据核字第 2025WL8498 号

责任编辑：朱震霞 责任校对：子雪莲 封面设计：王 玥 责任印制：周荣虎

中东铁路近代建筑的技术表征与发展演化研究
ZHONGDONG TIELU JINDAI JIANZHU DE JISHU BIAOZHENG YU FAZHAN YANHUA YANJIU

著　　者：司道光　屈丽艳　高　飞　张　兴　王传哲
出版发行：东南大学出版社
社　　址：南京市四牌楼 2 号　　邮编：210096
出 版 人：白云飞
网　　址：http://www.seupress.com
电子邮箱：press@seupress.com
经　　销：全国各地新华书店
印　　刷：广东虎彩云印刷有限公司
开　　本：700 mm×1100 mm　1/16
印　　张：15.75
字　　数：350 千字
版　　次：2025 年 3 月第 1 版
印　　次：2025 年 3 月第 1 次印刷
书　　号：ISBN 978-7-5766-2073-3
定　　价：61.00 元

本社图书若有印装质量问题，请直接与营销部调换。电话(传真)：025-83791830

目 录 ▶▶▶

1 绪论

1.1 研究的背景与意义

1.1.1 研究背景

本研究是建立在中东铁路近代建筑文化特质的研究基础之上,经过多次调研考察,综合比对、筛选过往研究而定。研究主要是在一个客观、理性的基础上,对中东铁路近代建筑的技术体系进行系统的构建,通过交叉学科的研究方法和建筑模拟实测分析,对中东铁路近代建筑技术的表现形式、内在特点和技术水平进行评估,在当下研究重"样式"轻"技术"的环境下具有一定的实际应用意义。作为曾经的西伯利亚大铁路的一部分,中东铁路绵延 1 480 km(干线),修建于 1897—1903年,沿线遗存了大量的具有历史价值、文化价值、技术价值的近代建筑。根据笔者调研统计,截至 2015 年,中东铁路全线现存各类建筑遗产和铁路设施 2 600 处,分布在内蒙古东北部和黑龙江地区,这些近代建筑经历了时间打磨和政治变迁,在当前弥足珍贵。

1.1.1.1 东北地域建筑技术转型的起点

19 世纪末的中国东北地区处于近代中国文明转型的停滞区,由几千年的封建社会延续下来的农业文明依然处于主导地位,经济状态和结构依然处于十分落后和不发达的层面,除了齐齐哈尔、阿什河、双城、呼兰、海拉尔、墨尔根、瑷珲等一些都城外,绝大多数地区仍处于蛮荒和未开发的状态。以文化地理学的观点来看,其建筑形式和技术一方面在中原文化核心区的影响下呈现出传统的中国建筑文化特质,另一方面由于地处边缘文化区而呈现出一些边缘建筑文化特色。文化地理的边缘性决定了近代东北地区的建筑技术和形式容易受到其他文化的影响。

而同时期的欧洲,第二次工业革命已经展开,并且由英国向西欧和北美蔓延,工业飞速发展,煤炭、纺织、电力、钢铁、通信等行业中,新兴科技如雨后春笋般不断出现。中东铁路修筑之后,在沙俄的推动下,东北地区进入了近代化的嬗变时期,在这一过程中,社会思想、生活方式、建筑技术都发生了巨大的改变,代表西方建筑文明的砖石混合建筑形式、三角桁架体系以及钢铁、水泥、玻璃等新型建筑材料都对彼时东北的建筑体系产生了强烈的冲击,使得东北地区的建筑技术经历了整个中国建筑史上最为深刻和剧烈的转变过程。此后中东铁路沿线大量兴建了采用新材料、新结构、新技术、新设备的各种类型建筑,中国传统的木构架技术则逐渐退出;建筑技术的观念也经历了激烈的变革,从原来的鄙夷抵制转变为借鉴学习。

1.1.1.2　当前社会学术研究的热点所在

从 20 世纪 80 年代起,日本近代建筑研究的相关学者就多次向中国建议加强对技术史方面的研究。1986 年,藤森照信在第 1 届中国近代建筑史学术年会上做了题为《日本近代建筑史研究的历程》的学术报告,并指出"任何式样都是建立在其技术基础、技术背景之上的",这一观点可以说是受现代主义的建筑观的影响产生的,以此提醒我们对技术史的研究;1987 年,村松贞次郎在清华大学讲演《近代建筑史的研究方法》中强调"在建筑结构的调查中,仔细考察所用的金属件,可以帮助我们确定建筑物的年代和当时的工艺水平⋯⋯建筑物所用的钢材也很有意思⋯⋯建筑物内部墙面的瓷砖⋯⋯需要做切面检查,有时还需要用化学方法加以分析";1992 年,村松贞次郎在第四次中国近代建筑史研究讨论会上做了题为《近代建筑的保存意味着新的创造》的学术报告,指出"前人精心设计建造了这些建筑,他们是怎样想的? 怎样施工? 如何使用材料? 只要我们沿着前人留下的痕迹去追寻,就会给古旧的建筑以新的生命";到了 2008 年,在福州举办的中国工业遗产国际学术研讨会上,东京大学包慕萍、村松伸的报告《中国近代建筑技术史研究的基础问题》指出中国目前对洋式木屋架、砖结构、钢结构、建筑材料、技术传入等方面还没有开展全面的研究。因此,清华大学张复合教授指出,"回顾二十七年来的中国近代建筑史研究,虽然在技术、样式、思想(通史)三方面都有所涉及,但是在建筑技术方面是最薄弱的"。有鉴于此,2012 年召开的第 13 届中国近代建筑史学术年会开辟了"近代建筑技术及材料"专题,鼓励近代建筑史研究者关注建筑技术的考察和探讨(相关论文 9 篇,占所接受论文的 10.8%);2013 年 8 月,由清华大学建筑学院、中国建筑学会建筑史学分会近代建筑史学术委员会共同举办的"2013 年近代建筑技术史国际学术研讨会",拉开了全国范围内近代建筑技术史研究的序幕,如今关于建筑技术方面的研究已经成为学术热点所在。

在研究主题上,建筑技术是研究热点;在研究区域上,东北地区也是学者的关注所在。如刘亦师以历年中国近代建筑史年会为例,统计出 1986—2015 年共正式发表相关论文 755 篇,研究对象多位于传统政治中心城市和开埠城市,且多半与华东地区有关,受研究关注较多的城市多为人口密集、交通便利地区,并以沿海、沿江、沿铁路干线城市最多;张家浩则以中国工业建筑遗产国际学术研讨会为例,统计分析得出哈尔滨工业大学建筑学院为重要的学术研究团体(发表学术论文 24篇,比重 7.9%),而东北地区也是历年的热门研究地区。

综上所述,无论是在研究的主题上,还是在研究的区域分布上,中东铁路建筑技术方面的研究都属于关注焦点之一。

1.1.1.3 中东铁路建筑保护的迫切需要

近年来关于历史建筑保护(修复、改建、扩建、重建等)的事例比比皆是,但相关报道和评论中从技术角度发出的声音并不多。我们听到较多的是:修复讲究"整旧如初"(或"修旧如旧");改建讲究"不破坏原貌";扩建讲究"尊重原建筑的整体性";至于重建,则讲究"原汁原味"。但是,众多的历史建筑保护事实证明,能够"照葫芦画瓢"就算是好的了,实际上更多的是"画虎不成反类犬"。当时的建筑材料废弃了,当时的结构体系改变了,当时的构造方式更新了,当时的施工工艺则更是无从谈起了。这样的"保护",抹煞了多种历史信息,保护下来的还能是历史建筑吗? 可以说,从建筑技术角度看近年来中国近代建筑的"保护",似乎都有"破坏"的嫌疑。经过无视历史建筑其本身的技术含量的一番"保护",此物已非彼物,谈何"原汁原味"?

中东铁路沿线的近代建筑也不例外。在自然侵蚀、经济开发、铁路改造、政治变迁等因素的影响下,大量的中东铁路近代建筑都面临着消失、拆毁的命运。虽然中东铁路建筑群在 2006 年就已经被列入第六批全国重点文物保护单位,并在 2013年和 2019 年得到增补,但是其数量只有 237 栋,仅占现存遗产比例的 16.4%,空间分布以扎兰屯、牙克石、齐齐哈尔、尚志、一面坡、哈尔滨、海林、横道河子等较大城市为主,沿线大量中小城镇的铁路遗产鲜有涉及,其结果就是多数铁路遗产的保护成为一纸空谈,大量具有历史信息的建筑遗产被拆除,成为一堆瓦砾,任由风沙侵袭(图 1-1)。

图1-1　正在消失的中东铁路近代建筑(博克图、兴安岭、满洲里)

1.1.2　研究意义

(1) 填补中东铁路近代建筑技术研究的空白

中东铁路近代建筑技术转移的一个重要特征就是它蕴含了技术转移中的"社会形塑"和"再语境化",尤其是中东铁路跨越中俄两国,其政治、文化、经济、信仰等方面的不同因素造成了中东铁路近代建筑技术表现形式的多样化。然而技术的研究与建筑形式、功能、美学等方面的研究有着截然不同的特点,技术明显偏重于建筑"内在"的分析,即研究的对象虽然属于"实体",但是却属于很难发现、探索的"实体"形式,其调研、分析等基础方面的难度使得中东铁路近代建筑技术的研究偏少,多数的研究也停留在材料、墙体等一些极易发现的技术形式阶段,而对建筑整体结构、屋架表现形式、基础构造处理等难以发现的层面以及室内热工环境等深度层面的研究较少,这也是本研究需要解决的问题。

(2) 梳理中东铁路近代建筑的技术水平

1760年代的工业革命完成了工坊手工业到机器手工业的过渡,在建筑行业的变革以工业建筑为例,出现了生铁结构、钢筋混凝土材料等前所未有的结构和形式,建筑也开始向高度更高、跨度更广的方向发展。而俄国经过彼得大帝的改革,以俄罗斯的欧洲城市圣彼得堡为先锋,开始了政治、经济、军事的全方面西化过渡。1842年莫斯科—圣彼得堡铁路的通车,象征着俄国工业时代的到来,此后西伯利亚铁路、环莫斯科铁路的修建都对俄国建筑技术的发展产生了重要的影响。但是中东铁路建筑技术的研究不等同于同一时期俄国建筑技术的研究,因为作为"黄色俄罗斯"计划的一部分,中东铁路的修筑技术和施工程度甚至优于西伯利亚大铁路的其他地区,其结构技术也采用了当时国际一流的结构形式,其应用和探索的过程甚至对俄国后期的铁路建筑施工产生了反馈影响,因此研究中东铁路近代建筑技术水平,对于了解其技术地位和结构形式具有重要的作用。

（3）为中东铁路近代建筑的相关保护研究提供技术支持

随着国民遗产保护意识的增强，保护中东铁路近代建筑成为越来越多人的呼声。2014 年安达、肇东车站的整体平移使人们意识到了解中东铁路近代建筑技术对其保护平移的积极作用；而近期对于霁虹桥拓宽、拆毁还是平移的热议，也使得人们对其技术性的研究变得日趋重要。本书的相关研究即为这些问题的解决提供了技术性的支持。

另外，经历了一百余年的长期使用，多数中东铁路近代建筑也面临着一系列问题，如屋面的锈蚀破损、墙体的裂缝倾斜、各类构建的腐朽脱落、基础屋架的残损剥离等。造成这些问题的原因除材料使用寿命造成的不可抗拒的因素外，其本身的结构设计也是其中的重要因素。分析中东铁路近代建筑的材料、结构技术，探讨其合理、不合理的技术组成，从而扬长避短、物尽其用，也能为这份遗产的保护、更新提供相应的技术支持。

1.2 国内外研究综述

1.2.1 近代建筑研究综述

"近代"是一个特殊的名词，亚洲的"近代"和欧洲的"近代"在时间划分上有所不同。在亚洲，"近代"是指伴随着欧美国家的殖民扩张，中国部分地区、日本、朝鲜半岛开始殖民化直到自由民主制度建立之前的这段时间，因此，关于近代建筑技术的研究范围也主要是这段时间的这些地区。

1.2.1.1 国外对近代建筑的研究

（1）日本

日本对近代建筑技术的研究以村松贞次郎的研究最为典型。日本对近代建筑的研究起源于 1960 年代，战后，经济的高速增长，伴随着近代建筑的拆除，掀起了近代建筑研究的热潮，但不同的是日本近代建筑的研究首先是从技术方面入手，然后才是关于建筑风貌、建筑思潮方面的研究。其中 1959 年村松贞次郎的《日本建筑技术史》、稻垣荣三的《日本的近代建筑》以及 1966 年桐敷真次郎的《明治的建筑》奠定了日本建筑史研究的框架，藤森照信曾经评价"读了村松、稻垣、桐敷的三本书，就可以领略当时的日本近代建筑史研究的总体水平，村松为技术史，稻垣为思想史,桐敷为样式史,各为三个不同角度的日本近代建筑通史。无论是阅读哪一本,都感受甚深,这三本书构筑了日本近代建筑技术史的技术、样式、思想研究的'三大框架'"。

1961年村松贞次郎提交了题为《日本建筑近代化过程中的技术史研究》的东京大学博士论文,后在此论文的基础上改编出版了《日本近代建筑技术史》,在书中介绍了西方建筑技术的移植、政府机构的近代化发展、砖墙的建筑时代、木质结构建筑的现代化、木工技术、新建筑材料的引入发展及钢筋混凝土的应用、建筑行业及施工技术、战后的建筑技术和设计八个方面,其研究的深入被认为是日本近代建筑技术史研究的开山。随后,村松贞次郎于1964年和1965年先后出版了《日本科学技术史大系17卷·建筑技术》和《日本建筑家"山脉"》等著作。村松贞次郎的不断努力,引发了日本建筑技术史研究的第一个高潮。

到了1970年代后期,以村松贞次郎为代表,日本建筑学会设立了"明治建筑小委员会"分会,对日本近代建筑的技术进行了普查研究,并于1980年出版了《日本近代建筑总览》,从而在1970—1980年形成了日本近代建筑技术史研究的第二个高潮。该书统计了从明治到战前,包括日本本土和日本统治时期的朝鲜以及中国台湾地区的所有近代建筑共计一万二千余栋,尤其是附录中的建筑清单包括建筑名称、地点、年代、结构概要等事项,这为本研究提供了丰富的横向比较材料,意义颇深。除了村松以外,也有其他学者对近代建筑技术进行了研究,如1993年藤森照信在《日本近代建筑》中分析了西洋建筑传入日本的过程、流变、主要的建筑师和现代主义建筑的产生,其中第十章分析了明治时期(1868—1912年)建筑学的"构造学派",阐述了学派主要人物佐野利器、内田祥哉、内藤多仲等为了满足建筑抗震、防火要求而做的一些技术尝试,如刚性构造加固法、钢筋混凝土、耐震壁、"准防火"构造等,这些做法是否通过日本"海渡建筑师"传入南满地区,进而和中东铁路建筑产生技术交流? 这些都为本研究提供了借鉴的思路。

(2) 韩国

韩国和中国东北同处东北亚地缘政治圈,其近代化的转型过程也和东北比较相似,因此韩国对近代建筑技术的研究有许多值得我们借鉴的地方。韩国对近代建筑的研究过程与中国类似,也是先从史学、建筑功能、形式、艺术等方面入手,然后才逐步过渡为对建筑技术的研究;不同的是,韩国基本上在20世纪90年代就已经完成了从美学功能到技术研究的过渡,且现在对近代建筑技术的研究愈发具体和实际。

① 通史性研究

从史学、通论的角度介绍韩国近代建筑的专著较多,如《韩国洋式建筑80

年——解放前篇》《韩国建筑技术发展百年史》《韩国近代西式建筑的引入及影响研究》《韩国近代建筑发展过程研究》《日治时期建筑图纸设计注解》《日治时期西式建筑体系的应用与演变特征》等，这些专著从通史的角度分析西式建筑引入的过程及演变。值得注意的是，与伪满洲国时期满洲建筑协会的会刊《满洲建筑杂志》相似，韩国在日治时期也成立了朝鲜建筑协会，其会刊《朝鲜与建筑》在1922—1943年一直发行，这对于了解当时的建筑风格和技术等信息均有一定的帮助。

② 建筑技术研究

近年来韩国学者对近代建筑技术的研究更加细化和具体，研究对象也偏向于具有代表性的建筑技术、建筑结构、西式屋架等方面。关于建筑材料的研究，《李氏朝鲜晚期西洋建筑技术的引入》分析了李氏统治晚期各类建筑材料的引入过程，如木材来自日本，砖材来自中国，其他材料则通过中国东北从欧洲进口，近代建筑材料的引进也促进了韩国建筑师、工程师和学徒的职业划分，奠定了韩国建筑业的行业机制；《从立面表象谈吉林边务督办公署的建筑价值——结合日、韩近代建筑及近代建筑技术》通过比较延边边务督办公署和近代韩国建筑，指出韩国的烧砖技术和技术人员均从中国引入，从"明东教堂"设计中法国神父选择中国制砖因而对中国制砖技术做出了肯定的评价。

关于建筑结构的研究，《20世纪初韩国混凝土屋面板研究》以德寿宫石造殿、朝鲜银行和朝鲜旅店三处案例，对混凝土楼板的形式和常用工字钢尺寸进行了研究，指出韩国第一个应用混凝土楼板的是德寿宫的石造殿，其建筑技术源于英国，由日本海军部在1890年代引入韩国，并且对德寿宫的其他建筑产生了影响；《20世纪韩国钢筋混凝土结构的引入发展研究》表明钢筋混凝土结构最早应用在建筑的基础部位，在发展演变上，经历了工字钢＋拱形铁板混凝土—工字钢钢骨混凝土—预制卡恩式混凝土—埃纳比克式现浇混凝土四个阶段的演变过程；《20世纪初韩国砖墙系统研究》结合21本关于建筑技术的图书和44处近代建筑对韩国近代建筑的外墙厚度、基础处理、檐口形式、屋架墙体的连接进行了分析。关于近代建筑屋架的研究，《韩国近代化过程中对西式木屋架的接纳分析》调研了31处韩国近代建筑，指出韩国和日本一样其木屋架结构技术均由西方传播而来，日本由于1891年的浓尾地震而开始学习西式木屋架，并且经过30余年的努力已经将西式木屋架与本民族的屋架技术进行了融合，韩国在近代化过程中也将西式屋架的斜撑、系梁等构件融入到自己的屋架结构中，形成了韩国自己的技术特色；《20世纪初韩国木屋架体系研究》指出，韩国近代建筑的屋架发展源于西式木屋架以及与西式屋架融合的日式屋架，韩国第一个本土化的西式屋架是1884年首尔翻砂厂屋架,并将韩国的西式屋架划分为单柱桁架、双柱桁架、孟莎式屋架和钢木复合屋架四类,同时也对传统屋架与西式屋架的融合方式进行了分析。

韩国的近代建筑演化过程和中国东北地区时间上相近,产生的近代建筑结构形式也比较相似,这为本书的横向比较研究提供了借鉴的基础。

1.2.1.2 国内对近代建筑的研究

国内关于近代建筑技术的研究层次不一,鲜有成体系的论著。多数研究停留在"纪事本末体"的写作模式下,按照"建筑类型""空间形态""造型特征""建造方式"等各成一体的方式编纂,事与事之间缺乏联系,无法提炼出整个技术体系的发展线索。在近代建筑技术研究的时空分布上也有明显的地域差别和不平衡性,研究较多为第一、第二阶梯地区的各类开埠的沿海沿江城市、内陆发达地区,对第三阶梯地区如相对闭塞的西北地区研究较少。本节按照研究层级的不同,从通史类技术研究、区域类技术研究、特殊建筑类型的技术研究和单体建筑的技术研究四个方面进行综述分析。

(1) 通史类的技术研究

早在 2001 年,就有学者通过统计历年"中国近代建筑史学术年会"论文主题,得出中国学者对建筑科学技术、建筑教育和建筑制度的关注较少(图 1-2),因而以此为切入点进行建筑科学技术、教育、制度的研究。如《"西化"的历程——中日建筑近代化过程比较研究》对近代化过程中中日两国社会、城市与建筑的发展、近代建筑风格、近代建筑技术、近代建筑史五个方面进行了比较研究,其中第四章"近代建筑技术"对近代建筑技术的移植、结构材料、应用技术三方面进行了分析,作者通过寻找技术导入过程中的"上层结构"和"基础",辅以民族思维、地理环境的不同,阐述了两国不同的技术导入模式下产生的异样的材料、结构演变过程,从技术根源上追寻其发展过程的独特研究方法令人耳目一新,给本书的研究提供了一条新的进路。

《中国建筑现代转型》按照时间的跨度将中国建筑的现代转型分为西方建筑技术的传入、中西建筑体系的交汇、中国建筑事业的迅速成长、建筑技术的全面引入与发展四个时期,并对近代中国的建筑行业制度、经典建筑理论和建筑思潮进行了分析,其中对近代砖(石)木混合结构技术的引入和钢骨混凝土、钢筋混凝土的分析都对本书有着启示意义。但是,由于该研究涉及制度、机制、思潮等多个方面,对中西建筑体系交汇时期的建筑技术笔墨不多,为一遗憾。

《中国近代建筑技术发展研究》按照通史体的写法,以时间和地域的技术发展

数量（篇）

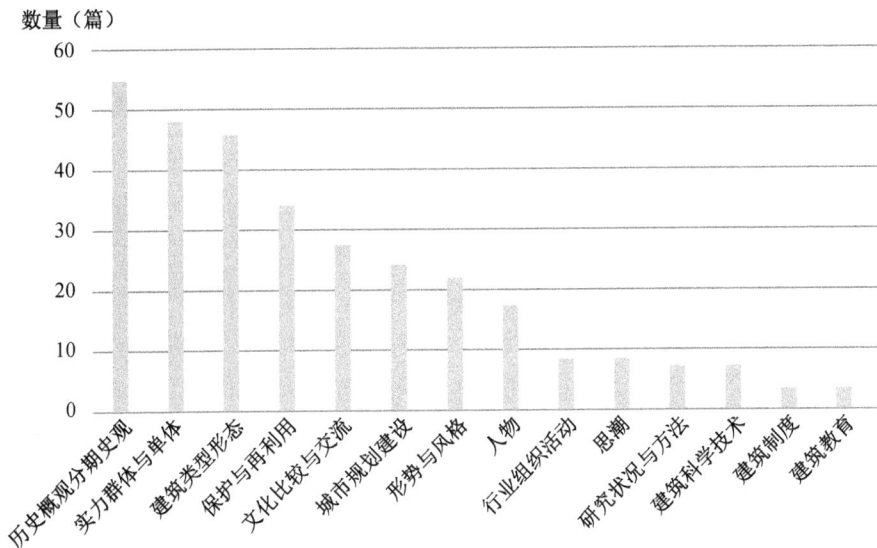

图 1-2 第一至六届中国近代建筑史学术年会论文集收录论文分析

为经纬,对中国的近代建筑技术发展进行了研究,其中对西式砖木结构、钢铁和混凝土结构的典型做法为本书的横向比对研究奠定了基础。在技术传入时间上作者通过对比欧洲总结得出:钢结构在中国广泛应用是在 19 世纪 90 年代以后,钢结构传入中国的时间要比欧洲落后很多;钢筋混凝土结构引入中国是在 19 世纪 90 年代,其发展和应用基本与世界保持了同步。作者对西式砖木结构和钢筋混凝土结构的典型做法的研究主要来源于 1910 年的《建筑新法》和 1929—1937 年出版的《建筑月刊》,各种做法形式只是典型做法,案例也多落脚在上海、南京、香港等第一阶梯地区,众多其他的形式并未涉及,对近代建筑技术的研究也并不深入,冠以"中国近代建筑技术发展研究"之名略有不妥。

（2）区域类的技术研究

区域类的近代建筑研究是多数学者的落脚点,研究人员多为高校的研究生,撰写的结构也基本遵循"发展过程"—"功能类型"—"建筑特色"—"保护再利用"的路线,少数较高水平的研究会对近代建筑做些价值评估,一般仅对建筑技术做章节性的阐释,并未深入。由于区域性近代建筑研究数量较多,本节按照李蒇楠的第一（北京、天津、上海、南京、青岛等）、第二（长沙、武汉、重庆等）、第三阶梯地区（河南、山西、陕西等）的分类方法进行综述。

① 对第一阶梯地区的研究

第一阶梯地区主要是一些开埠较早的沿海、沿江地区,如广东、北京、天津、上海、江苏等。这类城市接触西方文化早,受之影响深,并且经济发达,因此有丰富的大规模的近代建筑活动和建筑作品,其近代建筑表现为典型建筑规模大、设计水平高、样式规范、西式风格明显,且多为西方人独立建造或直接参与。

对广东近代建筑的研究如《广州近代建筑砖砌体墙保护与修缮技术研究》,文中第三章"广州近代建筑砖砌体墙材料和施工工艺"中对砖材、水泥的产地和规格进行了分析,指出砖材在1920年代实现了地方批量生产,水泥尽管在1907年就成立了广州士敏土厂,但是产量有限仍然依赖进口。随后作者对广州的砖墙砌法做了说明,指出广州普遍存在的砌法是荷兰式砌法和英式砌法,并指出了采用的是七分收口砖、女王收口砖两类砖材,在中东铁路建筑中同样采用了荷兰式和英式砌法,该文为本书建筑材料的研究提供了借鉴的基础。对广东近代建筑技术的研究如《广州近代建筑结构技术的发展概况》,文中提出广州的近代建筑技术经历了砖木混合结构的引入—钢骨混凝土结构的过渡—钢筋混凝土结构的应用三个阶段,作者发现的三条规律对中东铁路的研究有着重要的启示作用:第一,中国工匠的素质是基本能够胜任导入的砖木混合结构的,新材料、新技术出现以后与他国工匠的素质有所差距;第二,广州在1906—1914年经历了新旧技术过渡的钢骨混凝土应用过程,同时期的中东铁路建筑对钢骨混凝土结构的应用十分有限,其原因值得深思;第三,1905年是广州钢骨混凝土结构和钢筋混凝土结构的交汇点,与中东铁路建筑结构演变的交汇点对比,可知中东铁路建筑的结构更新水平。再如《广州沙面近代建筑自然通风技术分析》对沙面地区的近代建筑不同时期的不同自然通风技术进行了分析,指出早期沙面建筑为外廊自然通风,中期为外廊+天窗式自然通风,后期变为外廊+天井式自然通风,尽管论文的研究不深,但是从自然通风技术的角度分析沙面近代建筑,给我们提供了一个很好的切入点。

对江苏地区近代建筑的研究如《建筑技术在南京近代建筑发展中的作用》是较早的对南京建筑技术进行"叙事"的文章,作者认定1892年的马林诊所钢筋混凝土平台是南京最早的钢筋混凝土实物。再如《江苏近代建筑文化研究》按照经济、政治、文化专题来研究近代建筑,摆脱了传统按照功能类型分类的弊端,第七章对近代建筑各组成成分的分析涉及一些建筑技术的研究,但是仍然停留在归纳总结、分类描述阶段,并未对技术做深入的剖析,其中对楼面构造的分析指出了江苏近代建筑"格栅+剪刀固撑"的做法,并阐述了一些常见的防潮防腐措施,对比之下中东铁路建筑也有"格栅"的做法,但是却没有出现"剪刀固撑",该现象值得研究。对江苏其他地区的研究如《镇江近代建筑形态及演变研究》探讨了镇江近代建筑的类型分布、风格演变、形态演变、造型演变和建造方式的演变,在建造方式的演变中分析了建筑的材料和构造的演变过程,如钢筋混凝土材料在1908年的镇江老火车站附近宝盖山隧道的围墙上就开始使用,但是直到1929年才在一防空洞中应用了钢筋混凝土结构,中间有较长的空白期,这点和中东铁路很相似——钢筋混凝土在1903年就已出现,直至1926年才被广泛应用。此外作者讨论了一些建筑设备如卫生设施、壁炉、电梯等的应用,但是仅引用部分市志或地方志,并未做深入的研究。

对上海地区近代建筑的研究如《上海近代工业建筑保护和再利用》分析了上海近代工业建筑的屋架结构形式,共有砖木结构、金属结构、混凝土结构和钢筋混凝土结构四种,砖木结构应用于跨度较小、砖墙承重的工业建筑,并且在1882年的上海机器织布局中已经应用;金属结构在1863年的上海自来火厂碳化炉房的储气柜中即已经使用,并在20世纪90年代以后被广泛应用;最早采用钢筋混凝土结构的是1883年的上海自来水厂,随后钢筋混凝土的应用在20世纪30年代达到高峰,并且开始向高层方向发展。由于开埠时间较早,因此上海近代建筑中对各种新技术、新材料的应用都比中东铁路建筑的时间要早。《上海近代混凝土工业建筑的保护与再生研究(1880—1940)》的绪论部分探讨了混凝土结构在世界范围内的历史演变过程,并罗列了早期混凝土的一些专利及负责人,这对中东铁路新型建筑技术的研究起到了很好的铺垫作用;随后作者介绍了上海混凝土建筑的发展,指出1908年的上海市电话公司大楼(现为上海市电话局江西中路分局)是上海第一幢采用钢筋混凝土框架结构的建筑;再之后作者列举了上海市内近代重要混凝土建筑所采用的结构类型,这对于中东铁路近代建筑的横向比对研究提供了很好的分析对象。《近代上海清水砖墙建筑特征研究初探》是一篇关于上海清水砖材料研究的文章,对于中东铁路砖材的研究有着很重要的借鉴意义。作者分析了上海近代建筑中砖材的发展,并对各个建筑类型的用砖特色进行了分析,指出上海的红砖早期源于英国本土,1853年之后出现地产红砖和清水砖,并指出旅顺为我国最早采用机械制砖的地区,同时归纳上海近代建筑的砖墙只有英式砌法和哥特式砌法(即荷兰砌法),结合《广州近代建筑砖砌体墙保护与修缮技术研究》可知,此两种砌法是近代中国比较常用的砖墙砌筑方式。上海近代建筑保存数量众多、类型丰富,近年来越来越多的学者开始关注上海近代建筑中深层次的问题,如对建筑设备、建筑采暖的研究。《从光陆大楼看上海近代建筑设备的演进》分析了建于1928年的上海光陆大楼的建筑结构及其设备设计,探讨了上海近代建筑设备的发展演进特征及其与建筑发展的相互关系,并呼吁在研究历史建筑时也应该对建筑设备进行研究。《被改变的习俗——上海近代建筑采暖历史溯源》针对目前国家采暖分区的热点讨论,从采暖设备的角度对上海近代建筑采暖设备的发展历程进行了回溯,说明了制度、习俗、文化、经济等对建筑和生活方式的影响。

对北京近代建筑的研究如《外来文化影响下的北京近现代建筑》分析了北京近代建筑的材料转变、结构发展和技术引进，并在附表中对北京近代建筑的建造年代和结构形式进行了统计，根据统计，建于 1910 年的北京外务部迎宾馆东大门为北京最早的钢筋混凝土结构建筑。《北京近现代建筑木屋架微生物劣化机理与修复技术评析》以北京宣武门天主教堂和大栅栏劝业场为例分析了其屋架形式和修复技术。《北京劝业场建筑特征与修缮技术研究》对本研究极具借鉴价值，文章分析了北京劝业场的建筑技术包括构造技术和结构技术，指出劝业场基础除了常见的条形基础还有一类比较罕见的"砖基础大方脚上皮起反向拱券"基础，楼板仍然采用卵石钢筋混凝土形式（这和中东铁路建筑早期的钢筋混凝土形制相似），并细致地分析了劝业场的电气技术、消防设置、防潮构造，这些方面都对中东铁路建筑的相关研究提供了借鉴的案例。

对天津近代建筑的研究如《船业及其装备对天津近代建筑艺术风格的影响》从船舶技术装备的角度，分析了船业装备对天津建筑材料运输和建筑技术引入速度的影响。《中西文化碰撞下的天津近代建筑发展研究》在第四章分析了天津近代西方建筑材料的引进与运用特点，但是研究对于建筑技术仍然处于表面分析阶段，仅归纳总结了天津近代建筑外立面的一些材料做法，如硫缸砖与青红砖结合、水泥"甩疙瘩"、水泥拉毛、水刷石、干粘石、剁斧石等。《近代历史性建筑维护与维修的技术支撑》分析了天津地区屋顶、砖材、石材、木材的常见做法与修缮说明，但是由于研究侧重修缮技术，因此对近代建筑技术的涉及并不深入。

对青岛近代建筑的研究如《楔入与涵化——德租时期青岛城市建筑》在第三章分析了一些青岛的工业建筑如四方铁路工厂、船坞工艺厂、总督府屠宰场、日耳曼啤酒厂、青岛电灯厂等。《青岛近代独立式住宅建筑研究》分析了青岛近代建筑的材料与构造，"钢骨混凝土结构楼板，工字钢密梁，梁间发券，其上铺木地板，为德式住宅建筑结构形式的通例"，说明青岛的近代居住建筑也采用了与中东铁路相同的"波形拱板"结构形式，这种结构在当时是一种比较流行的构造做法。《青岛近代德国建筑风格研究》分析了青岛近代建筑的木材、砖石、瓦三种建筑材料，并对独特的牛舌瓦屋面进行了分析。

② 对第二阶梯地区的研究

第二阶梯地区是指内陆地区的发达城市，这些城市多数沿江、沿铁路分布，因而也出现了较多的近代建筑，如武汉、长沙、重庆等地。和第一阶梯地区相比，第二阶梯地区由于开埠时间较晚、深入内陆腹地，繁华程度不像上海、天津一样是"洋人天堂"和"九国租界",因此"殖民式"近代建筑的规模和数量都较少,遗存更多的是西方营造技术与中国本土样式相结合的本土化近代建筑,这些近代建筑与西方文化和建筑的接触有间接的成分,建筑中或有中国设计师或工匠模仿西方建筑,建筑规模中等,多为商业或民用建筑。

对武汉近代建筑的研究如《基于材料技术演进的武汉近代砖建筑发展研究》分析了自 1889 年汉阳铁厂造砖处成立后武汉砖建筑的发展历程,指出 1911 年是武汉砖建筑发展的高峰,而 1913 年兴建的汉口青岛路口汇丰银行是武汉最早采用钢筋混凝土结构的建筑。再如《武汉大学近代历史建筑营造技术研究》从结构、屋架、基础三个方面探讨了武汉大学近代建筑的营造技术,指出其结构技术有混合结构和钢筋混凝土结构两种,屋架技术有三角钢拱屋架、钢桁架和钢筋混凝土屋架三种,基础有新灰土基础(水泥三合土)和钢筋混凝土基础两种,从而分析了西式建筑技术与中国传统建筑形式的融合探索。

《近代长沙与广州独立式住宅西化历程的比较研究》对比分析长沙和广州的近代化历程,指出广州由于西化较早,当广州住宅开始采用钢筋混凝土作为主要建筑结构的时候,长沙多数住宅还在采用砖木混合结构,并对墙角、铺地、楼梯、天窗、通风方式进行了对比分析。

对江西庐山近代建筑的研究如《庐山近代石工及其建筑营造技艺》分析了庐山近代石工建筑技艺从"一面镜""两面镜"及条石墙向乱石墙技艺方向的转变,并以典型建筑为例分析了上述四种砌筑技艺的实际应用。

第二阶梯地区中的一个特殊城市就是重庆,由于曾作为战时陪都,遗存较多的近代建筑多为军事建筑、名人旧居、工业遗产、金融商贸等类型,相关研究如《重庆近代砖木建筑营造技术与保护研究》分析了重庆近代建筑中砖柱木墙、砖柱砖墙、木柱砖墙、砖石混合墙的结构形式,并分析了基础、楼地面、楼梯、屋顶等处的构造技术,显示了中国人对近代建筑技术的学习应用。《重庆近代居住建筑研究》分析了重庆近代居住建筑中木结构的仿石做法和木结构屋架的西式桁架做法,显示了西式建筑技术与地方传统建筑技术的融合,对中东铁路建筑技术的地域化影响有着启示作用。

③ 对第三阶梯地区的研究

第三阶梯地区即内陆中原地区及相对比较闭塞的西北地区,如河南、陕西、内蒙古、西藏等,以及临边界的中小城市和乡村。这类城市经济并不发达,无力修建大型建筑,西方人也很少在此建设。然而随着西方文化和势力的渗透,特别是临边界城市,这些地区也或多或少受到外来文化的影响,而在建筑上有所表现。这些地区的建筑多为建筑所有人或当地工匠模仿整体或局部西式风格、装饰,具有明显的中西文化碰撞和融合的特征。

《河南开封地区近代公共建筑研究》第四章分析了开封地区新材料、新结构技术的应用,指出开封地区由于相对闭塞,新型建筑材料引进困难,因此对钢筋混凝土结构和钢结构的应用十分有限,应用最多的还是早期的砖木混合结构;1907 年修建的河南女子师范学堂是开封地区最早应用混凝土的建筑。

《山西近代建筑技术的探讨》指出山西地区由于偏远封闭,所用建筑材料仍为传统的砖、石、木、土,对新材料的应用很少,多数建筑已经开始采用砖木混合结构和西式桁架屋架,但是仍有不少建筑依然沿袭传统的抬梁式屋架。《晋北近代建筑概论》第三章以建于 1922 年的大同首善医院为例分析了晋北地区近代建筑的建筑设备、建筑技术和结构特点,指出此时的晋北地区使用较多的仍然是砖木混合结构,并且建筑中未出现钢筋、水泥或混凝土等新型材料,显示出晋北地区建筑技术的滞后。

《西安近代建筑研究(1840—1949)》分析了西安近代建筑在建筑技术上的落后性,研究指出尽管西安近代建筑已经开始采用砖混结构,但是其墙体采用了外砖内土的“夹心墙”做法,混凝土材料的应用不多,仅有少数用于铺地和墙体饰面,作为结构材料的更加凤毛麟角,唯一采用钢结构建筑的是建于 1936 年的西安大华纱厂厂房。

《呼和浩特与包头市近代建筑的保护与再利用研究》中并未具体对内蒙古地区近代建筑技术开展研究,只是浅显地提到呼和浩特天主教堂圣堂和包头二十四顷地天主教堂中新材料、新工艺、新技术的传播与应用对内蒙古地区新建筑的发展奠定了技术基础。

(3) 特殊建筑类型的技术研究

特定地区的近代建筑研究占了近代建筑研究的半壁江山,对于具体类型的近代建筑的研究同样也有较多的学术成果。综合来看,第一、二阶梯地区的近代建筑研究以工业类、金融类、政治类建筑为主,第三阶梯地区的近代建筑研究则以教堂、教会学校为主。这也是当时的区域政治背景决定的:第一、二阶梯地区近代建筑活动频繁,建筑类型多样,而第三阶梯地区相对闭塞,近代建筑活动匮乏,基督宗教传播成为西方文化传播的主要方式,“在有统计资料的 25 个省中,有 21 个省是在 1860 年至 1900 年间传入基督教的”。

基于工业建筑自身特殊的生产需求,对于工业建筑技术的研究比较丰富,如《沈阳近代工业建筑及其构造研究》分析了沈阳近代工业建筑屋架从桁架结构的木桁架到钢木桁架以及钢筋混凝土桁架的演变过程,并对沈阳近代工业建筑的地基工程、防火排水工程、能源供应、采光通风等技术进行了分析;《西安近代工业建筑的发展》分析了西安近代工业建筑的发展,并指出西安近代工业建筑技术、管理、设备落后于沿海地区的特点。

对金融类近代建筑的研究如《大连近代殖民时期银行建筑研究》指出大连近代金融建筑多为砖石结构或钢筋混凝土结构,内墙多为砖墙并且局部架设钢筋支撑,并且在交通银行(1930年)和朝鲜银行(1920年)的屋顶中已经采用了井字梁结构。

对公馆类建筑的研究如《内陆城市住宅营造技术的近代化研究——以长沙市近代公馆建筑为例》分析了长沙近代公馆建筑(清代官员私宅和民国时期豪华民居)的基础、墙体、梁柱板、屋顶、门窗、楼梯台阶等部位的构造做法,"本土演进"的途径促使传统工匠对西方营造技术和理念由不适应到按图施工,并发展到与中国传统技艺糅合一体,形成了一套适合国情民情的近代营造技术。

对教堂类建筑的研究如《山西近代基督教教会医院建筑研究》以太原耶稣教医院和汾阳医院为例分析了山西近代教会医院的建筑技术,指出西式桁架技术传入山西的地域化探索过程中,既有其先进性的一面,也有失败的探索,如汾阳医院屋架的檩条由砖墙或砖砌立柱支撑,其力学传递依然是抬梁式的原理,是一种失败的屋架探索形式。

对行政办公类建筑的研究如《武汉近代领事馆建筑》对武汉的各国领事馆建筑进行了分析,其中提到俄国领事馆建于1904年,采用钢筋混凝土结构,那么俄国在武汉采用的钢筋混凝土结构技术是否和同时期的中东铁路建筑有关?这篇文章提供了一个很好的参考点。

(4)单体建筑的技术研究

关于近代单体建筑技术的研究一般都停留在浅显的层面,很少有文献能够做到对单体建筑技术开展详尽的技术分析。现对有价值的单体建筑技术研究进行综述。

《清华大学大礼堂穹顶结构形式及建造技术考析》是一篇建筑技术研究及评析水平较高的文章。文章分析了穹顶的建造历史,对清华大学大礼堂的穹顶结构形式及其建造技术的取舍(放弃更加合适的关斯塔维诺穹顶技术,选择造价更高的钢筋混凝土薄壳结构)进行了评析,其中作者对建筑师信件、工匠经验、主管部门意识的分析对于中东铁路某些建筑技术的取舍分析有着重要的借鉴意义。

《上海近代建筑的房屋质量检测方法探讨》采用地质雷达SIR-20和钢筋扫描仪PROFOMETER 5相结合的办法,对上海外滩某近代建筑的梁、柱配筋情况进行了检测,摸清了近代建筑的钢筋混凝土设计手法,从而向我们提供了一种检测历史建筑结构性能的可视方法。

《从中国到欧洲："海狸尾瓦"寻踪》以紫禁城宝蕴楼(建于 1914 年)中"牛舌瓦"的出现为契机,探讨了天津西站、胶济铁路沿线近代建筑、津浦铁路济南站中对"牛舌瓦"的应用,并溯源至欧洲,指出"牛舌瓦"实际就是德国的"海狸尾瓦",从而确定了这种屋面瓦的产地和名称。

《北京故宫灵沼轩建筑构件的调查研究》对建于 1909 年的紫禁城东六宫灵沼轩的钢、石建筑构件进行材料分析,分别采用 SEM-EDS 和 XRD 的分析方法,对灵沼轩金属构件的材质、加工方法和石头构件的矿物组成材质归属进行了分析,并提出了相应的保存状况和病害分析。作者采用的分析方法也可适用于中东铁路建筑中砖材、石材的分析。

1.2.1.3　国内外近代建筑研究综述分析

(1) 对比日本、韩国与中国的近代建筑技术研究特点

① 建筑技术研究的起点不同

日本对近代建筑技术的研究始于 1960 年代,韩国对近代建筑技术的研究始于 1990 年代,而中国对近代建筑技术的研究至今尚在起步阶段,系统性的技术研究相对较少。分析日本起步较早而中韩起步较晚的原因,主要有以下三点:其一,日本近代有多次重大天灾,如 1872 年的银座大火、1891 年的浓尾大地震、1923 年的关东大地震等,对日本建筑师造成了深远的影响,即注重技术尤其是抗震技术的倾向得到进一步确立,结构派建筑师成为中坚力量,相应的,日本近代建筑技术的研究先从结构入手而不是先从功能美学入手的原因显而易见;其二,相对于建筑技术的研究,建筑美学、功能、形式等外在的表现显而易见,因此研究成果丰富,而作为深层次的建筑结构、建筑技术,由于不是那么一目了然,因此研究的成果和起点均略显不足;其三,中国的建筑师和结构工程师长期分家而治,近代建筑技术更多地表现在结构方面的研究,而建筑师对于结构的研究一般停留在比较浅显的层面,如结构形式、材料等,很少能够做到对深层次如荷载能力、配筋设计、力学性能等方面的分析,因此建筑技术的研究相对较少,研究层次也相对浅显单调。

② 建筑研究的侧重点不同

这点在日本与中韩的研究对比中即可看出,日本学者对近代建筑技术的研究偏向于近代建筑师为了抗震、加固而提出的技术主张或技术尝试,比较倾向于整体性或系统性的技术研究;而中韩两国的近代建筑技术研究则比较相似,多数侧重于容易着眼的技术部分,如对砌体结构、屋架形式、楼地面结构、建筑材料等方面的归纳总结性研究,而深入的技术研究则略显不足。现在韩国已经有学者开始深入研究近代建筑混凝土的配筋结构设计,这点在中国尚属空白。

③ 近代建筑研究方向趋同

从中韩两国的近代建筑技术研究中可以看出,多数研究尽管涉及的建筑主体不同,但研究内容都是建筑的材料、屋架、墙体、梁柱等结构方面,这就造成了研究结论的大同小异,对近代建筑结构技术的系统性和多样性的研究不利。

(2) 国内近代建筑技术的研究特点

① 技术专著性研究较少

对比文献综述中通史类、区域类、建筑类型类和建筑单体类技术研究的数量即可看出,专著性的技术研究极少,研究最多的区域性近代建筑,在建筑技术方面的研究也非常浅显,依旧停留在结构形式和材料等方面的梳理阶段,这就造成了尽管研究区域不同,但是技术研究的成果相似,所归纳的结论也基本不外乎"砖混结构""钢筋混凝土""钢材""玻璃"四个方面。

② 技术研究的不均衡

目前对近代建筑技术的研究比较肤浅,在研究的空间分布上也具有很大的不平衡性,绝大多数近代建筑研究聚焦于第一阶梯地区,部分聚焦于第二阶梯地区,对第三阶梯地区的研究极少,当然这也是由近代建筑所处的范围和数量分布所决定的,但是对比三个阶梯地区之间的技术差异无疑对近代建筑技术的研究是一个重要的补充。

③ 严重缺乏对建筑相关设备的研究

基于相关学者对"中国近代建筑研究与保护"论文集的统计分析,已经有学者开始将研究的目光投向近代建筑技术、近代建筑师和近代建筑行业组织等方面,但是对近代建筑设备如电梯、供暖、供水等方面的研究极少,它们也是近代建筑的重要组成部分。从笔者掌握的资料来看,仅有同济大学蒲仪军撰写了《从光陆大楼看上海近代建筑设备的演进》和《被改变的习俗——上海近代建筑采暖历史溯源》两篇关于建筑设备的文章,因此,建筑设备的相关研究亟待关注。

1.2.2 近代铁路遗产研究综述

1.2.2.1 国外对铁路遗产的研究

国外对近代铁路遗产的研究主要是围绕联合国教科文组织(United Nations Educational, Scientific and Cultural Organization, UNESCO)世界文化遗产名录

中的奥地利塞默灵铁路、印度山区铁路、阿尔布拉/贝尔尼纳景观中的雷塔恩铁路、阿尔布拉/贝尔尼纳景观中的雷蒂亚铁路开展的,其中又以对印度山区铁路中的大吉岭铁路和奥地利的塞默灵铁路的研究居多。

从宏观角度研究 20 世纪铁路发展的专著如 *Blood, iron, and gold: How the railroads transformed the world* 记录了欧洲铁路的发展史,作者通过对比西伯利亚铁路和其他世界铁路,认为西伯利亚铁路存在工程质量低下、建设水平低劣的特点,这和我们传统认为的西伯利亚铁路技术水平较高的观点相悖,有助于对中东铁路修筑的一些理解。

对铁路遗产的价值及保护的研究如 *Railway sites and world heritage status: Some Australian reflections of Indian experiences*,其作者是 UNESCO 顾问,他基于印度铁路遗产申遗的成功经验,对澳大利亚的铁路保护准则与 UNESCO 的标准进行了对比研究,指出了铁路遗产保护中的若干问题;*Potential railway world heritage sites in Asia and the Pacific* 的作者分析了印度、印尼、中国、日本等亚洲国家的近代铁路建设情况,并通过阐述各自铁路独特的历史价值,分析了一些潜在的可以成为世界遗产的铁路线路;*A comparative study of rail heritage conservation system between Korea and Japan* 对比分析了韩、日两国的铁路遗产,并对日本的铁路遗产保护原则和经验进行了介绍分析;*Railway heritage of istanbul and the marmaray project* 分析了土耳其铁路遗产各项价值的评定标准,并对即将修建的马尔马雷地下隧道项目对铁路遗产的影响进行了评估;*Industrial railway heritage trains: The evolution of a heritage tourism genre and its attributes* 分析了铁路遗产旅游的发展过程,并综合比较了三条铁路遗产,指出了铁路遗产旅游再利用的成功因素。

对铁路遗产的结构性能的研究如 *Performance evaluation of a stone masonry-arch railway bridge under increased axle loads* 以印度的一处拱形铁路桥为例,分析了桥梁在纵向受压条件下,其桥体的裂缝变化,并得出了桥梁结构性能满足抗压要求的结论;*Field testing of old narrow-gauge railway steel truss bridge* 对立陶宛维尔纽斯地区一铁路桥采取了静态和动态的荷载测试分析,得出了铁路桥结构依然安全稳定的结论;*Tests up to failure of a reinforced concrete Hennebique T-beam* 分析了比利时一座由埃纳比克设计的桥梁的 T 形梁配筋设计,指出在梁的配筋设计中,箍筋大搭接长度是非常重要的,当梁上部的钢筋发生脱落时,极易产生结构倾覆危险;*Material properties of structural steel used in modern historical heritage of Busan and gyeongsang in the* 1930—1940s 分析了韩国倭馆铁路桥所用结构钢的化学和物理性能,指出当时绝大多数钢筋混凝土建筑均使用条形钢材料,所用钢材质量上等,但是由于未采用热处理加工工艺,钢材脆性较大。

对 UNESCO 铁路遗产的研究如 *Mobility, topicality and landscape: The Darjeeling Himalayan railway*, 1881—1939 分析了大吉岭喜马拉雅铁路对旅行感知和区域景观的影响,并分析了铁路在景观现象研究中的价值;*Leisure, economy and colonial urbanism: Darjeeling*, 1835—1930 从人类学的角度提出大吉岭喜马拉雅铁路的众多山地车站是殖民化过程中的独特特点,这促使了对城市的研究热点从大中型城市转向小型车站乡镇,并且众多的山地车站也是近代殖民化过程中的重要体现;*Preserving the unsustainable sustainably-historic town planning and current planning issues in the World Heritage area of the Semmering railway exemplified by Reichenau an der Rax* 基于铁路修筑后人工景观和周围城镇变化情况,对政府部门如何在保护遗产与可持续发展之间进行平衡,以及历史城镇和村庄保护中的土地使用和规划制定的重要性进行了分析。

1.2.2.2　国内对近代铁路遗产的研究

作为西方各国打开中国大门的殖民工具,铁路在中国近代史中起着不可替代的作用,无论是中东铁路、胶济铁路等一些外国在华修建的铁路,还是京张铁路、京绥铁路等一些自建铁路,无疑对区域城市格局和经济发展等多个方面起到了不可替代的作用。作为改变中国近代化进程的重要工具,铁路的施工建设也逐渐成为众多学者的研究热点。按照修筑的时间,目前国内比较知名的早期铁路有中东铁路、胶济铁路、滇越铁路、津浦铁路等。

(1) 胶济铁路

胶济铁路建于 1899 年,1904 年竣工,全长 384 km,东起青岛,西至济南,由德国修建。

关于胶济铁路的研究,能够站在整条线路上分析其铁路建筑遗产的不多,更多的是对沿线重要节点城市如青岛、济南、坊子地区铁路建筑遗产的研究。相关专著如《近代铁路技术向中国的转移:以胶济铁路为例(1898—1914)》从技术史的角度阐述了铁路技术、工程管理技术向山东转移中的冲突、适应和铁路修筑后对区域经济社会发展的影响;《胶济旧影》以图片旧影的方式展现了胶济铁路的修筑过程及一些特殊的历史事件。

对胶济铁路沿线城镇和建筑的相关研究如《文化线路视角下胶济铁路建筑遗产的研究与保护》非常全面综合地分析了胶济铁路的建设过程、铁路遗产类型、近代建筑特点、济南城市的发展以及铁路遗产的保护再利用,由于论文架构庞大臃肿,因此多数分析尚属浅显。关于沿线城镇的研究,济南、青岛两大重要城市已在上节的近代建筑研究综述中有所介绍,本节着重对胶济铁路的另一重要城镇节点——坊子进行分析。坊子现为潍坊市坊子区,它在胶济铁路中的地位就像中东铁路中的小镇横道河子一样。坊子现存大量铁路工业遗产,如机车库、转盘、机务段、维修车间等,因此相关研究比较丰富,如《山东坊子近代建筑与工业遗产》以实地考察活动纪行和考察报告为基础,并以图片摄影的方式,全面展现了坊子的铁路遗产;《山东坊子近代建筑遗存及其历史性景观保护随感》回顾了坊子站在德占、日占时期的发展过程,并对铁路遗产的保护利用进行了畅想;《近代胶济铁路沿线小城镇特征解析——以坊子镇为例》分析了坊子城镇板块、建筑在德占、日占和新中国成立后的发展过程,对建筑的历史价值进行了细致的分析,并对这些工业建筑提出了保护发展策略。

从上述的分析中可以看出,关于胶济铁路的研究,其数量不甚出众,能够站在宏观角度对其进行解析的高水平专著不多,研究的空间多位于济南、青岛、坊子三个城市,而对沿线其他地区的研究偏少。

(2) 滇越铁路

滇越铁路建于 1903 年,1910 年竣工,全长 859 km,北起中国昆明,南至越南海防,由法国修建。狭义上的滇越铁路指的是位于中国境内的滇越铁路北段(也称滇段),现称昆河铁路(昆明—河口)。

关于滇越铁路的相关研究专著与胶济铁路相似,以建筑历史和图册汇编为主,如《滇越铁路——来自法国的解密文件》《滇越铁路史料汇编》《汽笛在山谷中独鸣:滇越铁路小火车之旅》等。此外还有一些关于铁路对区域经济社会影响的专著,如《民国时期滇越铁路沿线乡村社会变迁研究》《延伸的平行线:滇越铁路与边民社会》等。

关于滇越铁路沿线城镇及建筑的研究,从掌握的资料来看,对建筑类型、形态特色的研究较少,多数研究集中在铁路遗产的保护更新上。对建筑及形态的研究如《滇越铁路滇段沿线车站建筑窗形制评析》分析了滇越铁路沿线窗户形制及其所反映的法国文化特色。此类研究没有从整条铁路的宏观角度展开,多数建筑形态的研究集中在昆明一地,如《本土建筑与外来文化的影响——以昆明本土近代建筑为例》分析了铁路影响下昆明城市的近代化发展历程和近代建筑的创作手法。关于铁路建筑遗产保护更新的研究如《滇越铁路(云南段)近代站房建筑保育研究》分析了碧色寨、西庄、鸡街三地的站房保育方式,并提出了滇越铁路近代站房的保育策略和保育方法;《滇越铁路文化遗产保护与再利用的途径探究》以碧色寨滇越铁路主题公园为例,探讨了铁路文化遗产的再利用方式。

从上述分析中可以看出,滇越铁路的研究受限于区域经济和教育资源的限制,不管是其研究数量还是研究水平均处于较低的层级。

(3) 其他铁路

尽管清末民初中国兴建了较多的铁路,但是从当下研究来看,无论是研究数量还是研究深度,都以中东铁路、胶济铁路、滇越铁路三条铁路为主,对其他铁路的相关研究处于从属的地位,如《京绥铁路研究(1905—1937)》从技术史的角度分析了京绥铁路的修建背景、勘察施工、运营影响等;《京张铁路最具代表性的工业遗存——康庄机车库及附属建筑》从技术的角度分析了康庄机车库的建造过程和建筑特点。还有一些对唐胥铁路、津浦铁路的研究,但是这些研究层面都比较小,基本都是对铁路的某一建筑进行分析,如《天津市塘沽南站价值与保护更新探析》对唐胥铁路延长线津沽铁路的天津南站进行了价值评估,并对其保护更新提出了若干建议;《中国近代火车站之静海站研究》分析了津浦铁路静海站的平面、立面、细部和装饰。此外关于津浦铁路,不得不提到的就是原津浦铁路济南站,但是多数关于此的研究都是基于文物角度,如《文物诉说百年津浦》《百年老车站——津浦铁路济南站》等,在此不做赘述。

1.2.2.3　国内外近代铁路遗产研究分析

综合来看国内外对近代铁路遗产的研究主题,即可看出二者存在显著的差别:国外对铁路遗产的研究,更多停留在技术层面的分析,如对铁路桥梁、隧道等一些构筑物的抗压、承重方面的分析,和一些特殊建筑材料如钢铁、混凝土等细部的技术分析,以此来鉴定结构设计是否合理,是否能够继续满足当前的技术要求;而国内对近代铁路建筑遗产的分析,更多是从建筑学的角度,对遗产的类别、形式、结构等方面进行一些归纳性的总结,或者是对铁路的价值进行一些评估,检查其是否能够组成铁路类型的文化线路,而对遗产的细部进行技术性的分析十分少见。

综上所述,国外对铁路遗产的研究,已经摆脱了宏观角度的现象、规律等方面的总结性分析,转向更加具体、深化的结构性能分析;而国内的相关研究依然停留在研究的早期阶段。

1.2.3　中东铁路研究综述

目前关于中东铁路建筑的研究属于学术研究的热点,其成果也比较丰富。以每年举办的"中国工业建筑遗产学术研讨会"成果统计分析为例,有学者曾经统计2008—2015 年共计 8 年的研究主题,发现关于中东铁路的研究共占研究总量的 5%。

1.2.3.1 国外对中东铁路的研究

国外对中东铁路的研究,在不同的历史阶段具有不同的侧重点。并且由于特殊的地缘政治,国外对中东铁路的相关研究以俄国学者、日本学者以及澳大利亚俄裔学者的研究为主,下面按照不同的时间分区对其进行综述。

(1) 建设运行时期的相关研究

此时的时间区间基本是在中东铁路建设完成至抗日战争结束之间,时间范围为 1896—1945 年。前期以俄国学者的研究为主,研究内容主要涉及图纸展示、地域风情介绍、各类建筑实践活动等;伪满洲国成立之后,中东铁路由日本人接手,此时恰逢新材料、新技术的出现,因此此时的研究又以建筑探索为主。

中东铁路建设早期,俄国政府和学者的关注角度主要集中在政治和经济两个方面,因此这个时期的著作偏向于经济资料的搜集和整理,阐述中东铁路对中俄贸易的影响,这个时期的研究多是为沙皇政府扩张政策服务的,很难还历史以客观、真实的面目。此外还有一些关于中东铁路建筑施工的研究,如 1904 年的《中东铁路标准化施工图集》和 1905 年的《中东铁路大画册》,前者涵盖了中东铁路主路工程、附属建筑建设工程及车船设计的所有重要图纸,后者则以精美的影像集合展现了众多中东铁路建设初期的形象,这两份珍贵的历史文献为本书的研究奠定了资料的基础。同时还有一些期刊报纸报道中东铁路的修建过程和城市建设情况,如创刊于旅顺的《新边疆报》(1899—1912),在哈尔滨创办的《哈尔滨每日电讯广告报》(1901—1905)、《哈尔滨新闻》(1903—1917),以及《霞光报》《哈尔滨时代》《哈尔滨建筑》等报纸。

1917 年以后,俄国与苏联向东北地区的移民带动了对中东铁路的研究,相关著作记录了俄国在"满洲"的投资、中东铁路的修筑、华俄道胜银行的建立等内容。还有一些学者基于中俄关系对中东铁路进行研究,比较知名的著作有罗曼诺夫的《俄国在满洲(1892—1906)》《俄日战争外交史概述:1895—1907》,以及阿瓦林的《帝国主义在满洲》,其中《俄国在满洲(1892—1906)》首次否定了俄国的民族主义立场,提出中东铁路的殖民侵略性质;《帝国主义在满洲》则分析了当时各国的"满洲"政策,对俄国的"保护国"身份进行了解析。

同时期的日本对中东铁路也有相关研究。1904 年日俄战争之后,日本接手长春以南的中东铁路地区,开始了全面的近代城市和建筑活动,1924—1944 年由满洲建筑协会发行的月刊《满洲建筑协会杂志》和 1925—1941 由满洲技术协会发行的月刊《满洲技术协会杂志》，对几乎所有的建筑项目和建筑技术、建筑文化给予记录、描述和技术解读，并且不乏对新材料、新技术的应用探索，从而为我们留下了详尽的建筑档案。

（2）80 年代以后的研究

20 世纪 80 年代以后，随着苏联的解体，许多机密档案公之于众，为中东铁路的研究提供了更多的依据，此时已经有了一些城市人文、建筑专项的研究。

城市及人文的研究如梅利霍夫发表《既遥远又亲近的满洲》，其中"19 世纪末 20 世纪初的俄罗斯建筑"中述及大连市的城市规划体系；圣彼得堡克罗托娃的建筑学副博士论文《哈尔滨是俄罗斯在中国的工业、商业及文化的前哨》；澳大利亚悉尼学者西丽斯卡出版的论著《哈尔滨—满洲里》；俄罗斯哈巴罗夫斯克出版的克拉金的《哈尔滨的俄罗斯建筑》和刊载在《地方志札记》中的文章《哈尔滨的首批建设者与哈巴罗夫斯克建筑师》，以及克拉金的《大连是具有欧洲风格的城市》《哈尔滨——俄罗斯人心中的理想城市》；俄罗斯哈巴罗夫斯克发行的《远东和西伯利亚地区建筑》中的论文《中国的俄罗斯城市》《哈尔滨历史建筑研究》；发表在莫斯科《建筑遗产》第 45 期上的论文《大连是东亚地区具有欧洲风格的城市》；刊登在布拉戈维申斯克《中俄两国远东的交界地带》中的论文《中东铁路沿线城市文化的交融》，等等。

对建筑专项的研究如特罗伊卡的建筑学副博士论文《中东铁路建筑特色（19 世纪末—20 世纪中叶）》；克拉金撰写的《哈尔滨的俄罗斯建筑》；列娃斯卡撰写的《哈尔滨历史建筑研究（以搜集来的文吉括夫斯基明信片为依据）》《俄罗斯在伪满洲国的建筑（19 世纪末—20 世纪上半叶）》《俄罗斯在远东地区：城市规划的象征意义与俄罗斯风格的东正教建筑（19 世纪下半叶—20 世纪上半叶）》，等等。这其中，最直接针对中东铁路建筑文化研究的是 1996 年新西伯利亚的年轻学者特罗伊卡的建筑学副博士论文《中东铁路建筑特色（19 世纪末—20 世纪中叶）》，此论文被作者于 1999 年冠名《中东铁路时期建筑（19 世纪末—20 世纪初）》出版。

日本在二战时期就一直致力于中国东北城市的规划和设计，即使战败以后，日本对东北"满洲"地区城市、建筑的研究也未曾停止。80 年代以后，日本学者对南满铁路的兴趣骤增，相关研究成果也日渐丰富。但是这些研究主体基本都是基于城市规划、设计方案的研究，对建筑的关注较少，如西泽太彦的《图说满洲都市物语——哈尔滨、大连、沈阳、长春》就是一部系统整理和描述的著作；越泽明的《殖民地满洲的都市计画》系统概括了东北主要城市的各项规划方案等，相似的研究还有他的《哈尔滨都市计画》《伪满洲国首都规划》等。还有一部比较重要的综述性著作是 1953—1963 年由日本"满史会"编纂的《满洲开发四十年史》，图书分上、中、下三卷介绍了东北的交通、建设、农业、矿业、商业、金融、文教、卫生、建筑等多个方面，这本"百科全书"式的著作对于了解当时的社会环境具有重要的作用。

1.2.3.2 国内对中东铁路的研究

同国外对中东铁路的研究一样，国内对中东铁路的研究也在不同的时间有不同的研究侧重，同时中东铁路的研究涉及经济学、政治学、建筑学等多个学科领域，因此关于中东铁路的研究也有多种不同的属性，本节将对此进行综述分析。

（1）关于中东铁路影像资料的收集

这类研究专著基本以早期的中东铁路建设图片、城市风光等为主题，辅以简短的文字介绍，虽然对建筑技术涉及并不多，但是其提供的历史事实丰富了本书的研究基础，如《哈尔滨历史建筑》《哈尔滨建筑艺术》《印象·哈尔滨》《哈尔滨旧影》《长春旧影》《大连旧影》《沈阳旧影》《百年满洲里》《伪满洲国旧影》《建筑艺术长廊——中东铁路老建筑寻踪》等，这些研究提供的历史图纸和照片可以让我们生动具体地了解铁路建设之处的城市建设和自然环境等情况。此外，还有一些编年体图书，如《中东铁路历史编年》《哈尔滨历史编年》等，其对各种历史事件的时间记录也为我们提供了研究的基础。

（2）关于中东铁路修筑历史及其影响的研究

中东铁路的修建和运行影响了整个东北地区的近代化历史过程，因此关于中东铁路修筑过程、机构管理和中俄之间路权交替的研究也比较丰富，相关研究人员也主要是一些技术史、俄国史、历史方面的专家学者，如《早期中东铁路简史》从中东铁路对中国东北西苑的掠夺、沙俄对哈尔滨的控制、自治权的收回等几个方面进行了论述分析；《风雨中东路》从中东铁路建成前的国内外形势讲起，分析了中、日、俄三国为争夺中东铁路控制权而展开的斗争以及中东铁路在新中国成立后的发展；《中东路与中东路事件》分析了中苏路权交涉期间在满洲里发生的一系列军事冲突以及后果，并对中东铁路沿线的兵力分布情况给予阐述；《他乡的中国：密约下的中东铁路秘史》以散文随笔的方式记录了中东铁路的修建过程和哈尔滨的一些历史建筑；《从中俄密约到中苏同盟——中东铁路六十年》分析了俄国的远东政策、中东铁路修筑对东北的影响以及中东铁路的收回等几个方面。这些图书从史学的角度阐释了中东铁路的修筑过程，向我们展示了中东铁路的历史图景。关于中东铁路的研究，一本比较全面的专著是由上海社会科学院编撰的《近代东北铁路附属地》，书中介绍了中东铁路的形成，南满铁路附属地的建立，主要的铁路附属地，附属地的驻兵权、行政管理权、司法制度以及附属地的农业、工业、市政、金融业等多个方面,对于研究中东铁路的相关建筑材料获取、城市建设情况等都提供了详细的资料。

中东铁路的修筑对区域经济、环境、资源等方面也产生了较大的影响,相关的研究如《近代关内移民与中国东北社会的变迁(1860—1931)》《近代松花江流域经济开发与生态环境变迁》《近代中国东北经济开发的国际背景(1896—1931)》等都从资源环境的角度对中东铁路修筑给中国东北带来的各种变化进行了分析。学术研究如《中东铁路与东蒙古》分析了中东铁路的修筑对内蒙古东部地区资源、农业、畜牧业、政治、军事等方面的影响;《东省铁路研究(1897—1913)》分析了中东铁路的勘测修筑过程、机构运营管理和附属地机构情况。

除了对中东铁路的研究,国内还有学者对其所在的西伯利亚大铁路进行了研究,也为中东铁路的研究提供了相关的历史背景,如《西伯利亚大铁路修建及其影响研究(1917年前)》研究了西伯利亚大铁路的修建过程和对俄国东部地区的影响,其中对西伯利亚铁路所需的各种石材、钢材、混凝土等材料的产地和运输分析对于中东铁路的相关材料研究有一定的辅助作用。

(3) 关于中东铁路沿线城镇及建筑的研究

对中东铁路沿线城镇及建筑的研究相当大的一部分集中在沿线重要城市——哈尔滨、长春、沈阳、大连等。这些城市面积较大、铁路等级较高,受沙俄、日本的影响比较深,因此关于这些城市的中东铁路建筑研究也就比较丰富。

以中东铁路为切入点进行城市近代建筑分析的研究如《沈阳城市建筑图说》《长春近代建筑》《鞍山近代建筑》等,这些研究都以中东铁路的修筑为切入点对城市的近代建筑进行了分析。

目前,系统地对中东铁路沿线建筑进行研究的成果越来越多,这方面的主力主要是东北地区高校如哈尔滨工业大学、沈阳建筑大学等的教授学者,如《文化线路视野下的中东铁路建筑文化解读》《沙俄在南满洲的建设活动及其影响研究(1898—1907)》等,更多的学者基于不同角度承接了关于中东铁路的国家自然科学基金,如刘大平教授《文化线路视野下的中东铁路近代建筑文化特质及其保护研究》、邵龙教授《中东铁路工业文化景观遗产廊道研究》、崔卫华教授《工业遗产廊道视域下的中东铁路价值评价研究》等,在课题基金的支持下,关于中东铁路的研究呈现出井喷式的发展,如《中东铁路附属建筑木材构筑形态的表征与组合方式研究》《中东铁路建筑砖构筑形态研究》《中东铁路建筑材料应用技术概述》《中东铁路附属地建筑金属构件研究》《中东铁路建筑保温与采暖技术研究》《中东铁路附属地砖石建筑的审美意匠》《中东铁路建筑石材构筑形态特征研究》等;对于沿线相关城镇的研究如《扎兰屯近代城镇规划与建筑研究》《一面坡近代城镇建筑与规划研究》等,还有一些学者利用比较学的方法将中东铁路沿线城镇进行对比研究,如《近代大连和釜山城市形成及发展比较初探(1876—1945)——以近代海路与铁路交通体系为切入点》《中国东北和韩国近代铁路沿线主要城市及建筑之比较研究》等,后者将中东铁路与韩国的京釜铁路进行对比,分析了铁路修筑对城镇结构、城市空间、城市建筑的影响。

作为重要的近代建筑遗产,如何活化再利用中东铁路近代建筑也成为学者的关注点,如《中东铁路沿线站房建筑的再生现状研究》《横道河子中东铁路建筑群遗产价值调研分析》《中东铁路站房建筑表皮再生研究》《中东铁路工业文化景观廊道保护初探》等。

另外,对于中东铁路沿途城镇的研究,各省市的文保部门也在全国“三普”的契机下对本地的中东铁路建筑进行了普查整理,如《中东铁路支线长春段调查报告》《中东铁路支线四平段调查与研究》等,这些调查报告为本书的研究提供了基础的资料。

(4) 关于中东铁路建筑技术的研究

目前尽管关于中东铁路的各类研究如雨后春笋出现,但是关于建筑技术的研究仍然比较有限,如《中东铁路横道河子远东机车库建筑形态探析》《横道河子镇中东铁路历史建筑营造技术考察》《中东铁路建筑墙体技术解析》等,对比其他方面的相关研究,中东铁路建筑技术的研究明显不足,这也是本书研究的出发点和契机。

1.2.3.3　国内外中东铁路研究分析

归纳梳理国内外对中东铁路的相关研究,可以得出以下结论。

(1) 研究关注的焦点不同

中东铁路作为一条影响了中国东北地区近代史过程的文化线路,其历代的路权相关者都基于自身的特点对其进行了相关研究,其中俄国学者的研究无论是在铁路修筑时期还是在新世纪之后,研究的内容基本以中东铁路的政治、军事、外交、经济等方面的功能为主;1904 年日俄战争之后,日本侵占南满地区,开始了铁路附属地的城市建设,并将当时欧美流行的“田园城市”“卫星城”等一系列城市规划理论应用在了城市设计中,因此战后日本学者对中东铁路的研究主要集中在南满地区,以城市规划理论的应用实践、城市设计研究等内容为主;而中国学者对中东铁路的研究开始呈现热门化,已经从原来的历史性叙事研究转变为更加深入的系统性研究。

（2）研究方向呈多元化态势

国内关于中东铁路的研究从综述来看基本有两大阵营，首先是以吉林大学、东北师范大学两所院校史学专业为主的研究，主要针对中东铁路的修筑过程、机构管理、区域影响等方面进行研究；其次是以哈尔滨工业大学为主的关于中东铁路规划、建筑、景观等方面的研究，研究的空间重点已经从原来以枢纽城市哈尔滨转向了沿途的一些中小城市，研究的方法也已经从原来的归纳梳理总结性分析转向利用文化线路、遗产廊道等理论方法进行解读研究，研究的方向也从中东铁路自身转向更高层面的研究，如建筑的保护再利用、价值评估等方面，呈现多元化的态势。

1.3　研究范围及相关概念

本研究以"中东铁路近代建筑技术研究"为题，由于中东铁路的建筑发展经历了"沙俄独揽""南北分治""日本接管"三个历史阶段，代表传统俄国建筑技术的中东铁路建筑技术只在 1898 年至 1905 年的 8 年时间进行了传播扩散，之后便迅速退出历史舞台。本书的研究范围也考虑到这个重要因素而进行了界定。

1.3.1　研究对象及范围界定

（1）时间界定

中东铁路于 1897 年 8 月开始动工修建，1903 年 7 月全线通车。6 年的时间内，在铁路沿线的附属地城市中修建了大量的车站、住宅、兵营、工厂等附属建筑。1904 年日俄战争爆发之后，出于军事需求沙俄在中俄边境的满洲里地区迅速建造了一批军事类建筑，战争结束后，哈尔滨作为中东铁路的中心枢纽城市开始迅速发展，相应的铁路建筑建设也繁荣起来。1925 年中东铁路运营状况最佳，中东铁路工程局又在平山、帽儿山等地兴建了一些设计考究、细节精美的铁路职工住宅。直至 1932 年伪满洲国成立，中东铁路干线及支线全部落入日本人之手，相应的铁路建设活动也戛然而止。由此可以看出中东铁路近代建筑的营造过程不是一蹴而就的，在不同的时间段有不同的建造主体：早期以铁路运行所需的车站、机车库、兵营、工区等基本建筑设施为主体；日俄战争爆发后以兵营等军事类建筑为主体；后期资金充裕后，开始追求一些外观精美、造型时尚的住宅和各类公共建筑。因此本研究的时间界定为 1897—1932 年，研究对象为该时间段俄国兴建的各类与铁路相关的建筑，日本所建建筑和城市市街均不涉及。

根据笔者 2015 年的调研统计,中东铁路全线现存站点共计 159 处,含一等站 1 处,二等站 6 处,三等站 4 处,四等站 11 处,五等站 32 处,会让站 105 处;各站现存的近代建筑遗产基本可以分为站区附属建筑(含车站 66 处、机车库 11 处、水塔 22 处、泵房 18 处、仓厕 19 处)、居住建筑(含住宅 991 处、仓厕 95 处)、公共建筑(含医院 30 处、教堂 5 处、行政 29 处、浴池 27 处、学校 10 处、其他 39 处)和军事建筑(含兵营 79 处、工区 210 处)4 种类型共计 1 651 处。另外,铁路沿途建有各类桥隧工程设施 949 处,含桥梁 690 处(其中工字钢桥 403 处、金属桁架桥 15 处、石拱桥 266 处、钢筋混凝土桥 6 处)、涵洞 241 处、隧道 9 处、碉堡 9 处,桥隧工程设施的数量统计和分布情况可见附录。沿途各站调研的建筑遗产和工程设施统计如图 1-3 所示。

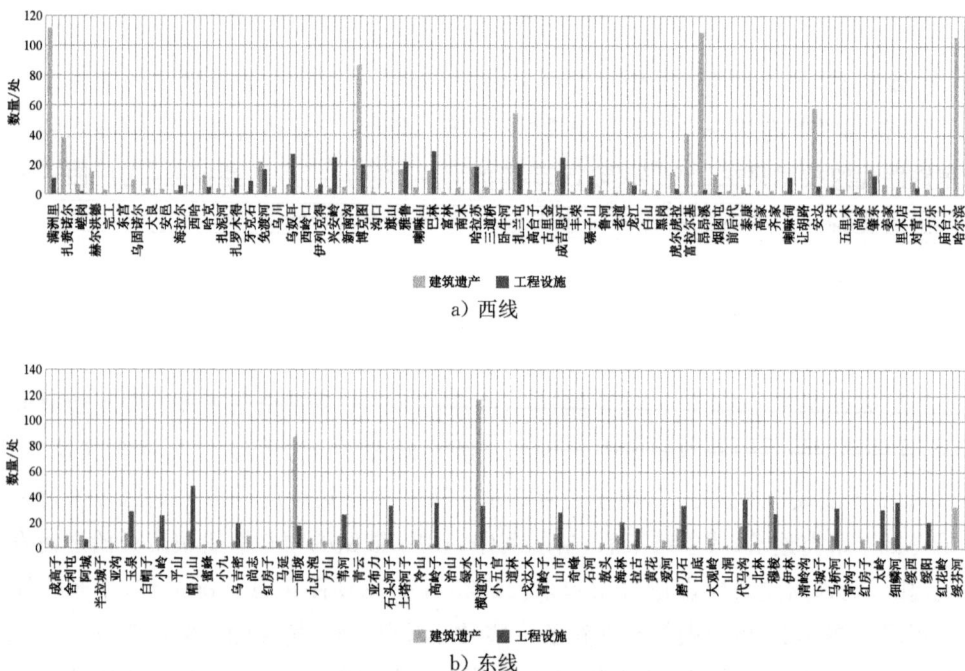

a) 西线

b) 东线

图 1-3 中东铁路沿线建筑遗产和工程设施的分布情况

(2) 空间界定

中东铁路跨越内蒙古东部和黑吉辽三省,铁路既途经人烟稀少的大兴安岭山区、呼伦贝尔草原地区,也穿过了早期的政治中心城市如阿城、海城、沈阳等地。在远离传统核心文化区的黑龙江、内蒙古东部地区,铁路建筑的形式和技术均比较贴近俄罗斯正统,基本呈现与乌苏里铁路、阿穆尔铁路相同的铁路建筑形式,受中国建筑文化的影响不大;而中东铁路南部支线地区,和干线地区相比,在气候上更加温暖湿润,在文化上更加靠近中国传统文化统治区,根据语境论的观点,在气候不同、文化冲突的地区,建筑形式和技术受到的异质性影响因素较多,因此多样性也比较丰富。本研究第 2 章的研究主体是中东铁路建筑技术的传播背景和影响因素,因此本研究的空间界定范围以中东铁路的干线(满洲里—绥芬河)为主,各条铁路支线作为次要的辅助对比,其余各条森林铁路系俄国资本家经营,不在本研究范围内。

1.3.2　相关概念界定

(1) 近代建筑

在欧洲,近代大略是前续中世纪、后接工业时代的一段历史分期,一般以 1453 年君士坦丁堡陷落等一连串欧洲历史事件的发生为起点,而以法国革命结束后的 1800 年为终点。中华人民共和国成立后,中国史学界发展出另一个传统,将 Modern 译为现代,而近代对应到 Early Modern。

关于"近代建筑"中的近代,普遍接受的学术观点是与中国近代史的年限一致,即"从 1840 年鸦片战争到 1949 年中华人民共和国成立的这 110 年历史,也就是中国半殖民地半封建社会从开始到终结的历史,同时也是中国的资产阶级民主革命从发生到胜利的历史"。但是在鸦片战争之前,个别城市如澳门、北京、广州就产生了具有近代特征的建筑,而作为伪满洲国"首都"长春的近代建筑跨度则超过 1949 年,因此刘亦师认为,中国的近代建筑发展应该划分为四个时期,1840—1896 年为近代建筑的发轫期,1897—1927 年、1928—1937 年、1938—1949 年分别为近代建筑发展期的第一、二、三阶段。1897—1927 年为近代建筑发展期的第一阶段,这个阶段内首次出现了"租借地"这一概念,并发生了一些历史事件如清末"新政"、日俄战争、辛亥革命、北伐战争。在此段时间内,近代建筑样式的发展演变特征如下:其一,由外国人统一规划建造的城市出现;其二,教会大学建筑主动模仿中国传统形式;其三,"新政"新区建筑模仿租界建筑样式;其四,广州、厦门等地陆续出现新骑楼建筑。近代建筑技术及教育的发展如下:首先,钢筋混凝土结构被引进(岭南大学马丁堂,1906);其次,外国施工承包公司在华业务扩大及本土公司承接部分重要项目;再次,外国建筑师在华活动加强;最后,中国第一代建筑师登上历史舞台。此时的建筑思想从西方化转向近代化。

以刘亦师的观点来看,其所总结的特征与中东铁路建筑和技术的发展特征极为吻合,因此本书选择刘亦师的观点,即中东铁路近代建筑指 1897—1927 年发展期的第一阶段内的近代建筑。

(2) 中东铁路近代建筑

中东铁路近代建筑指的是现存的中东铁路近代建筑,共计 1 651 处(截至 2015 年),分布在铁路途经的内蒙古、黑龙江地区,其遗产类型包括铁路运营的相关建筑设施如车站、水塔、机车库、桥梁、隧道、涵洞,铁路军事守备建筑如兵营、工区、戍堡,城镇附属建筑如住宅、浴池、仓房、厕所等。

1.4 研究内容及方法

1.4.1 研究内容

(1) 中东铁路近代建筑的技术传入背景

根据技术史的研究观点,技术的发展和传播不仅仅受到技术自身合理性的影响,更多的是社会环境因素对技术发展的制约。而技术哲学的语境论思想认为,技术的发展实质就是技术的"再语境化"的过程,因此,分析中东铁路近代建筑的技术发展中的"再语境"因子,对于揭示中东铁路近代建筑的技术表现形式和技术观具有重要的作用。

中东铁路近代建筑技术发展传播的语境包括显在语境和潜在语境两个部分,显在语境包括工业革命的兴起发展、生铁结构的发明应用、建筑设备的产生探索和新型建筑功能的产生,潜在语境包括社会、经济、文化、气候、环境等客观语境和技术人员、施工人员等的主观语境。显在语境和潜在语境构成了中东铁路近代建筑技术发展的语境模型,也就是其技术发展传播的影响因子。

(2) 中东铁路近代建筑技术的表现载体

在上述技术发展传播的语境模型建立之后,下一步开始对语境模型影响下的技术表现进行梳理分析。

在材料表现上,既有早期的传统建筑材料如红砖、石材、木材等,也有新型建筑材料如生铁、水泥、钢筋混凝土、瓷砖等。传统建筑材料的组合方式和加工工艺都是成熟定型的,而新型建筑材料在引入后受到气候、温度、环境等"再语境"的影响,又重新开始了探索应用的过程。

在结构的应用上,中东铁路近代建筑呈现出特殊的一面。由于材料、技术、政策等方面的影响,砖混结构形式在时间和空间上呈现超长、超广的应用特点,其墙体形态多样丰富,楼地面结构二元对立,屋架形态则体现了感性与理性的交织;而钢筋混凝土结构受限于特殊的气候特点,在经历了从内框架到框架结构探索的逐步成功后,并未立即得到广泛应用,直到 1926 年霁虹桥的完成,钢筋混凝土框架结构的应用才逐步拓展开来,使得框架结构技术呈现出"间断"的发展特征。

在建筑的热工特性上,中东铁路近代建筑主要采用了壁炉和集中供暖两种采暖方式。由于本土的壁炉取暖技术成熟,因此其应用十分系统和整体,基本每个房间都有采暖,同时体现了壁炉的人性化设计,在公共厕所、水房等一些公共建筑中皆有采暖的设计;由于成本和技术的要求,集中供暖多与壁炉配合使用。除了采暖以外,建筑在细部设计上也注意避免热量的流失,如采用了架空的地面、复合的外墙、合理的采光和体形系数等。

(3)中东铁路近代建筑的技术水平分析

上述的研究内容对中东铁路近代建筑的技术表现载体进行了梳理,但是仅做定性的描述分析是不足以科学地评估其建筑技术水平的,因此本文采用软件模拟的方法,对建筑的室内热环境进行模拟分析,探讨中东铁路近代建筑的能耗水平如何,对其保温采暖性能做出评价。通过科学的模拟分析,最终揭示中东铁路近代建筑的技术水平。

(4)中东铁路近代建筑的技术观研究

经过上述三方面的研究讨论之后,中东铁路近代建筑的技术表现和技术水平都呈现出科学系统的结构。在此基础之上,本文结合审美形态学的研究方法,对这些建筑技术的技术工艺、技术伦理、技术审美进行升华概括,提炼出中东铁路近代建筑的技术观,揭示当时人们的技术理念和思想,同样这些技术观也反过来指导了技术的表现形式和水平特点。

1.4.2 研究方法

1.4.2.1 经典研究方法

(1)文献研究方法

本书运用文献研究方法以满足本课题的研究需要。通过收集调查文献来获得中东铁路建筑的相关技术、图纸、历史照片等资料,是本研究的基本方法。

(2)田野调查法

田野调查是一种行之有效的研究方法。与社会现象、文化现象相比,建筑遗产有着独特的属性——地域性和实体性,对中东铁路建筑的调查研究必须依赖现场,即田野调查。在田野调查中,考察建筑的建造背景,对建筑进行测量、摄影等可以获得一手的研究资料，可以说田野调查是对建筑技术表现的直接研究方法。

1.4.2.2　多学科交叉研究方法

(1) 科学哲学的理论方法

在当代科学哲学的研究中，语境论(contextualism)作为一种世界观和方法论正逐渐受到越来越多的关注，并且已经逐步应用在量子力学、语言学的研究当中。语境论既强调科学的条件性和过程性，也强调科学发展的动态性和开放性，具有动态性、系统性、层次性、开放性、多元性的特点。

作为一种新的方法论，语境论所体现的本质是一种"关系"，即任何事物的发展都可以理解成一种存在着的关系，这种关系包括事物发展中的一切要素及彼此的相互作用共同构成的整体。在中东铁路建筑技术的发展过程中，语境论模型包括三个部分：主体集、客体集和序列集。主体集包括施工者的技术水平、知识储备等因素，客体集包括历史、人文、环境、文化等因素，序列集包括技术交流、技术选择、技术分析等因素，三者共同构成了中东铁路建筑技术发展的语境论模型。在不同的历史时期，集合内部的异质性要素有着不同的"张力"，从而系统、动态地影响着中东铁路建筑技术的表现形式。

(2) 传播学的理论方法

中东铁路近代建筑技术并不是在中国古代传统建筑技术中自觉发展演变而来的，而是在世界文化的传播、移植、吸收和融合的基础上产生和发展的，因此对于这种技术的传播过程的研究是厘清中东铁路建筑技术的关键。所以本研究借鉴传播学的研究方法，对中东铁路建筑技术的传播过程进行研究。

传播学诞生于20世纪初，主要研究的是传播的动机、过程、作用、效果及其规律的科学，在被誉为传播学纲领力作的《社会传播的结构与功能》中，哈罗德·拉斯韦尔明确提出了传播过程的五个基本构成要素：谁(who)、说了什么(what)、对谁说的(whom)、通过什么渠道(what channel)、取得了什么效果与结果(what effect)，并且针对大众传播的基本功能提出了监视环境、协调社会以及文化传承的观点。

本研究也将回答一系列的谁/什么将什么技术通过什么途径传播到中国东北、起到/带来什么效果/影响这样的问题，通过分析这些问题，认清技术传播的规律和特性。

(3) 技术史的研究方法

在技术史的研究过程中，经历了两次研究方法的转向。第一次是20世纪初的

"技术决定论"(Technological determinism)主张技术决定社会变迁,技术的发展具有自主性,它是预设的、线性的、不受社会制约的。第二次是 20 世纪 80 年代以后,随着时代背景和学科背景的变化,技术的"社会型塑论"(Social shaping of technology,SST)逐渐登上舞台,它认为社会因素在技术的发展和创新过程中起着决定作用,技术是多个社会因素综合决定建构的产物。其核心人物 Pinch 和 Bijker 以自行车技术的发展证明技术的发展不是线性模式,而是多项模式:围绕在自行车周围有着各种"相关社会群体",他们有着不同的问题(problems),针对不同的问题又有不同的解决方案(solutions),于是推动了自行车制造技术的发展,使自行车呈现出多种形态。

将"技术的社会形塑论"的方法引入中东铁路建筑技术的研究中,对于分析建筑技术表现的多样化具有重要的意义。如建筑外墙的组合形式,基于保温、美观、经济、加工难易等不同的问题(problems),出现了砖—木组合、砖—石组合、砖—锯末组合等多种解决方案(solutions),这些问题均可从社会形塑理论的应用中得到解释。

(4) 模拟分析方法

历史建筑的技术水平分析具有"断代性"的特点,即分析特定的建筑技术在当时的历史背景下处于何种水平,因此需要采用模拟分析的方法。本研究所采用的是对建筑室内热环境的模拟分析,基于 Airpak 3.0 平台,对比现行建筑能耗指标以评估中东铁路近代建筑的保温性能。

1.4.3　研究框架

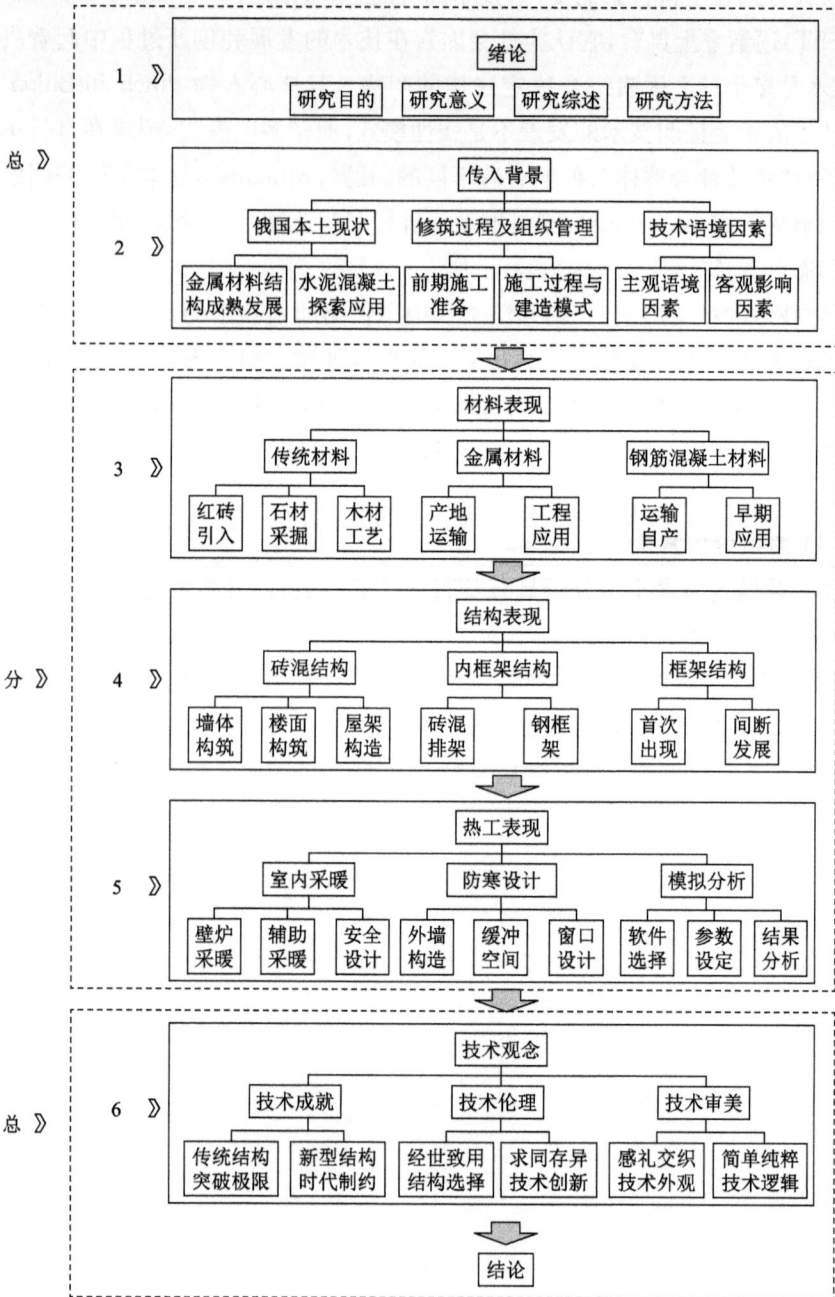

图 1-4　研究框架

1 绪论
研究目的　研究意义　研究综述　研究方法

总

2 传入背景
俄国本土现状　修筑过程及组织管理　技术语境因素
金属材料结构成熟发展　水泥混凝土探索应用　前期施工准备　施工过程与建造模式　主观语境因素　客观影响因素

3 材料表现
传统材料　金属材料　钢筋混凝土材料
红砖引入　石材采掘　木材工艺　产地运输　工程应用　运输自产　早期应用

分

4 结构表现
砖混结构　内框架结构　框架结构
墙体构筑　楼面构筑　屋架构造　砖混排架　钢框架　首次出现　间断发展

5 热工表现
室内采暖　防寒设计　模拟分析
壁炉采暖　辅助采暖　安全设计　外墙构造　缓冲空间　窗口设计　软件选择　参数设定　结果分析

总

6 技术观念
技术成就　技术伦理　技术审美
传统结构突破极限　新型结构时代制约　经世致用结构选择　求同存异技术创新　感礼交织技术外观　简单纯粹技术逻辑

结论

图 1-4　研究框架

2 中东铁路近代建筑的技术背景

中国建筑的近代化过程是世界主动走向中国、中国被迫卷入世界资本主义体系的历史。从 1840 年鸦片战争开始，中国开启了近代转型过程，随后西方列强在政治、军事、文化等方面不断侵蚀，触发了中国传统社会生活、社会结构、社会意识等方面的巨变。由此中国建筑的近代化过程（包括中东铁路建筑的近代化过程）就成为了世界建筑发展的一部分，具有全球关联性特征。西方列强在对租界、租借地进行殖民占领的同时，也以自身为模板，在上述地区建立了一套司法、卫生、文教体系，加快了西方思想在中国的传播。

中东铁路严格意义上是一条政治意义浓厚的铁路，其各项建筑技术的使用和发展深受俄国的影响，即俄国的建筑技术现状从显在层面深深地影响了中东铁路沿线，乃至整个东北的近代化过程。分析 19 世纪末 20 世纪初俄国乃至整个世界的建筑技术现状，有助于我们从一个更高的角度审视中东铁路近代建筑技术的发展演变过程及其对后代的相关影响。

2.1　19 世纪末的俄国建筑技术

从 1861 年亚历山大二世废除农奴制到 1917 年十月革命，俄国国家巨变，一方面，改革促使俄国的钢铁、煤炭、纺织、冶金等工业指标产量迅速赶超西方，实现了早期国家工业化，俄国国家民族步入自信时代；另一方面，新的材料技术不断发明涌入，并迅速向土木工程和建筑领域拓展转移，带动了结构领域的技术转变，为中东铁路近代建筑技术的传播奠定了基础。

2.1.1 金属材料与结构的成熟发展

2.1.1.1 金属材料的生产工艺

金属材料的生产工艺基本遵循铸铁—熟铁—钢铁的工艺演变流程。

铸铁也称生铁,是指含碳量在 2.11% 以上的铸造铁碳合金的总称。欧洲的铸铁发展较早,大规模的机器生产起源于工业革命之后的英国。早期英国的铸铁为高炉冶铁、木炭燃料,随着工业的发展和经济的进步,大量森林被砍伐,冶铁所需的木材短缺,促进了燃料从木材向煤炭的转变。1709 年焦炭炼铁法产生,随后,新的冲天炉车间的发明排除了各种杂质对铸铁冶炼的影响,加之工业革命中蒸汽机的发明使得冶铁车间不必紧邻河流,铸铁的产量剧增。

铸铁产量的增加促进了金属材料应用从工程设施向建筑领域的转移,一些原本用木材建造的格栅桁架、拱形桁架、豪氏桁架、普拉特桁架开始使用铸铁材料,并大量应用在有防火需求的工业建筑中,第一个成型的案例是 1797 年英国 Ditherington Flax Mill。但是到了 1840 年,随着熟铁桁架的出现和一些铸铁桥梁的坍塌,铸铁开始退出历史舞台。其原因既有金属制造商之间的竞争,也有工程师的超静定计算方法的失败,使得铸铁成为大建设过程中的牺牲品。

熟铁也称锻铁,是含碳量小于 0.02% 的铁合金碳钢。熟铁具有较好的抗腐蚀性、韧性和延展性。熟铁系生铁精炼而来,刚开始精炼工艺不够完善,熟铁产量较低,价格高昂。1761 年伍德兄弟以"碎锅法"提高了熟铁的产量,熟铁开始大量替代生铁。

1855 年,贝塞麦发明转炉炼钢法,钢铁产量剧增。钢铁具有更高的耐锈度和可焊度,其产量的增加极大地促进了汽车、轮船、机械等领域的发展,并迅速成为一种全新的建筑材料应用到建筑领域。1851 年英国万国博览会的水晶宫采用了钢铁、玻璃组成的金属框架结构,钢铁开始作为结构材料得到大范围应用。19 世纪70 年代,英国的铁路完成了钢轨替代铁轨的转变,而整个 19 世纪后半叶钢铁取代铸铁、熟铁成为材料技术变革的重要趋势。

与英国工业革命引导下的铸铁—熟铁—钢铁的材料发展工艺不同,俄国金属材料的发展具有鲜明的地域性特征。

18 世纪早期,俄国金属材料也以铸铁为主,产地主要集中在俄国中部的乌拉尔地区,如叶卡捷琳堡、下塔吉尔、涅维扬斯克等,这些地区有着丰富的铁矿、铜矿储备,运河交通便利,森林资源丰富,加之农奴制下生产成本低廉,乌拉尔一时成为世界级的冶金工业区,其冶金高炉的数量和功率均稳居欧洲第一。凭借乌拉尔地区强大的生产能力,俄国在 18 世纪追上西欧、超越瑞典,成为世界第一大金属生产国,其金属制品不仅出口西欧,还跨洋销售至美国,为俄国带来大量财政红利。

18 世纪下半叶,英国成为首个工业革命国家,铁路迅速扩张,燃料从木材向矿物转变,其生铁产量稳居世界第一并将俄国远远抛在后面。随后工业革命的春风从英国经由法国、德国、波兰向东扩张,最后才传播至俄国,在亚历山大二世的主持之下,俄国开启了农奴制改革背景下的产业革命,首当其冲的就是金属冶炼的转变,包括铁路的投资建设运输、贝氏炼钢法的引入、燃烧材料的转变等,一系列的措施改变了俄国传统的金属生产,俄国的金属产量重回世界领先地位,但是依旧落后于英法等西欧国家。

2.1.1.2　金属结构的应用发展

工业革命之前,凭借其区位资源优势,俄国的金属产量稳居世界第一,虽然工业革命之后其产量和地位有所下降,但是在世界金属产量中仍占据领先地位。在这样的背景下,金属材料被首先应用于各类道路桥梁工程中,随后开始向建筑领域转移。综合来看,俄国的金属结构主要应用于以下几个方面。

(1) 金属悬索结构

对于工程师来说,19 世纪是个"天马行空"的时代,一方面随着金属产量增加,将其应用于结构工程已成为不可避免的趋势;另一方面受力的结构计算还不够科学合理,因此大量工程师基于自身修养和建造习惯发明了一系列的悬索结构形式,其基本形态都是以桥梁两侧"桅杆"作为支撑,悬索下垂支撑桥面,两侧埋入土中用于固定。基于"悬索"的自身结构产生了 3 种主要的结构形态:其一是铁链式悬索桥,世界上第一座熟铁链式悬索桥是建于 1801 年由从苏格兰移民到美国的詹姆斯·芬利(James Finley)建造的雅各布洞悬索桥,长 21 m,由一个个的环形铁链连接而成,1825 年被毁;其二是铁杆式悬索桥,起源于英国,同样以熟铁为材料,铁杆两侧预留"环眼",两根铁杆的"环眼"相互连接,从而组成悬索结构,铁杆式悬索桥的典型案例是 1820 年建造的英国联合链桥,长 137 m,也是现存最为古老的英国悬索桥;其三是缆绳式悬索桥,由法国工程师马克·赛金(Marc Seguin)发明,他将多股钢筋拧结在一起形成缆绳悬索,与铁链式和铁杆式相比具有较低的造价和较强的抗拉性能,目前最古老的缆绳式悬索桥是位于法国阿尔代什的一座人行桥,建于 1822 年,跨度仅为 18 m(图 2-1)。

a) 铁链式悬索桥:美国雅各布洞悬索桥　　　　c) 缆绳悬索桥:法国阿尔代什人行桥

b) 铁杆式悬索桥:英国联合链桥

图 2-1　金属悬索桥梁结构及应用

　　由于早期俄国金属结构技术相对落后,这一时期的悬索结构桥梁普遍由欧洲工程师设计建造,因而融合了较多的悬索样式。俄国第一座金属悬索桥梁是建于1824 年的圣彼得堡莫伊卡河上的邮局桥(图 2-2a),该桥由德国工程师威廉·特雷特(Wilhelm Von Traitteur)设计,采用英国铁杆式结构,跨度 35 m,两根悬索均由19 根 1.75 m 长的铁杆组成,悬索通过 18 根竖向拉杆与桥梁固定,其结构与 1820年的英国联合链桥极为相似,邮局桥也是仅存的 4 座建于 1824 年之前的悬索桥之一,具有较高的历史价值。随后,特雷特又在圣彼得堡建造了两座结构相同的桥梁,分别是四狮桥(1825 年)(图 2-2b)和埃及桥(1826 年),这些桥梁跨度都在 30 m左右,采用铸铁、熟铁组成"压拉组合",桥梁两侧的支撑桅杆为铸铁,受拉的悬索为熟铁,如此优秀的材料组合设计使得桥梁的自重仅为 0.7 kN/m²,可承受荷载为2.2 kN/m²,可同时容纳 600~700 人经过桥梁。

　　随后金属悬索结构在俄国稳步发展,直至 1853 年爱尔兰工程师查尔斯·维尼奥尔(Charles Blacker Vignoles)在俄国基辅的第聂伯河上建造了尼古拉斯铁链桥(图 2-2c),采用了美式铁链悬索结构,共计 6 跨,总长 710 m,是整个 19 世纪建设的跨度最长的悬索桥,由此,在俄国,金属悬索结构的应用迎来了巅峰。但是在 20世纪初,金属悬索结构在半个多世纪的使用之后其结构性能欠佳、水平垂直刚性不足的问题逐渐暴露。1905 年埃及桥因结构缺陷而倒塌,四狮桥也因安全问题而遭到拆除,引起了人们对金属悬索结构合理性的质疑,金属悬索结构在长达80年的探索应用之后逐渐被时代抛弃。

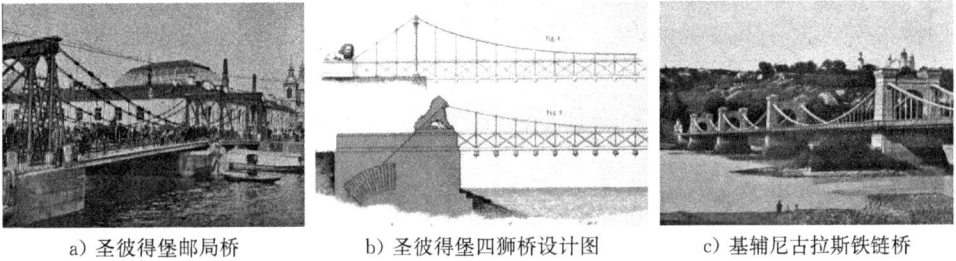

a) 圣彼得堡邮局桥　　　　b) 圣彼得堡四狮桥设计图　　　　c) 基辅尼古拉斯铁链桥

图 2-2　俄国的铁杆式悬索桥

(2) 金属桁架结构

俄国早期的金属桁架结构模仿传统的木桁架结构样式,以木板桁架和格栅桁架为主,如1857年圣彼得堡—华沙铁路中的卢加河铁路桥,由俄国工程师瓦莱里亚诺维奇设计,共计2跨,每跨55.3 m,是俄国较早采用金属格栅桁架结构并采用沉厢施工建造的案例,为俄国金属格栅桁架的建造发展奠定了基础。虽然金属格栅桁架结构的技术相对原始,但是却有着较长的应用历史,在19世纪末20世纪初修建的西西伯利亚铁路中仍然应用在叶卡捷琳堡、车里雅宾斯克等地(图2-3)。

a) 格栅桁架结构示意　　　　　　b) 西伯利亚铁路中的金属格栅桁架桥梁

图 2-3　格栅桁架结构

1842年,俄国着手修筑连接圣彼得堡和莫斯科的尼古拉耶夫铁路,由于先前只是建造了长约27 km的圣彼得堡—皇村铁路,俄国铁路建设经验缺乏,因此寻求国外技术援助成为铁路建设的唯一选择。考虑到美国在1833年已经建造完成了连接马萨诸塞州伍斯特和西斯托克布里奇的西部铁路,该铁路的负责人乔治·华盛顿·惠斯勒(George Washington Whistler)被沙皇尼古拉斯一世邀请成为尼古拉耶夫铁路的建造咨询工程师。而在美国西部铁路中首次应用的豪氏桁架结构也被惠斯勒引入俄国,成为尼古拉耶夫铁路的首选桥梁结构形式,并促进了俄国金属桁架结构的应用发展。

豪氏桁架结构是美国工程师威廉·豪威(William Howe)在 1840 年申请的结构技术专利,它以竖向铁筋抗拉、斜向木质支撑抗压为技术特色,虽结构简单但是施工容易、成本经济且结构牢靠。世界上第一座采用豪氏桁架建造的桥梁是美国西部铁路的康涅狄格河大桥,共计 7 跨,每跨 54 m(图 2-4)。

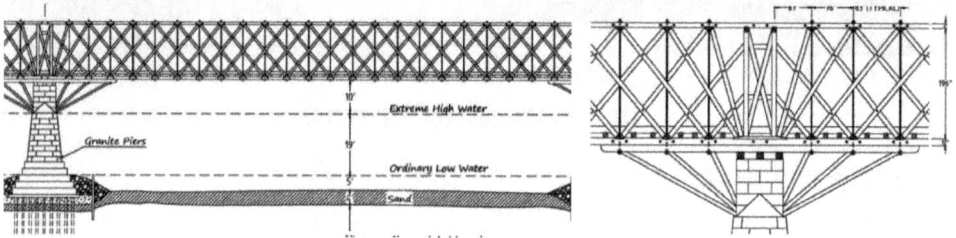

图 2-4　豪氏桁架结构,康涅狄格河大桥,美国西部铁路

在惠斯勒的主持下,尼古拉耶夫铁路于 1843 年开工建造,铁路全长 644 km,分为南北两段,每段又被划分为 6 个施工工区,每个工区设一个总工程师,总工程师具有极高的自由度,可自行购买铁路建材和承包铁路施工。但是由于俄国工业革命起步较晚,尼古拉耶夫铁路建设严重缺乏相关技术,所有的土方工程均由人工挖掘,仅有的 4 台美国进口蒸汽挖掘机也因操作不当效率极低,加之缺乏维护而被迅速抛弃,这种铁路施工管理制度和建造经验都深深影响了后来的西伯利亚铁路和中东铁路的建设。尼古拉耶夫铁路共设 187 座桥梁、68 座涵洞,其中有 123 座桥梁跨度不足 8.5 m 而采用了简单的木质梁桥,剩下的 64 座桥梁均采用了豪氏桁架结构,包含跨度 3.2~32 m 的小型桥梁 45 座、跨度超过 32 m 的中型桥梁 10 座和多跨连续桥梁 9 座(表 2-1)。这些连续多跨桥的结构构造与美国康涅狄格河大桥几乎一模一样(图 2-5),由此经由尼古拉耶夫铁路和惠斯勒之手,豪氏桁架结构被引入俄国。

表 2-1　尼古拉耶夫铁路中的连续多跨豪式桁架桥

桥梁名称	跨数	总长(m)	单跨	更换时间	建造人
奥布沃丹尼河桥 (Obvodny Canal)	3	46.2	31.5+2×7.2	1869 年	Gromov F. G.
沃尔霍夫河桥 (Volkhov)	5+1	277.6	50.4	1874 年	Grave V. I.

桥梁名称	跨数	总长(m)	单跨	更换时间	建造人
姆斯塔河桥 （Msta）	9	540.8	56.7	1880 年	Krutikov C. F.
韦列亚河桥 （Verebia）	9	482.0	53.6	1881 年	Jouravsky D. I.
茨纳河桥（Tsna）	2	92.4	46.2	1877 年	Glazenap P. A.
特维尔察河桥 （Tverca）	3	188.0	58.7	1875 年	Kolman A. K.
伏尔加河桥 （Volga）	3	191.3	58.7	1887 年	Antonov N. I.
绍沙河桥（Sosha）	2	113.4	54.2	1873 年	Vorobyev E. G.
斯霍德尼亚河桥 （Shodnja）	4	241.6	56.2	1864 年	Benislavsky M. A.

图 2-5　尼古拉耶夫铁路中的豪氏桁架桥梁

　　值得一提的是，豪氏桁架桥梁中所用的竖向铁筋均为熟铁材料，而俄国产的熟铁却无法满足桁架的抗拉需求，因而不得不转向英国购买了 80 000 t 熟铁，这也暴露出工业革命前的俄国虽然金属产量世界领先，但是金属工艺却相对落后的事实。

　　在尼古拉耶夫铁路的建设过程中，惠斯勒也培养并影响了一批俄国本土工程师，其中比较著名的就是迪米特里·伊万诺维奇·卓拉夫斯基（Dmitry Ivanovich Jouravsky），他建造了韦列亚河桥（Verebia），并负责所有桁架桥的后期维护。在豪氏桁架的结构设计中，惠斯勒只是引入了一些基本的结构静态分析，包括结构相对位移、木材弹性截面模量、钢筋可承受荷载等，唯独缺少了对各构件结构尺寸的计算，而卓拉夫斯基敏锐地发现了这个问题，并在不改变豪氏桁架结构的前提下着手研究构件尺寸与结构受力、桁架跨度的关系，从而提高了竖向钢筋的抗压性能和组合梁的结构表现，卓拉夫斯基改善后的豪氏桁架结构在俄国被称为"豪氏-卓氏桁架系统",并被广泛应用至 20 世纪中期。

遗憾的是,惠斯勒并没有注意到俄国严苛的气候环境对豪氏桁架桥梁的影响,多数的豪氏桁架桥在建成几年之内木材构件就逐步收缩,因此导致对桥梁的定期检查甚至高达每月一次,惠斯勒之孙乔治·威廉·惠斯勒(George William Whistler)在 1859 年的一封信中也承认"桁架螺栓拧得太紧导致桥梁受到严重伤害……我甚至很少见到使用寿命能到 3 年的桥梁"。因此寻找新的桥梁结构以替代豪氏桁架成为必须。而此时俄国工程师都清醒地认识到全金属结构的普拉特桁架拥有更加优良的抗拉性能和结构表现,因此从 1864 年开始,几乎所有尼古拉耶夫铁路中的豪氏桁架桥均被替换为了普拉特桁架桥(表 2-1、图 2-6)。

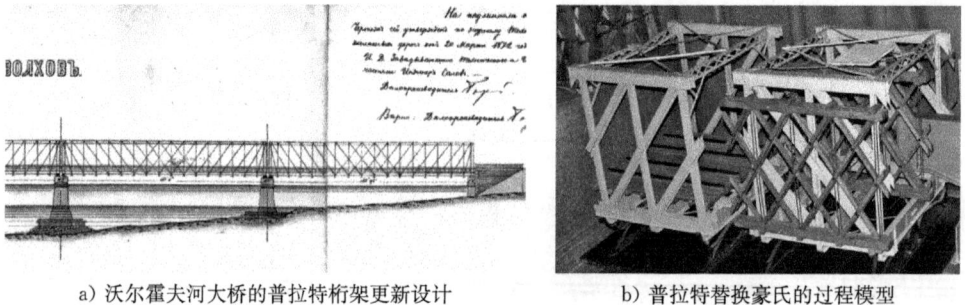

a) 沃尔霍夫河大桥的普拉特桁架更新设计　　b) 普拉特替换豪氏的过程模型

图 2-6　普拉特桁架替换原有的豪氏桁架(沃尔霍夫河大桥)

19 世纪 90 年代以后,鉴于俄国糟糕的熟铁冶炼工艺,熟铁不再作为桥梁桁架材料而退出历史舞台,铸铁成为唯一的材料选择。与之相反的是,欧洲在 1840 年左右开始在桥梁结构中禁用铸铁,而采用熟铁与钢铁组合应用的桥梁建设方法,因而在金属桁架材料的选择应用上俄国与欧洲走向了不同的方向。同时在这一时期,俄国的金属桁架结构也逐渐走向成熟。1884 年桥梁工程师兼国家枢密院大臣别列柳斯基(N. A. Belelyubsky)出版《金属结构设计标准》,规定跨度超过 87 m 的桥梁必须采用多边形桁架结构,1887 年工程师拉夫·普罗斯基里亚科夫(Lavr Proskuryakov)呼吁简化传统桁架结构,以铆接的三角桁架(包括豪氏、普拉特式)替代原有的格栅桁架(图 2-7)。

同时为了应对桥墩沉降、温度变化对桁架连接产生的破坏影响,普罗斯基里亚科夫又引入桁架的铰性连接方法,随后与悬臂桁架结构融合产生了新的悬臂桁架桥梁。从这一时期开始,俄国的桥梁深基施工技术日渐成熟、活荷载计算方法日益缜密、多跨连续桁架结构逐步走向成熟定型,对后期中东铁路中桥梁、屋架的桁架结构技术产生积极影响。

 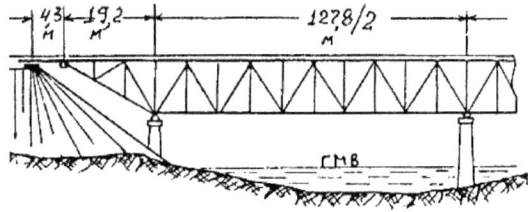

a) 别列柳斯基规定的多边形桁架　　　　b) 普罗斯基里亚科夫的铆接三角桁架
（西伯利亚铁路鄂毕河大桥）　　　　　　　（苏拉河铁路大桥）

图 2-7　走向成熟的金属桁架结构

（3）其他金属结构

19 世纪俄国金属结构技术的进步与发展除了金属悬索结构、桁架结构以外，还有早期的工字钢结构和后期的金属拱结构。

工字钢结构技术非常简单，因此早在金属悬索结构、桁架结构产生之前就已经广泛应用。俄国第一座采用工字钢建造的桥梁是 1861 年圣彼得堡—华沙铁路中的涅曼河铁路桥。但是当桥梁跨度增加时，工字钢因自重过大而不具备经济优势，从而间接促进了桁架结构桥梁的发展。

受 1781 年英国什罗普郡赛文河铁桥的影响，俄国也在 19 世纪初期的公路、铁路建设中建造了一批铸铁拱桥，但是普遍影响不大且没有遗存。19 世纪 80 年代以后，俄国金属拱结构技术逐步发展，这主要表现在两个方面，首先是传统的铸铁材料被替换为成本更高、性能更强的钢铁；其次是原有简单的金属拱券结构被先进的金属桁架拱替代，能够实现更高的结构荷载和结构跨度。俄国第一座金属桁架拱桥梁是建于 1904 年的莫斯科河铁路桥。随后为了降低桁架拱侧推力，将桁架拱与悬臂结构铰接从而产生了钢桁架悬臂结构，如 1902 年建造的位于圣彼得堡横跨涅瓦河的基罗夫斯基桥，采用钢桁架悬臂结构，跨度 97 m；1932 年的乌克兰新第聂伯河大桥跨度更是达到了 224 m。

（4）金属结构向建筑领域的转移

17 世纪末 18 世纪初，彼得大帝改革之后，俄国金属冶炼技术提升、金属产量激增，至 1780 年左右产量超越瑞典居世界第一，成为欧洲最大的金属出口国。在这样的背景下，金属材料的应用开始从土木工程向建筑领域转移，以解决建筑的跨度、承重问题。虽然在建造史领域普遍认为世界上第一个金属承重桁架屋架出现在 18 世纪末期的法国，但是 Aleksandra Kosykh 基于文献考古调研后认为俄国在 1770 年左右的圣彼得堡大理石宫中就已经将金属材料应用于建筑屋架，俄国也因此成为世界上较早将金属材料应用于建筑工程的国家。圣彼得堡大理石宫的屋面工程完工于 1781 年,由 9 榀跨度 13 m 的金属桁架组成。金属构件之间采用开槽、榫楔、螺栓等连接方式,与传统的木材连接较为相似,间接表明此时金属桁架结构正处于结构的探索初期。难能可贵的是,金属构件均采用的是工艺更高、造价更贵的熟铁,其具有较强的抗拉性能,也表明俄国初期对金属材料应用的细致谨慎(图2-8)。

图 2-8　圣彼得堡大理石宫的金属屋架

进入 19 世纪后,英国取代俄国成为世界上最大的金属出口国,同时随着英国金属结构技术的发展,大批英籍工程师入驻俄国,进一步推动了俄国国内金属材料的应用。1800—1830 年左右,"铸铁柱支撑＋铸铁梁承重"的金属框架结构成为俄国大型建筑的主要结构形式,如奥克塔工程学校(1807)、亚历山大罗夫斯基面粉厂(1812)、莫伊卡马厩(1822)、圣彼得堡总参谋部大楼(1823)等,铸铁梁柱的结构形式基本都受到了英国结构样式的影响。但是在屋架结构中,熟铁却取代铸铁成为主要材料,同时随着桁架技术的成熟,熟铁桁架屋架成为建筑解决跨度难题的主要结构措施,重要建筑如圣彼得堡喀山大教堂穹顶(跨度 17.1 m,1811)、圣以撒大教堂穹顶(跨度 20 m,1858)、圣彼得堡造船厂(跨度 25.6 m,1838)等都展现了熟铁在屋架桁架中的重要作用。大概从 1843 年左右,熟铁梁取代铸铁梁在俄国成为不可避免的趋势,金属材料的应用在桥梁桁架和屋架桁架中走向了不同的方向。

工艺的成熟、技术的进步都极大促进了金属材料在建筑工程中的应用与发展。1882 年的莫斯科全俄工业博览会和 1896 年的下诺夫哥罗德全俄工业博览会更在 19 世纪末将俄国的金属结构技术推向了顶峰。在 1882 年的莫斯科全俄工业博览会上,主展馆 3 跨,采用金属框架结构,跨度达 31 m,所用钢铁材料全部产自俄国本土,表明此时俄国的金属结构技术已经趋于成熟。而在 1896 年的下诺夫哥罗德全俄工业博览会中,一些重要展厅如艺术工业展厅、煤炭资源展厅、采矿展厅等都采用了先进的金属桁架拱或金属三角拱结构,其中结构最为突出的当属由弗拉基米尔·舒霍夫(Vladimir Shukhov)设计的舒霍夫塔和圆形展览大厅,它们分别是世界上第一个双曲面结构和第一个刚拉结构的建筑(图 2-9),表明此时俄国的金属结构技术已经达到世界领先水平。

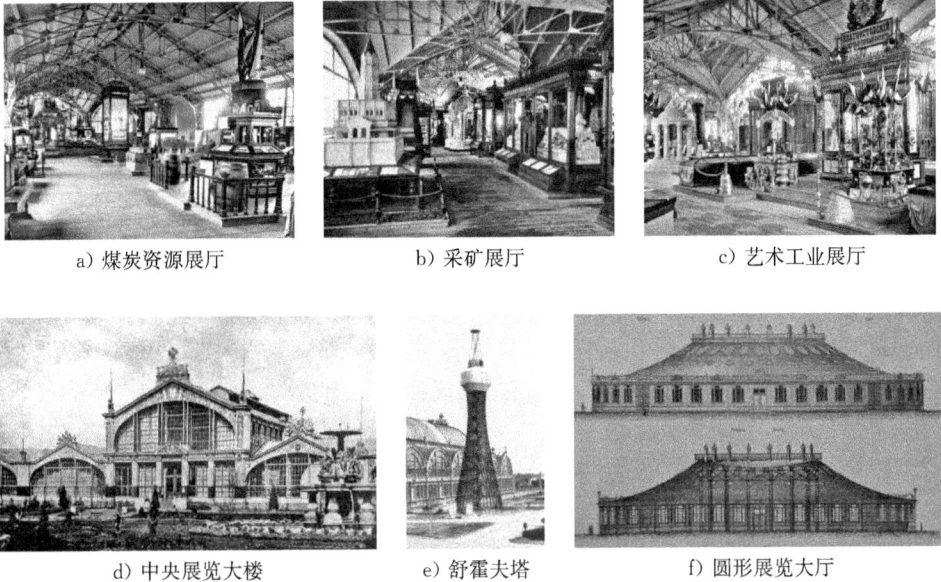

a) 煤炭资源展厅　　　　　　b) 采矿展厅　　　　　　c) 艺术工业展厅

d) 中央展览大楼　　　　　e) 舒霍夫塔　　　　　f) 圆形展览大厅

图 2-9　1896 年的下诺夫哥罗德全俄工业博览会

同时基于 18 世纪铸铁梁柱、熟铁屋架的技术探索,桁架结构在 19 世纪初也臻于成熟,一些大型公共建筑如剧场、车站、商场、银行基本都采用钢铁的桁架屋架来解决跨度问题,并且桁架结构也已经相当科学(图 2-10)。这表明使用桁架结构解决复杂的建筑跨度问题在当时已经成为一种潮流,值得一提的是,应用铸铁桁架结构的建筑多数出现在圣彼得堡、基辅等靠近欧洲的城市,而广大的西伯利亚地区仍然以传统木质桁架结构为主。

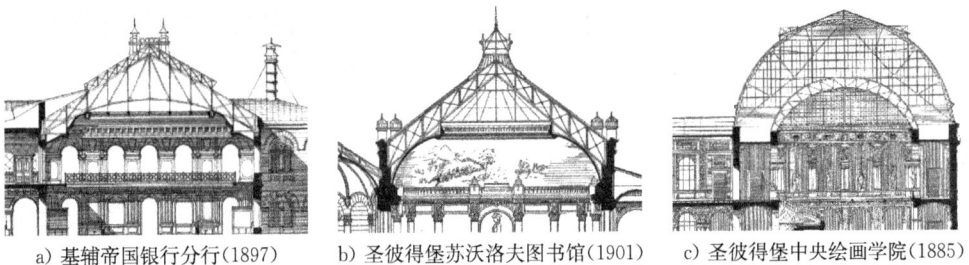

a) 基辅帝国银行分行(1897)　　　b) 圣彼得堡苏沃洛夫图书馆(1901)　　　c) 圣彼得堡中央绘画学院(1885)

图 2-10　桁架结构在建筑中的应用

2.1.2 水泥材料与混凝土结构的探索应用

2.1.2.1 欧洲对俄国水泥生产和混凝土探索的影响

1824 年,英国人约瑟夫·阿斯普丁(Joseph Asptin)发明了波特兰水泥,人类开始了从"铁时代"向"钢筋混凝土时代"的过渡。几乎在同一时期,俄国人 E. 德里夫(E. Делиев)也将黏土和石灰混合烧制,获得了水泥材料的制作方法;1825 年,德里夫著书介绍水泥的烧制过程;1856 年,德里夫在格罗兹德克成立了俄国的第一座波特兰水泥工厂。1866—1882 年,俄国又分别在里加(拉脱维亚)、舒洛罗夫(乌克兰顿涅茨克)、昆达(爱沙尼亚)、波多利斯克(莫斯科郊区)、新罗西斯克(黑海沿岸)成立了 5 座水泥工厂,这些工厂基本都位于欧俄发达地区,远东地区的水泥工厂相对较少。另一方面,虽然俄国的水泥投产很早,但是水泥产能一直不足,主要依赖从英、德进口,直至 1900 年左右,俄国产水泥才基本能够满足本土需求,降低了对英、德的依赖。

虽然在水泥的发明时间上俄国与英国不相上下,但是在钢筋混凝土的探索过程中,俄国却几乎完全缺席,"即便是最偏激的苏联历史学家也未能找到俄罗斯独立探索钢筋混凝土结构的线索"。俄国钢筋混凝土的发展更多的是受到了法国、德国的相关影响。

1848 年,法国人约瑟夫·路易斯· 兰伯特(Joseph Louis Lambot)发明制作了一艘钢筋混凝土船,并在 1855 年的巴黎博览会上获得专利。1855 年,英国人威廉·威尔金森(William Wilkinson)在混凝土天花板上使用钢丝绳进行加固,并获得了一个相关的专利。法国人弗朗索瓦·科涅(François Coignet)将旧矿索与混凝土混合,获得了钢筋混凝土楼板专利,并于 1859 年建造了一所钢筋混凝土的房屋。1861 年,法国的约瑟夫·莫尼埃(Joseph Monier)以铁丝为框架制作了钢筋混凝土的花坛,并首次发明了上下双层钢筋网形式的混凝土板结构,随后莫尼埃申请了管道、桥梁、水池等一系列钢筋混凝土专利,为以后钢筋混凝土结构的发展奠定了基础。

1864 年,科涅带着自己的钢筋混凝土专利来到俄国,并获得了 6 年的专利使用保护期,期间科涅活跃在圣彼得堡和莫斯科两个城市,先后建造了一座跨度 3.2 m 的桥、一栋两层的住宅楼和一个工厂车间,可以说科涅是开启俄国钢筋混凝土结构实践的第一人。

俄国真正意义上的钢筋混凝土探索实践与法国花匠莫尼埃密切相关,但颇具讽刺意味的是,从 1880 年莫尼埃来到俄国直至 1885 年离开,他从未在俄国建造一座钢筋混凝土结构建筑,反而是受莫尼埃影响的一批德国工程师极大地推动了俄国钢筋混凝土结构的发展,这些德国工程师中,以 G. A. 瓦伊斯(Gustav Adolf Wayss)的贡献最为突出。1884 年,瓦伊斯购买了莫尼埃的相关专利,并在第二年成立了"莫尼埃系统混凝土技术和施工股份公司",进行混凝土结构的探索和相关技术试验研究。1887 年,瓦伊斯出版《莫尼埃手册》一书,它在很长一段时间内都是混凝土实际施工的参考标准。1890 年,瓦伊斯与俄国钢筋混凝土探索的先驱——July Hook 公司共同成立"混凝土及相关建筑联合公司",开始在圣彼得堡进行承重板、穹顶、管道、水箱、粮仓、桥梁的钢筋混凝土结构试验,由于这些试验都是在俄国铁路工程师学会、国家事务局、交通部、军事委员会的批准监督之下进行的,因此相关试验探索迅速引起了俄国商人、工程师、政府官员的关注,并迅速推动了钢筋混凝土结构技术的向前发展。在瓦伊斯的影响下,莫尼埃式混凝土在俄国几乎成为了混凝土的代名词。1898 年,俄国交通部工程委员会通过了"在俄国部分本土和海外殖民地的土木工程和道路建设中全面采用莫尼埃式钢筋混凝土结构"的决议,1908 年,决议采用德国 1904 年的混凝土施工设计标准作为自己的临时混凝土标准,由此俄国早期的钢筋混凝土结构施工和技术逐渐趋于成熟。

2.1.2.2　钢筋混凝土建筑的探索发展

(1) 道路工程设施中的钢筋混凝土

与金属材料相同,钢筋混凝土材料也较早地应用在了道路工程中。俄国首次将钢筋混凝土应用于工程实践是 1892 年修建的莫斯科—喀山铁路,大量的铁路涵洞采用了钢筋混凝土结构。同年,俄国又在华沙修建了一座 8 m 长的钢筋混凝土桥。由于始终无法突破钢筋的技术瓶颈,桥梁的跨度始终局限在 6 m 左右;直到 19、20 世纪之交,两项钢筋混凝土桥梁的技术革新将桥梁跨度推向了更高的水平。

其一是梅兰钢筋混凝土系统(Melan System)的出现。它是奥地利工程师约瑟夫·梅兰(Josef Melan)在 1892 年申请的钢筋混凝土楼板、桥梁、穹顶专利,它以金属肋为主要金属材料,其抗压性能甚至超过当时最为流行的莫尼埃混凝土,因而应用范围极广。梅兰系统的钢筋混凝土桥以拱形金属肋为支撑,跨度普遍在 30 m 左右,20 世纪 30 年代以后,随着混凝土技术的革新,梅兰系统的钢筋混凝土桥跨度达到了 70 m。俄国较早采用梅兰系统的钢筋混凝土桥是 1903 年的卡斯拉格河大桥,在拱形肋板桥面上以钢筋混凝土柱支撑桥梁,跨度 30.73 m(图 2-11),多数梅兰系统的桥梁采用了与之相同的外观形式。由于杰出的技术优势,梅兰系统很快传播到了奥地利、德国、意大利、瑞士、美国等国家,在 1900 年左右传至日本,中东铁路的部分桥梁工程中也采用了梅兰系统形式。

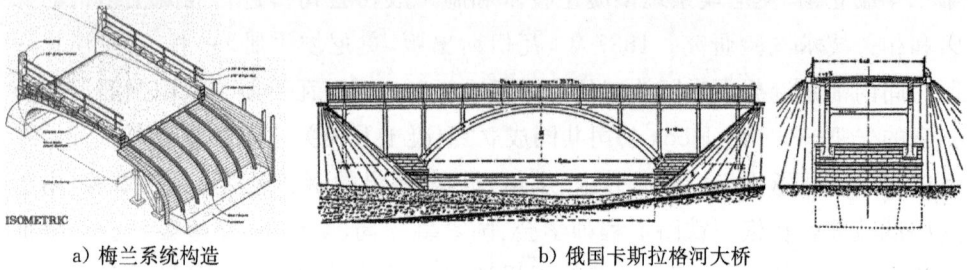

a) 梅兰系统构造　　　　　　　　　　　b) 俄国卡斯拉格河大桥

图 2-11　梅兰系统桥梁

其二是埃纳比克系统(Hennebique System)的出现。它是由法国工程师弗朗索瓦·埃纳比克(François Hennebique)于 1892 年在莫尼埃系统的基础上发明的。埃纳比克系统将传统彼此独立的梁、柱、板结合在一起,从而奠定了后代钢筋混凝土框架结构的基础,并在 20 世纪初几乎垄断了所有的钢筋混凝土工程,应用范围极广,世界上第一座钢筋混凝土框架结构建筑——巴黎富兰克林路 25 号住宅即采用了埃纳比克系统。1893 年,埃纳比克开始在法国和欧洲其他国家成立自己的经销商和代理网络,至 1902 年分支机构已经达到 290 余家,遍及法国、比利时、瑞士、意大利、埃及等。1900 年左右埃纳比克在圣彼得堡设立自己的分支机构——莫尼库特·艾格尔公司,埃纳比克系统开始进入俄国。在俄国的钢筋混凝土桥梁中,埃纳比克系统的应用以多跨连续桥梁为主,桥梁拱券采用埃纳比克混凝土形式,上部砌筑石材构成桥身。较早的应用案例是 1904 年的兵营河大桥,共计 13 跨,单跨21.3 m,总长 298.2 m。同年,埃纳比克又在爱沙尼亚(时属俄国)昆达的卡萨利河上建造了一条 13 跨总长 308 m 的桥梁,它是当时欧洲跨度最长的钢筋混凝土桥梁(图 2-12)。但是,作为一种新型的建筑材料,人们此时仍然对钢筋混凝土持怀疑态度,桥梁中的钢筋混凝土材料也被隐藏起来,外观形式仍是传统的连续石拱券样式。从文献记载来看,中东铁路东线的穆棱河铁路大桥、马桥河铁路大桥的连续拱券也采用了埃纳比克的钢筋混凝土构造形式。

(2) 建筑工程中的钢筋混凝土结构

自从 July Hook 和瓦伊斯的"混凝土及相关建筑联合公司"开启钢筋混凝土构件探索之后,钢筋混凝土的梁、板、穹顶就开始逐步应用到建筑工程当中。从文献资料来看,1889 年建造的上交易行极有可能是俄国最早采用钢筋混凝土材料的建筑。该建筑共有 3 层,中间设采光中庭,上覆钢铁和玻璃的采光屋顶,中庭四周的走廊由钢筋混凝土板悬挑而成,多数内墙和穹顶也采用了钢筋混凝土材料以降低自重。尽管上交易行使用了大量的钢筋混凝土、钢材、玻璃,但是外立面仍为砖石覆盖,表明了材料初期转型的困难。

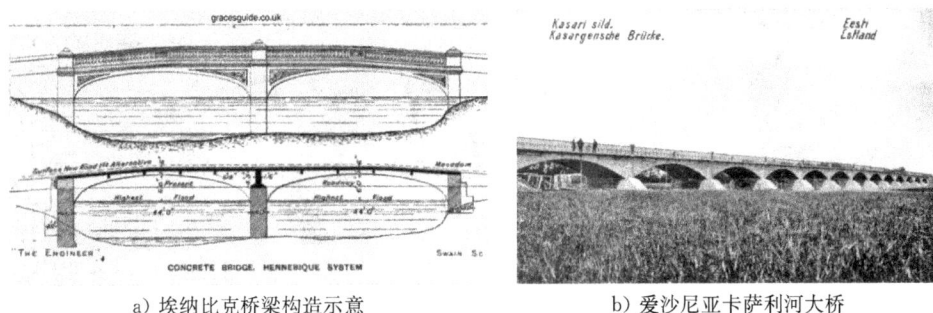

a) 埃纳比克桥梁构造示意　　　　　b) 爱沙尼亚卡萨利河大桥

图 2-12　埃纳比克系统的钢筋混凝土桥梁

1903 年,工程师尼古拉·迪米特罗夫在建筑杂志 *Zodchii* 中援引欧洲大陆钢筋混凝土的应用现状,阐述了在俄国大范围应用钢筋混凝土材料的可能性,并主张混凝土结构技术与建筑设计之间的融合,从而为建筑中钢筋混凝土材料的应用奠定了基础。1905 年,俄国取消了在建筑中禁止使用钢筋混凝土的限制,自此钢筋混凝土材料开始向建筑领域转移,其应用主要以梁板、阳台、楼梯等部位为主,如莫斯科波德索森斯基巷公寓(1905)、莫斯科斯科普尼克公寓(1908)、莫斯科列文公寓(1909)、莫斯科普达希基诺庄园(1910)等,在这些建筑中,混凝土不仅用于结构构件,还用于外墙的浮雕装饰。

埃纳比克系统传入俄国之后,钢筋混凝土的应用开始从局部的结构构件向整体的框架结构过渡,虽无法确定埃纳比克系统的首次应用时间,但在 1905 年左右,埃纳比克系统已经大规模应用于工业、公共、商业建筑中。早期的应用以工业建筑为主,如 1902—1905 年修建的沃洛格达—维亚特卡铁路,其布依站的铁路机车库就采用了埃纳比克体系,该机车库共计 3 跨,中间高两侧低,共设钢筋混凝土柱 4 排,上承钢筋混凝土梁,此时的混凝土框架结构体系还比较简单,施工难度也不大。从 1906 年开始,埃纳比克体系开始用在了大面积的商业、公共建筑中。从资料记载来看,俄国较早使用埃纳比克体系的钢筋混凝土框架结构是建于 1906—1908 年、由罗曼·克莱因(Roman Klein)设计的莫斯科缪尔·米里尔斯百货商场,建筑通高 6 层,虽带有明显的哥特装饰风格,但是其外立面明显的横竖划分和玻璃窗户已经具备早期的现代风格特征(图2-13)。随后,1907—1909年弗拉基米尔·利普斯基(Vladimir Lipskii)设计的埃斯德·沙夫勒大楼同样采用了钢筋混凝土框架结构。从这一时期开始,俄国的钢筋混凝土框架结构建筑逐渐发展成熟。

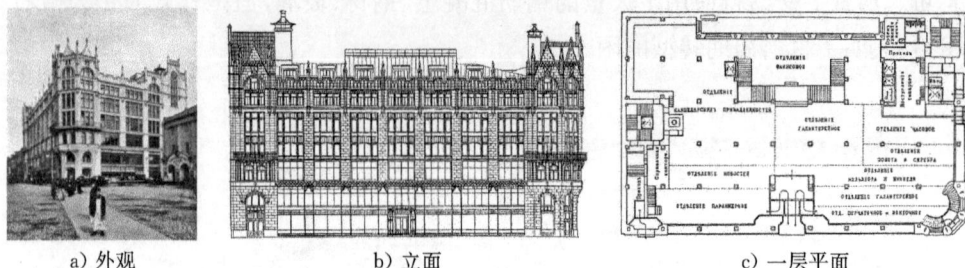

| a) 外观 | b) 立面 | c) 一层平面 |

图2-13 缪尔·米里尔斯百货商场

从技术发展的角度看,俄国几乎缺席了整个19世纪钢筋混凝土的结构探索过程,其境内的钢筋混凝土探索也基本是由欧洲的先驱完成;但是从20世纪开始,随着俄国完成对钢筋混凝土结构技术的吸收同化,俄国也开始介入新结构的探索,并酝酿改良了一种新型的钢筋混凝土框架结构形式——无梁楼板结构。

与埃纳比克式的梁板结构相比,无梁楼板结构可以有效降低结构层厚度、优化照明通风空间、减少施工模版,其生长向上的浮动空间也使室内更具动态特征。无梁楼板建筑首次出现是在1906年的美国,俄国的阿图尔·洛里特(Artur Loleit)在1908年进行相关研究试验,成为俄国无梁楼板结构的创新者和开拓者。洛里特本身专业是应用数学,1892年他在莫斯科的一家德国建筑公司工作,负责莫尼埃式混凝土的设计建造。洛里特对无梁楼板结构的贡献在于他简化了柱子尺寸、缩小了柱头支撑面积,使得结构构件变得更加轻盈。洛里特首次应用无梁楼板结构是在1907年莫斯科建造的一座纺织工厂,其柱子纤细,楼顶设圆形采光天窗。随后他听取俄国工程师迈耶的建议,并改良出新型的计算方法,一系列无梁楼板建筑如雨后春笋般出现,如齐施奇金乳制品厂(1910)、军事百货商店(1911)、斯卓诺夫学校侧廊(1913)、莫斯科仓库(1914)等(图2-14)。"一战"之后洛里特的事业陷于停滞,俄国开始接纳美国、德国的无梁楼板理论,1930年洛里特建立的全新钢筋混凝土理论也被俄国学界精英所否定,洛里特逐渐被人们遗忘,直至1960年苏联才重新认识到洛里特在俄国钢筋混凝土发展历程中的里程碑作用。

19世纪末20世纪初,俄国完成了钢筋混凝土结构从传入到吸收的转变,但是其施工仍然存在大量问题,主要表现在以下几个方面。

① 配筋位置不当。钢筋混凝土板失误的一个主要原因就是配筋位于板的中部或上部,而梁失误的主要原因是受力区钢筋分布面积不足。

　a)无梁楼板设计图　　　　　b)莫斯科纺织工厂　　　　　c)莫斯科仓库

图2-14　洛里特的无梁楼板理论和应用

② 缺乏横向分布筋,并且分布筋与受力筋之间捆扎不结实,这个问题在多边形梁中经常出现,如果钢筋位于受压区,则容易使钢筋弯曲,混凝土劈裂。

③ 由于使用的是光滑钢筋,使得钢筋与混凝土之间的连接较弱;并且钢筋或者太短,或者没有端部弯起。早期阶段钢筋直径过大也是一个常见的问题。

④ 在秋季或者炎热的时候施工,不利于混凝土的硬化。

⑤ 混凝土各个浇筑阶段的间隔时间不合适,使得不同时间浇筑的构件之间连接不够完全。

⑥ 制造和使用混凝土模版时常有疏忽(如模板上有缺口或刨花)。

⑦ 滥用钢筋混凝土结构材料。如为了防锈对钢筋表面涂漆,这些钢筋与混凝土之间连接较弱;高炉矿渣混凝土引起严重的腐蚀,最常见的情况就是沙子或者卵石清洗不够或表面含有结晶。

从钢框架、钢筋混凝土框架的发展过程来看,及至1897年中东铁路开始修筑之时,俄国的钢框架结构技术已经非常成熟,不论是拱桁架结构还是金属柱＋桁架屋架的结构都比较先进,其技术也可以成熟地转移到中东铁路相关建筑中。而钢筋混凝土结构由于探索起步较晚,相关技术不够成熟,技术掌握在以法国、德国为主的公司当中,直到1906年后,俄国才掌握钢筋混凝土框架结构及无梁楼板结构的相关技术,建立健全钢筋混凝土结构的相关标准,这直接导致在中东铁路建设时期钢筋混凝土结构的应用较少。

2.2 中东铁路的修筑过程及施工组织管理

2.2.1 前期施工准备

2.2.1.1 西伯利亚铁路的修筑背景

自 16 世纪中叶伊凡四世（1530—1584）起，俄国即不遗余力地向外开拓疆土，在西伯利亚疆土方面，派遣探险武装部队，越过乌拉尔山，首先征服西伯利亚汗国，然后逐渐向东推进，至 1639 年抵达鄂霍次克海，而后侵入黑龙江地区。之后，中俄双方于 1689 年签订《尼布楚条约》，暂时遏制了俄国入侵黑龙江地区的野心，因此俄国在西伯利亚的开拓也只是局限在黑龙江地区以西。19 世纪中叶以后，清政府国力日衰，俄国再次进入黑龙江地区，经由《瑷珲条约》和《北京条约》的签订，强占了黑龙江以北、乌苏里江以东的大片土地。为确保远东疆土的安全，移民实边成为俄国重要的措施，但是限于交通的不便而成效有限，西伯利亚铁路的修筑计划由是而起。在西伯利亚铁路的修筑过程中，由于沿黑龙江而行修筑困难，因而俄国有了向清廷借地修路的计划。

（1）移民实边的军事需求

自 1581 年俄国越过乌拉尔山至 1860 年《北京条约》签订，不足 300 年的时间内，俄国便将整个西伯利亚地区据为己有，为保证统治，移民实边无疑是最佳的方式。在 19 世纪之前，西伯利亚的移民主要以刑徒为主，他们对西伯利亚的开发贡献也最大，其次是驻屯军人，再次为往返欧俄与西伯利亚地区开展贸易的商人，而自由移民数量最少。1861 年俄国农奴制改革之后，部分恢复自由之身的农奴进入西伯利亚，自由移民数量有所增加，但是囿于交通不便，移民数量增长十分缓慢。1858—1860 年俄国获得阿穆尔省、滨海边疆省 2 处土地后，移民实边问题更加突出，在经历了强制移民造成的消极影响后，俄国成立志愿船队航务公司，开通黑海至远东航线，鼓励经海路自由移民。虽然俄国采取了运费补贴、贷款补助、土地减免等一系列积极优惠措施，但是俄国移民的数量仍然无法与本地的中国和朝鲜人数匹敌，以乌苏里地区 1885 年的人口统计为例，该地区共有俄国人 17 000 人，其中13 000 人属政府官员、驻军和短期居留者，中国人则有 10 350 人，此外还有 4 000人未登记注册，如加上本地土著、朝鲜移民，本地人口和俄国人口的比例则为

1.43∶1。

再者,就全俄人口的分布密度而言,远东地区也堪称最低,与欧俄地区差距悬殊。从1888年的人口统计年鉴可以看出,欧俄地区人口密度为每平方千米2.2人,西伯利亚地区为每平方千米0.23人,远东地区则更低。人口数量上,阿穆尔省61 000人,滨海边疆省20 000人,合计也不过81 000人。这些数字都表明了俄国远东地区人口的稀缺。与此同时,西方各国也开始在远东地区争夺利益,俄国远东地区安全保障问题也愈发凸出,扩增移民成为俄国的迫切需求。虽然海路移民快捷便利,但是费用很高,经由海路的移民每年不足2 000人,因此改善欧俄地区与西伯利亚、远东的交通联系,成为西伯利亚铁路修筑的重要目标。

(2)清廷满洲防务的特殊考虑

促使西伯利亚铁路修筑的次要因素,是1881年左右清廷的满洲移民与边疆防务政策的推行。鉴于中俄因伊犁归属造成的冲突,清廷为防事件重演,决定增加满洲驻兵,并配合移民开垦以巩固边疆防务。1882—1890年,在黑龙江当地官府的鼓励之下,经由齐齐哈尔取道墨尔根(嫩江)、瑷珲向海兰泡的移民,其数量约为阿穆尔、滨海边疆地区俄国人数量的30倍。虽然俄国在远东地区投入了大量建设经费,但是受益的俄人甚少,反而是中国人和库页岛南部居住的日本人受益颇丰。基于这些因素的考虑,修建铁路横贯西伯利亚成为俄国解决边疆防务问题的重要措施,然而1880年代的西伯利亚铁路修筑计划多停留在纸面作业阶段,勉强建成的也不过是彼尔姆经叶卡捷琳堡至秋明的一段支线。

1890年5月,清廷委派英国工程师金达(Claude W. Kinder)赴东三省勘查关外铁路修筑事宜,俄国觉察之后更意识到西伯利亚铁路修筑的迫切。为缓解燃眉之急,俄国决定先行修筑北起伯力、南抵海参崴的乌苏里铁路,次年开启西伯利亚铁路修筑计划,停留于纸面三十余年的西伯利亚铁路终于破土动工。

2.2.1.2 中东铁路的交涉与施工准备

按照西伯利亚铁路原本的修筑计划,铁路工程分为3期6段,预计12年完工,一期工程包括西西伯利亚铁路(车里雅宾斯克—鄂毕)、中西伯利亚铁路(鄂毕—伊尔库茨克)和南乌苏里铁路(海参崴—格拉夫斯卡娅),全长3 696 km;二期工程包括北乌苏里铁路(格拉夫斯卡娅—伯力)和外贝加尔铁路(梅索瓦亚—斯列坚斯克),全长1 446 km;三期工程包括环贝加尔铁路(伊尔库茨克—梅索瓦亚)和阿穆尔铁路(斯列坚斯克—伯力),全长2 445 km。

在财政大臣维特的主持和强大财力的支撑下,西伯利亚铁路的修筑颇为迅速,

至 1895 年,已经修抵外贝加尔地区的乌兰乌德,自车里雅宾斯克算起已经修筑了
1 337 km,按照原有的铁路计划,应由赤塔经斯列坚斯克后,沿黑龙江北岸修至伯
力与乌苏里铁路连接。而这一去路的地形状况,经 1894 年勘察发现全线山高水
多、地形复杂而施工不易,尤其是西线部分多崇山峻岭,气候严寒,施工难度更高。
其次,若沿黑龙江北岸而行,铁路先走向东北而后转向东南,从而形成一段曲线,不
够经济。再者此线途经区域人烟稀少、物产贫瘠,将来若通车营运势必获利有限。
故而有关西伯利亚铁路远东段的走向,究竟是依照原线(即黑龙江线)还是改经满
洲与乌苏里铁路衔接成为俄国政府内部争论的焦点。随着 1895 年的两次满洲线
路勘查,以及甲午中日战争后三国干涉还辽的成功,满洲线逐渐取代黑龙江线成为
西伯利亚铁路远东段的必然选择,为达到这个目的,向中国"借地修路"便成为俄国
对华外交的重要议题。

　　1896 年 6 月,清廷钦差大臣李鸿章与俄国财政大臣维特签订《御敌互相援助
条约》,条约共计 6 款,其中规定"俄国为将来转运俄兵御敌并接济军火、粮食,以期
妥速起见,中国国家允于中国黑龙江、吉林地方接造铁路,以达海参崴",由此西伯
利亚铁路满洲线计划成为既定事实。同年 9 月 8 日,中俄双方签订《东省铁路公司
合同》,共计 12 款,主要内容包括:

　　第一,华俄道胜银行承办此铁路,另立一公司,名曰中国东省铁路公司,公司组
织章程依照俄国铁路公司办理,中国设一总办,查核银行及公司铁路相关事宜。

　　第二,自合同批准之日十二个月内,铁路应动工修筑,六年之内完工,轨距采用
俄式,且"凡该公司建造铁路需用料件、雇觅工人及水陆转运之舟车、马夫,并需用
粮草等事……由中国政府设法使其便捷"。

　　第三,铁路公司"建造、经理、防护铁路所需之地"及"铁路附近开采沙土、石块、
石灰等项所需之地,若系官地,由中国政府给予,不纳地价;若系民地,按照时价,或
一次缴清,或按年向地主纳租……凡该公司之地段,一概不纳地税……准其建造各
种房屋、工程,并设立电线,自行经理,专为铁路之用"。

　　第四,从铁路完工通车之日起三十六年后,"中国政府有权可给价收回",八十
年后"所有铁路及铁路一切产业,全归中国政府,毋庸给价"。

　　由此,经由《御敌互相援助条约》和《东省铁路公司合同》,俄国获得了铁路修筑
权及沿线的地亩权、驻兵权、行政管理权、资源开采权、市政金融权等一系列权利,
为中东铁路的建造施工和后期管理奠定了基础。

　　条约签订之后,俄国即在圣彼得堡成立中国东省铁路公司,并于 1897 年 2 月
开始进行铁路的线路勘测工作。当时中东铁路总工程师尤戈维奇将中东铁路划分

为 6 个勘测区。

第一勘测区：从外贝加尔铁路地区经满洲里地区向海拉尔和齐齐哈尔延伸，直至大兴安岭西侧，延伸至雅鲁河河谷一带。

第二勘测区：大兴安岭，主要勘测如何修建穿越大兴安岭的隧道。

第三勘测区：自大兴安岭东麓至嫩江（昂昂溪）一带。

第四勘测区：嫩江至松花江之间，即北至呼兰、南至伯都纳（吉林松原）的地区。

第五勘测区：自阿什河至牡丹江。

第六勘测区：自牡丹江至阿穆尔河（黑龙江）沿岸的俄国边境。

从 1897 年 2 月至 1898 年 2 月，俄国对中东铁路进行了为期一年的线路勘察，获得了满洲地区详细的地质水文资料，从而确定了中东铁路的线路走向。同时为了保证铁路的正常快速修筑，中东铁路管理局又对各种铁路用料和建筑材料的运输派送进行了多项准备措施。

① 修建物资集散码头。中东铁路修筑之时，西伯利亚铁路已经向东修至伊尔库茨克（贝加尔湖附近），远东的铁路也已经从海参崴向北修至格拉夫斯卡娅，显然欧俄地区的建材尚无法通过西伯利亚铁路运送至满洲地区，海运成为唯一的选择。为此，中东铁路管理局在铁路建设初期共设两个海路物资集散码头，其一是位于南线牛庄（营口）的码头，建有临时铁路机车库、装车厂等设备设施，卸载的建材主要供给南部铁路支线建造使用；其二是位于海参崴金角湾的中东铁路专用码头——埃格尔协里得码头，主要用于接收采购自美国的铁轨、机车、车辆及各种铁路零件，经现场组装或在伯力、伊曼（乌苏里江沿岸）组装之后经乌苏里江、黑龙江、松花江运输至哈尔滨，再向各施工工区派发。

② 建设资源矿产工厂。除铁路所需的钢轨、机车等材料采购自俄国本土或欧美以外，其余多数所需的矿产资源均开采自铁路沿线城镇，如铁路机车和建筑采暖所用的煤炭燃料开采自扎赉诺尔和穆棱，附属建筑所需的砖材建材来自哈尔滨的顾乡屯砖窑，石材开采自阿城、玉泉、帽儿山、博克图的采石场，抹灰及砂浆所用石灰产自玉泉石灰窑，沙子开采自阿城以东的半拉城子，枕木和建筑所需木材采伐于西部大兴安岭及东部长白山区的总计 48 317 km² 的 22 个林场，并由 9 处木材加工厂加工完成。

③ 扩展材料运输支线。为便于铁路及附属建筑所需建材从码头、工厂向各施工工区的运输，中东铁路管理局又扩展修建了若干条材料运输支线，如连接哈尔滨车站和松花江码头的 7.7 km 的物资支线，连接阿城、玉泉、帽儿山等地砂石厂、石灰窑场与铁路干线的砂石运输支线，连接穆棱与下城子的 70 km 的煤炭运输专线，

连接东西 10 个林场与铁路干线的 447 km 的森林铁路支线等。多条铁路支线的修筑确保了铁路及附属建筑建设所需的各种材料物资的供应,尤其是连接哈尔滨与阿城的铁路率先于 1898 年 3 月通车,为获取阿城周边丰富的砂石、石灰、木材等建筑材料提供了极大的便利。

④ 招募工程建设民工。中东铁路的修筑,除一些大型工程如松花江铁路大桥、兴安岭隧道的建设招募了一批波兰、意大利、德国及拉脱维亚裔的技术人员外,其余多数的筑路工程均由中国民工完成。早期的民工招募自中东铁路沿线,后来随着工程的展开,中东铁路工程局又采取包工的方式从山东、河北招募了大批民工,其数量在 1898 年时只有 2 万人,1899 年增长为 3 万人,1900 年初再增为 10 万人,同年夏天暴增至 20 万人,无疑,这些来自中国传统文化核心区的农民对建筑的技术及审美产生了积极的影响。

⑤ 轻重缓急的筑路策略方针。中东铁路修筑之时,远东地区局势波谲云诡,美、英、日多国政治势力相互角逐,俄国亟需中东铁路迅速通车以确保其在远东势力的稳固,因此中东铁路采取了"轨道敷设第一优先"的原则,容易施工者,铺设永久性的轨道,施工难度较高者,先以临时性的轨道为主,待全线通车之后,再逐步更换为永久性轨道,沿途所有桥梁、车站建筑、供水设施等多为临时性质。因此早期的桥梁普遍跨度低于 10 m,跨度超过 10 m 的桥梁多为木质临时性桥梁,多处的铁路攀爬路段也以临时性的"之"字形展线替代,如磨刀石、马桥河的临时展线等。1901 年东西两侧全线通车之后,中东铁路工程局即着手替换临时性的工程设施并开启大范围的附属建筑修建,因此重要的桥梁隧道、附属建筑都是在 1901 年之后完成,此时无论是进口的钢筋、水泥,还是地产的砖石、木材,其运输派送路线都已成熟,因而极大地加快了施工速度。

⑥ 完善的图纸资料设计。1898 年 2 月中东铁路全线勘查完成之后,中东铁路工程局即在圣彼得堡设计完成了《中东铁路标准化施工图集》,该图集几乎指导设计了中东铁路从 1897 年到 1903 年的所有建设活动,内容涵盖线路走向、站距高程、车站等级(表 2-2)、路基隧道、桥梁工程、建筑设计、配套设施、城镇规划、哈尔滨主城区规划和配套建筑设计、机车类型、轮渡及江河水文等诸多方面,为中东铁路各项工程的科学建造奠定了基础。同时,该图集也注重表达流行的建筑风格和地域的建筑文化,与早期的《中西伯利亚铁路标准化施工图集(1893—1898)》《西部铁路标准化施工图集(1892—1896)》和后期的《环莫斯科铁路标准化施工图集(1903—1908)》《阿穆尔铁路标准化施工图集(1910—1914)》相比,明显更加注重新艺术运动风格的表达以及对中国传统建筑文化(大屋顶、装饰元素)的尊重。

表 2-2　中东铁路各站等级

车站等级	西线	东线
一等站	哈尔滨	
二等站	满洲里、海拉尔、博克图、昂昂溪	横道河子、绥芬河
三等站	扎兰屯、安达	一面坡、穆棱
四等站	赫尔洪德、伊列克得、对青山	阿城、尚志、石头河子、海林、牡丹江、磨刀石、细鳞河
五等站	牙克石、免渡河、肇东……共 23 个	玉泉、小岭、帽儿山……共 9 个
会让站	63 个	44 个

2.2.2　施工过程与建造模式

1898 年 6 月,中东铁路以哈尔滨为中心全线开工。由于俄国在 19 世纪 60 年代和 90 年代已经开启了两次铁路修筑高潮,相关的铁路修筑经验和施工组织管理已经相当成熟完善,加之先期针对中东铁路的地形勘测、线路走向、图纸设计也都准备完成,因此中东铁路的修筑可以说是设计科学、施工严谨,与南部支线仅勘查 1 个月就匆忙施工形成了鲜明的对比。

2.2.2.1　中东铁路的施工过程

1898 年 6 月,以哈尔滨为中心,中东铁路各线工程全面开工,为使铁路早日完工通车,分为 6 处同时相向施工,即由哈尔滨向东线、西线、南线,以及由双城子、外贝加尔、旅顺向哈尔滨施工。铁路的修筑采用"以路养路"模式,即铺设完路轨立刻通车运输各种物资建材,以方便下一区间路轨的铺设。其中,东西线的施工进度如下:

(1) 东线部分

1898 年夏,先于俄国境内的双城子向绥芬河方向铺轨,同年 12 月修抵格罗迭科沃,开始运行工程列车。1899 年 1 月,东线终点绥芬河站竣工,海参崴—绥芬河区间铁路通车,由此欧俄和美国海路进口的机车、路轨、建材等可经由铁路直接运输至绥芬河,因此靠近东部边境的铁路城镇早期采用了较多的进口建筑材料,如砖材、木材、水泥等,并且多数的铁路设施如桥梁、供水系统等均为永久性建造设施。此后铁路继续向西铺设,至 1900 年 3 月修抵穆棱。

另一段由哈尔滨向东铺设,于 1898 年 10 月动工,次年 3 月哈尔滨—阿城的区间铁路率先通车,以便运输阿城的各种建材,方便哈尔滨的城区建设。同年 12 月修至石头河子。1901 年 3 月,东线于横道河子举行了接轨仪式,哈尔滨与海参崴之间通行无阻,自此经海参崴卸载的各种铁路建筑物资可经由水路(乌苏里江—黑龙江)或铁路便捷运输至哈尔滨,为城区和大型铁路工程的建设材料提供了运输保障。

(2) 西线部分

与东线相比,西线的工程进度较慢并且工程难度也较高。1900 年 4 月外贝加尔铁路经赤塔向东已经修筑至边境口岸满洲里。另一段由哈尔滨向西动工,1899 年 3 月修至松花江北岸,1900 年 4 月修至昂昂溪,5 月跨过嫩江修至富拉尔基,1901 年 4 月修至扎兰屯,6 月修至博克图,9 月穿越兴安岭的临时性"之"字形铁路完工,哈尔滨—海拉尔的临时铁路通车。1901 年 11 月西线在五等站乌奴耳举行接轨仪式。1902 年 1 月,东、西两线展开临时运营。

中东铁路的修筑,不仅是俄国铁路史的壮举,在世界铁路史上也别具意义。短短 4 年时间,完成了干线 1 480 km 的线路铺设,其效率和速度之高实属罕见。同时由于地质地形、施工水平、技术难度诸多方面的限制,中东铁路与西伯利亚铁路其他区间相比具有明显的独特特征,这主要表现在两个方面。其一是中东铁路的建设成本较之西伯利亚铁路明显偏高,从表 2-3 中可以看出中东铁路每铺设 1 俄里所花费的资金居整条西伯利亚铁路之首,除了包工修建造成的贪腐贿赂(这种现象在整条西伯利亚铁路的建设中均有出现)外,其中隐藏的是中东铁路及建筑的设计标准之高、规格之严,如路基沟槽更厚、每公里枕木数量更多、建筑物构造更加复杂、规模更大等。其二是高资金投入下的铁路建设隐患,如根据 1900 年前后英国《泰晤士报》《海峡时报》的刊载,中东铁路的路基极为不稳,"铁路护堤都是由黄土堆成,一旦下雨就被大量冲刷……涵洞桥梁无一处完工,通车只是临时性桥梁,建筑施工潦草,存在安全隐患""铁路脆弱,好像到处都能坍塌,绝对承担不了大量的快速运输""路轨只能应付轻且慢的交通,明显不适合快速和沉重的火车,且提速难度极大"。英国记者对中东铁路的记载所言不虚,铁路干线 1 480 km,共需枕木 240 万根,而路基不稳造成每年需更换的枕木就有 43 万根,一些大型铁路工程如 1901 年完成的哈尔滨松花江铁路大桥在第二年就因铆接工艺不成熟而出现大量裂缝,1902 年完成的老少沟第二松花江大桥(南线)在 15 年后就因裂缝问题而整体更换了钢桁架。

表 2-3　1891—1913 年西伯利亚铁路的资金投入情况

路线	长度(俄里)	资金(亿卢布)	成本(万卢布/俄里)
1891—1905 年俄国境内铁路	6 664	5.26	7.89
1898—1903 年中东铁路	2 377	4.1	17.25
1907—1913 年阿穆尔铁路	2 096	3.29	15.7
1891—1913 年西伯利亚铁路	11 674	14.55	12.5

2.2.2.2 中东铁路近代建筑的建造模式

关于"建造模式",已有学者指出其意义在于建筑活动究竟是如何一步步从纸面到实物的,它真正关心的是建筑工程实现的全过程及其控制——何时、何地、是谁、为谁、用何材料、用何工具、用何种管理方法、用多长时间……其中的核心是材料、工具及其工艺工序,包括相关的工程管理方法等。建造模式既包括技术模式,也包括工程模式,前者是技术的外在表现,后者则包括施工操作方式(手工/机器)、生产制造方式(作坊/现场/工厂)、工程管理方法(雇工自营/专业承包/工程总承包)等。也有学者提出了"建造史"这一相似概念——关注如何构筑我们周围的世界,它不仅限于建筑,还包括土木工程和基础设施的建设。建造史关注对象是如何构建的,包括结构设计、建筑实践、职业发展、社会变革、工程经验、经济活动、技术发展等多个层面。

(1) 工程组织模式

早在 1842 年的尼古拉耶夫铁路修筑中,俄国就引入了美国西部铁路中划分工区、分段负责的建造机制,这种模式同样应用在了中东铁路建设当中。根据线路总长,中东铁路按照 70~150 km 的区间长度将全线划分为 13 个施工工区,每个工区设单独驻地,用于集中采购分散物资。工区设总工程师一名,统筹负责多项铁路工程。与西伯利亚铁路不同的是,中东铁路由于地处中国境内,重要的铁路工程设施如隧道、大型桥梁的设计建造均由中东铁路工程局直接管辖,其他的路轨、路基、涵洞、小型桥等次要工程则由各工区总工程师协调建造。

中东铁路建设中的物资调配采用的是"多地联动""以路养路"的组织方法,开工之时西伯利亚铁路已经修至满洲里西 400 km 处的赤塔,远东端海参崴向北至格拉夫斯卡娅的区间铁路也已通车运行,因此充分利用既有铁路输送筑路物资成为不二法则。从建造过程看,远东边疆区和后贝加尔地区的多个城市均参与了中东铁路的物资调配,如哈尔滨—绥芬河的东线铁路,筑路物资的调配有 2 条运输路线,其一是海路运输至海参崴后,经乌苏里铁路运输至双城子,然后再向绥芬河运输,方便铁轨从东向西铺设;其二是直接经乌苏里铁路向北运输至格拉夫斯卡娅,再经乌苏里江—黑龙江—松花江运输至哈尔滨,方便铁轨从西向东铺设,由于水路、陆路交通运输方便,中东铁路东部线成为最早通车运行的线路。再如满洲里—哈尔滨的西线铁路,筑路物资的调配则有 3 条路线,其一与东部线相同,物资运输至哈尔滨之后向西派发;其二是水路直接运输至黑龙江北岸的海兰泡(布拉戈维申斯克),然后向南经嫩江、齐齐哈尔运输至扎兰屯附近,供应西线中路的铁路修筑;

其三是借助已经完成的西伯利亚铁路将物资从欧俄运输至后贝加尔地区的尼布楚（涅尔琴斯克），然后通过马车运输至满洲里附近，供给西部边境地区的铁路修筑。西线铁路的物资采购路线之长甚至超过了铁路本身，其运输也是以原始的马车车队为主，因而效率奇低，造成了从满洲里向东铺设的速度极慢，因而西线的修筑主要是从哈尔滨向西铺设完成。

（2）建造管理模式

中东铁路的建造管理采用的是"承包建造、二级转包"的模式，这种模式的典型特点是各承包商受雇于中东铁路工程局且包工不包料，中东铁路工程局负责协调土石工程、路堤开凿、线路敷设、建筑建造等活动所需的材料供应，各承包商只负责承建施工。在中东铁路的建造过程中，承包商以资金雄厚、技术突出的犹太人、波兰人、俄国人为主，这些承包商直接承建了大型桥梁、复杂路段的铁轨铺设等重要工程，而将其他多数铁路工程二级转包给了中国的"把头"；也有一些中国"把头"直接从中东铁路工程局承包项目的情况，其承包对象以简易的土石方工程为主。如犹太商人格瓦里斯基承包了第十工区一面坡—横道河子的铁路施工工程，华人蔡林碧承包了哈尔滨—帽儿山的铁路土石工程，而整条南线的土石工程则由商人纪凤台承包。在铁路修筑的砂石材料供应上，俄商承包再转包给中国"把头"的经营模式更为常见，在《中东铁路各站调查书》中不乏"本地盛产……资源，由俄人……所办，华人……承包"的描述字样。

"把头制度"几乎应用到了近代中国所有的外国建筑中，在 20 世纪 30～40 年代近代沿海开埠城市已经建立起规范的建筑承包制度以后，依然应用在了河北、内蒙古、河南等内陆地区的教堂建造中。这种制度模式具有一定的封建剥削属性，它没有固定的规章管理制度，全凭"把头"一人话语决定，同时"把头"又对工人的各种行为负责，从而降低了俄方的工程管理难度，对铁路的快速建造通车具有积极的意义。

在铁路建设完成之后的附属地城镇建设中，随着越来越多国外洋行的引入，以及整个建筑市场材料生产运输的成熟，包工不包料的"把头制度"逐渐瓦解，建筑承包制度也趋于成熟细化，不同的建筑类型、甚至同一建筑的不同部位都可以由不同的公司承包。如根据中东铁路管理委员会的档案记载，东部线的一些城镇建筑中，浴室、仓库、住宅的建造由 A. N. 库克霍维奇承包，车站、办公楼的建造由李济天（音译）承包，医院的采暖通风由施韦福德公司承包，工厂及机车库的照明由布日涅公司承包，混凝土楼梯、楼面的施工由阿切尔涅茨尼伊钢筋混凝土工厂承包。可见，中东铁路建筑的工程管理完成了从简单原始到成熟规范化的转变。

（3）施工操作模式

施工操作模式主要指施工中的加工工具、运输工具以及材料的生产制造等，它代表的是地方的手工或机械化水平，能够反映特殊背景下的社会生产方式。

概括来看，中东铁路在早期筑路期间，由于地处边陲人迹罕至，且整个社会生产力低下，因而其施工操作方式还非常简单原始，传统的马锯、斧头、铁锹等加工工具以及土筐、独轮车、扁担等运输工具在整个中东铁路建设中十分常见。中东铁路管理委员会的档案中曾记载，在博克图—成吉思汗的铁路修筑中，"中国人表现出吃苦耐劳的品质，他们使用扁担或土篮运输碎石，比独轮车轻松得多，铁路沿线遍布河柳，到处都可以找到编织和修补土篮的材料"，中国工人对原始工具的偏执甚至拒绝了现代化工具的使用，"俄方曾拟建专用临时线路运输土方，以确保工程早日竣工，但是却遭到了承包人的反对，坚持认为用土篮也能保证工程按时完工"（图2-15a）。即使是在东线重要的隧道工程如代马沟1—3号隧道和绥芬河1—3号隧道中，传统的施工操作依然大行其道，炸药爆破、人工拓宽、土篮＋临时铁路运送碎石的操作方法在人数众多、成本低廉的中国劳工中仍具普适性。也正因如此，这些隧道内壁极不完整，大量凸出的石块石壁也表明了人力操作在面对复杂地质时的无奈。

正如20世纪初中国各地因经济发展水平不同而造成建造模式各异的状况一样，中东铁路在不同地域也表现出"二元工业化"的差异，手工人力的建造模式多出现在沿线的荒芜之地，而在铁路枢纽城市和重要的铁路工程中，机械化的操作方式则更为多见。哈尔滨自然不必多说，筑路物资集散中心的角色已经促使各类机械车间、动力设备广泛应用以提高物资集散效率；在西线的兴安岭隧道建造中，机械化、电气化的施工操作也深入其中以降低人工操作难度，工程开工之前就已经建好了木材厂、发电厂等机械辅助设备，建造中则使用了手持钻凿机、沃尔金顿水泵、起重机、卷扬机等大量机械设备，辅以原有的临时铁路线路和竖井卷扬机运送碎石（图2-15b），显示出先进的工业机械化特征。

1903年铁路通车之后，沿途各地联系紧密、各材料运输支线完成，中东铁路沿线的建筑建造开始向预制化、装配化迈进。以永久性石拱桥建造为例，早期"就地取材、因地制宜"的建造模式基本不再采用，工厂预制加工的拱券券石、桥身块石已经可以方便地从阿城、玉泉、帽儿山等地的石材加工厂运输至建造工地，标准化的桥梁尺寸设计也促进了预制化和装配化的盛行，极大地加快了永久性桥梁的建造速度（图2-15c）。另外，由于采用了标准化的住宅设计，沿线各地木材加工厂所生产的木梁、屋架梁等结构构件也采用了预制尺寸，从而淘汰了早期人工砍斫、粗糙组合的应用局面,建筑用木尤其是屋架用木变得美观合理。

在铁路枢纽城市哈尔滨,铁路通车之后的城市建设活动则更为完善,施工操作也更加成熟,反映出社会生产力的极大进步。除了工程组织、建造管理的极大进步外,施工操作尤其是各类大型机械设备也逐步进入,如著名的伏尔加建筑公司,配套有当时国外先进的混凝土搅拌机、起重机及其他大型设备,并持人造大理石专利,同时又是国外各卫生洁具、供暖设备、通风设备的满洲代理,在这样的条件下,短短十余年的时间,哈尔滨在建筑施工操作上已经跨入一个新的时代。

a)土篮运输碎石　　　　b)兴安岭隧道的卷扬机　　　　c)运输预制的桥梁用石

图 2-15　中东铁路修筑中不同的施工操作模式

2.3　中东铁路近代建筑技术的影响因素

按照技术转移语境论的观点,技术的转移可以分为"前语境"阶段和"后语境"阶段。前语境阶段的技术发展为线性模式,技术自身成为"黑箱模型",技术转移过程中只受内在逻辑的影响而较少受外在环境的控制。在后语境阶段,技术开始受到社会诸多因素的影响,为了满足不同语境因素的需求,技术发展转为"多向模式",后语境阶段中的诸多社会因素也是技术表现多样性的根本原因。以这个观点来看,中国东北地区的社会诸多因素会对中东铁路建筑技术的传播发展产生潜在的影响,这些影响因素大致可以分为客观影响因素和主观影响因素两个方面。

2.3.1　客观影响因素

客观影响因素即东北地域的社会环境、资源气候、地形地貌等诸多客观存在的因素,这些因素对于中东铁路建筑技术的"融合"产生了重要的作用,也使得中东铁路建筑技术能够针对地域状况"因地制宜"地进行调试或选择。

2.3.1.1　社会政治因素

1840年鸦片战争之后,中国被迫签订了一系列不平等条约,近代中国的国门开始打开。1845年,英国在上海获得中国第一块租界,随后越来越多的殖民国家以租界的形式侵占中国领土,破坏中国司法主权。1845—1905年,西方国家共在中国设租界27处,其中上海、广州为英、法租界,厦门为英、日租界,汉口为英、法、德、俄、比、日租界,天津更是英、美、法、德、日、俄、比、意、奥匈帝国租界。租界内各国均以自身为模板建立了一套完整的司法、文教、卫生、市政体系,但是由于城市被多个租界所占据,造成了空间上相互隔离、事权上各自为政的格局,不可避免地造成了城市发展的不平衡和不协调,形成畸形、割据式的发展,开埠城市的各个租界呈现"竞争"关系。

甲午战争之后,列强掀起瓜分中国的狂潮,新的"租借地"开始出现。俄国通过《中俄密约》《东省铁路公司合同》《旅大租地条约》强占了哈尔滨、大连2座城市以及中东铁路两侧约82 m用地,租借地的形态打破了租界彼此"竞争"的格局,使得俄国可以随心所欲地选择其本土的建筑技术形式,而中国的社会因素和政治形态成为建筑技术传播的最大客观语境因素。

客观上,19世纪末20世纪初的中国东北仍然是一派落后的农耕游牧文明景象。经过明末的"满族内迁"、清初的"招民开垦"、清中的"封禁稽查",东北三省的经济开发和城市建设发展也经历了"之"字形的路线格局。清咸丰以降,社会危机、边疆危机日趋严重,1853年俄国利用清廷应对太平天国和英法列强之机,越过中俄边境侵占黑龙江右岸,深入乌苏里江腹地;1858年俄国威逼黑龙江将军奕山签订《瑷珲条约》,强占了黑龙江以北、外兴安岭以南60多万平方公里的领土,并将乌苏里江以东、包括库页岛在内的40多万平方公里土地划为中俄共管之地,同时取得了黑龙江、松花江、乌苏里江地区的自由贸易权;1860年通过的《北京条约》更是将上述共管之地全部独占。在如此紧迫的边疆危机之下,清廷的东北封禁政策开始缓解,1860—1880年,先后开放了呼兰河平原、吉林西北草原、桦皮甸子、盛京围场、吉林围场,促进了东北地区城市和经济的发展,并形成了军事重镇、乡村城镇两种城镇格局,前者如齐齐哈尔、宁古塔,后者如呼兰、海拉尔、依兰等。城镇的格局对于中东铁路的修建产生了较大的影响,尤其是经历1900年义和团运动对铁路的破坏之后,远离传统城镇、避免铁路用地纠纷成了铁路建设的重要考虑因素。中东铁路沿线穿过中国传统城镇的站点主要有阿城、海拉尔、双城、尚志、宽城子(长春)等,这些站点无一例外都远离老城,同时采用了中式的建筑形象、建筑技术以达到亲民的目的(图 2-16)。

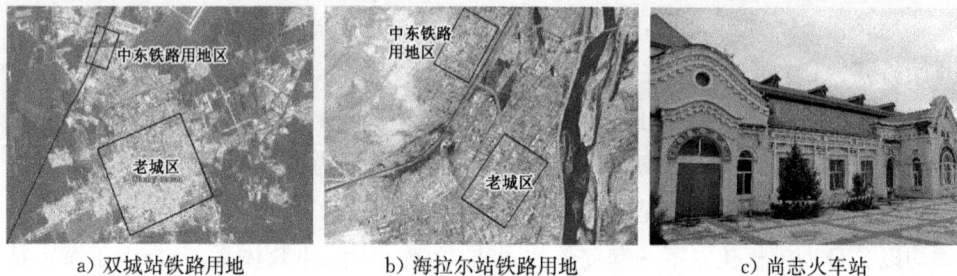

| a) 双城站铁路用地 | b) 海拉尔站铁路用地 | c) 尚志火车站 |

图 2-16　中东铁路穿越的传统城镇区

2.3.1.2　建筑文化因素

东北地区幅员辽阔,地貌多样,历史上各民族根据自然条件的不同本能地选择适合自己的生活方式,并形成了渔猎、游牧、农耕 3 种生产方式。虽然历史上当地政权均由不同的少数民族建立,但他们无一例外都选择学习中原文化,其原因还是在于中国主体文化是中原正统内核文化,它发祥于长江黄河流域,在中国广大中原地区孕育出具有相当高的水平、庞大的系统和稳定的结构的文化形式。每个朝代的内核文化分布都是以"都城"为中心的,呈现出一种由中心辐射边缘的文化圈的基本结构。由于中国五千年文化在朝代兴替中存在着大量的地理位置重合现象,因此最终文化沉积形成一个大文化圈,这个文化圈覆盖江浙、关中、河南、山东、河北等地区,是一个相对集中的区域。每一个朝代,以国都为中心的主流文化和周边附属国或番邦小国的支流文化都会形成主次分明、相互牵连的结构,但无论是主流文化还是支流文化都有各自的中心,因此这个文化圈也是由不同级别的内核与辐射范围组合构成的。东北地区的众多古文化也可视作中原内核文化辐射下的子文化圈。

清代以来,基于保护满族文明不被汉族同化的考虑,清廷出台东北封禁政策,由此使得满族文化成为了东北主要的文化形式。19 世纪末随着中东铁路的修筑,俄国建筑文化强势入侵,满族文化首当其冲。因此分析满族建筑文化特点,也可以为中东铁路近代建筑技术的发展、融合提供很好的解释视角。

和中原建筑文化相比,满族建筑深处东北边缘,气候严寒苛刻,建筑文化特色突出,主要表现在平面、外观和技术 3 个方面。首先在平面上,满族民居多为 3 开间,少数可达 5～7 开间,功能布局从左至右依次为上屋、堂屋和东屋,上屋是主要的功能房间,向右侧堂屋借半间而将尺寸增大,室内设南炕或万字炕作为取暖之用;堂屋在作为各间出入过厅的同时又兼做厨房,内部设三或四座锅台,由于被西侧上屋借了半间因而尺寸较小;东屋一般作为儿女房间使用。锅台和火炕的烟囱均设在山墙两侧,成为跨海烟囱或落地烟囱,这也是满族民居最显著的特征之一。中东铁路建设中,一些中国工人的宿舍即采用了类似于满族民居的平面形式:建筑平面长条形,由并列布置的 6 套卧室、厨房组成了可容纳 24 人使用的空间,其"大卧室+小厨房"的房间组合、南向大炕的采暖布局、远离建筑主体的"跨海烟囱"与满族民居呈现出很大的相似性(图 2-17)。

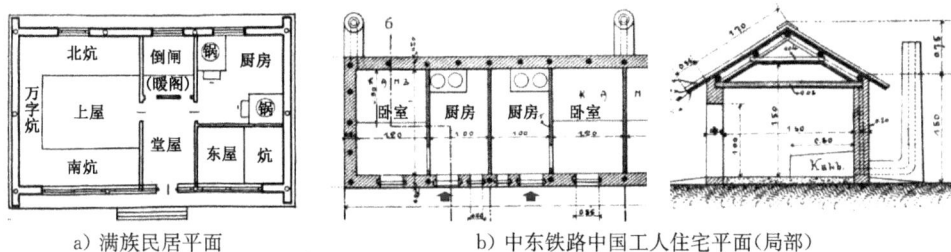

a) 满族民居平面   b) 中东铁路中国工人住宅平面(局部)

图 2-17 满族民居与中东铁路的中国工人住宅平面比较

在建筑外观上,满族民居以屋面为主要特色。其屋面多为硬山屋顶,采用小青瓦仰面铺砌的"仰瓦屋面",瓦面纵横整齐,与中原各地的合瓦垅相比可以快速排出积雪、积水,使之不致侵蚀屋面灰泥;屋面两侧做三垅合瓦压扁,以消除单薄之感;屋顶正中挑出陡板脊,一般住宅的陡板脊都做成清水脊,讲究的住宅会在陡板脊正中换砖雕万字图案或正圆形透雕;两侧脊头雕有各式透珑花纹和图案。这些地域性的建筑文化特征大量出现在中东铁路各级车站建筑上,并呈现出显著的等级特色,如等级较低的四、五等站舍,面积较小,层高一层,其屋面大量模仿了满族民居中的清水脊(双城站、玉泉站)、透雕花脊(小岭站、尚志站)、麒麟头(巴林站、双城站)、断脊花(尚志站、双城站)、三垅合瓦屋面(玉泉站)等装饰构件,等级稍高的二、三等站如扎兰屯站、昂昂溪站、窑门(德惠)站则更多地采用了东北官式建筑特色如高龙脊、鸱吻、走兽等,有些甚至完全采用了东北官式风格,如 1928 年改建的双城站。由此可见东北的建筑样式对中东铁路各级车站的外观产生了较大的影响(图 2-18)。

在建筑技术方面,满族民居与中国传统建筑一样为木构件受力,屋面荷载经屋面板、檩、枓传至瓜柱,经大柱再到柱子,由柱子传至地面而至基础。其木构件种类包括五檩架、六檩架、七檩架、九檩架等(图 2-19),檐柱、排山柱分别采用檐墙、山墙包柱,存在木柱容易腐烂的缺点;最大的区别在于满族建筑普遍采用"檩枓"做法而非传统建筑中的"檩三件"做法,枓是位于檩下的圆木,通常比檩稍细,其功能相当于"檩三件"中的垫板和枋子,在柁梁的两侧通过枓相互拉结,拉住构架不使其动摇以保持横平状态,其上承担檩与檐的重量(图 2-20)。满族建筑的木构件形式和"檩枓"做法对中东铁路近代建筑中的大量住宅也产生了较大的影响,从住宅屋架的设计图中可以看到二者的联系和相似性(图 2-21)。

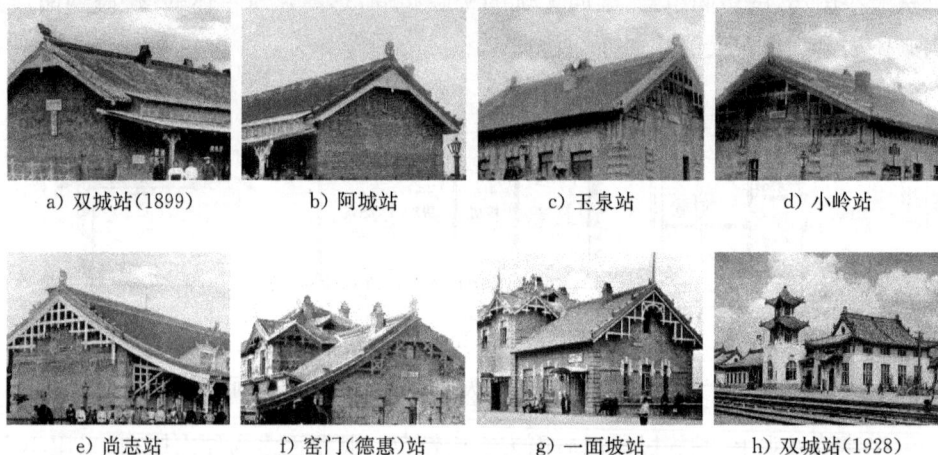

a) 双城站(1899)　　b) 阿城站　　c) 玉泉站　　d) 小岭站

e) 尚志站　　f) 窑门(德惠)站　　g) 一面坡站　　h) 双城站(1928)

图 2-18　满族民居及东北官式建筑装饰在中东铁路站舍的应用

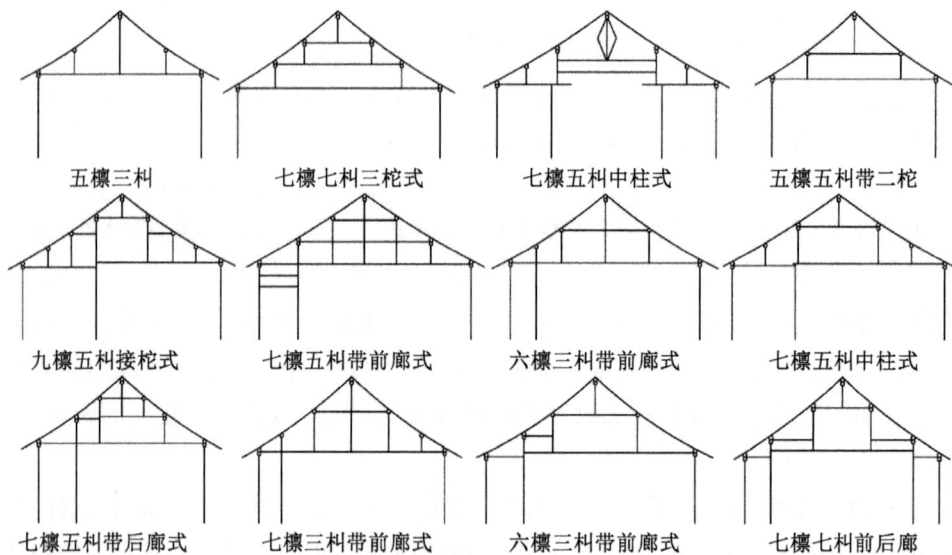

五檩三枓　　七檩七枓三柁式　　七檩五枓中柱式　　五檩五枓带二柁

九檩五枓接柁式　　七檩五枓带前廊式　　六檩三枓带前廊式　　七檩五枓中柱式

七檩五枓带后廊式　　七檩三枓带前廊式　　六檩三枓带前廊式　　七檩七枓前后廊

图 2-19　满族民居常见屋架形式

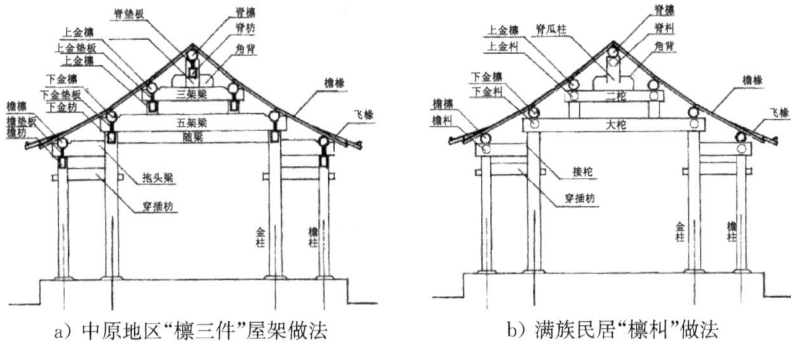

a) 中原地区"檩三件"屋架做法　　　　　b) 满族民居"檩枓"做法

图 2-20　"檩枓"与"檩三件"做法比较

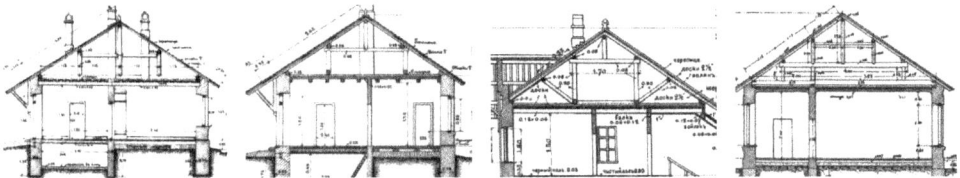

图 2-21　中东铁路近代建筑中与满族屋架相似的构造形式

　　除了屋架技术的影响外,地域性的墙体建筑技术也产生了若干的影响,如满族民居中普遍采用的"木骨泥墙",即以木柱为骨架,中间用草泥填充作墙,这种地方性的做法也应用到了中东铁路很多中国工人住宅和一些临时性的工业建筑如机车库中,也对中东铁路建筑技术的应用产生了积极的影响。

2.3.1.3　气候地形因素

　　东北地区属于温带大陆性季风气候,冬季严寒漫长、夏季湿润短促。按照现行的建筑气候区划标准来看,中东铁路途经区域属于ⅠB、ⅠC地区,即严寒地区,一月份平均气温低于-10 ℃,七月份平均气温低于 25 ℃,防寒、防冻、保温是建筑设计的基本要求。中东铁路各站点中位于ⅠB、ⅠC区域的主要城镇及最冷月平均温度如表2-4所示,从中可以看出,中东铁路沿线城镇自东向西,气温逐渐降低,这一变化趋势对于中东铁路建筑的外墙构造、采暖组织产生了较大的影响。

　　中东铁路穿越的地形比较复杂,从地图上看自西向东依次经过呼伦贝尔高原、大兴安岭、松嫩平原、张广才岭、老爷岭,各站点之间的海拔差距较大(图 2-22),哈尔滨海拔最低,为 140 m;兴安岭海拔最高,为 960 m。海拔的差异对温度影响较大,一般而言每上升 100 m,气温下降 0.6 ℃,并且地形的起伏变化也给建筑材料如红砖、铸铁的运输带来了困难,加之平原、山地地形蕴含的自然资源不同,都对中东铁路建筑的材料选择产生了较大的影响。

表 2-4　中东铁路沿途主要城镇的最冷月温度分布

(单位:℃)

分区	城镇及最冷月平均温度					
ⅠB区	城镇	满洲里	海拉尔	牙克石	博克图	
	一月平均温度	−22.4	−24.1	−23.2	−22.8	
ⅠC区	城镇	昂昂溪	安达	哈尔滨	一面坡	穆棱	绥芬河
	一月平均温度	−17.4	−19.1	−18.8	−19.1	−17.4	−17.7

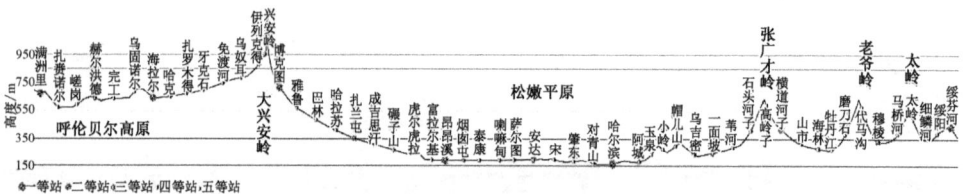

图 2-22　中东铁路站点高程图

2.3.2　主观影响因素

主观影响因素即各类工程技术人员、施工人员的学识水平,他们对于建筑工程技术的实现有着重要的影响。参与中东铁路修筑的工程人员主要包含 2 类,一类是起领导作用的各类铁路监工及工程师,另一类是负责铁路及相关建筑建造的工人。

2.3.2.1　俄方工程技术指导及其对中国建筑的认知

俄国的工程技术人员,以总监工亚历山大·约瑟福维奇·尤戈维奇最为突出,他在中东铁路的修筑上可谓居功至伟。尤戈维奇 1865 年毕业于伦敦皇家学院,适逢俄国第一次铁路建设高潮,他负责了波季—梯弗里斯铁路的修筑,1870 年受命参与基希讷乌至雅西铁路的建设。1877 年俄土战争爆发,尤戈维奇转任前线铁路处建筑科长,主持建设通往黑海的军事铁路工程。1892 年谢尔盖·维特担任俄国交通大臣,开始大力推动西伯利亚大铁路工程,特别借重尤戈维奇的铁路工程经验,委任尤戈维奇负责其中一段工程(喀山—乌拉尔),1897 年该段铁路完工,恰逢中东铁路工程局成立,维特即任命尤戈维奇为中东铁路总监工。

　　尤戈维奇就任中东铁路总监工后在圣彼得堡成立办公室,物色各类铁路人才。这些人才多数是他在修建喀山—乌拉尔铁路时的同僚,如博察洛夫(Nikolai P. Bocharov)、阿莫索夫(M. A. Amosov)等,博察洛夫之后率领意大利石匠完成了艰巨的兴安岭隧道工程。其他重要的工程师还包括吉尔什曼(Feofil S Girshman)、普罗新斯基(I. L. Prosinskii)、齐霍洛夫(Tikhonov)、奇文斯基(Tsivinskii)、库兹涅佐夫(Peter I. Kuznetsov)、奥芬贝尔格(Stepan Ts. Offenberg)、瓦霍夫斯基(Severian M. Vakhovskii)、石得洛夫斯基(Adam I. Shidlovskii)、齐霍米罗夫(Tikhon M. Tikhomirov)、盖尔索夫(Adolf A. Gershov)、希尔科夫亲王(Prince Stepan N. Khilkov)、阿列山得罗夫(Vladimir I. Aleksandrov)、连托福斯基(Aleksander N. Lentovskii)、瓦尔喀索夫(Nicholai G. Vargasov)、列夫杰耶夫(Aleksei K. Levteev)、奥勃罗米耶夫斯基(Ivan I. Oblomievskii)、喀济吉列(Nicholai A. Kazy-Girei)等。这些人负责建造了大量重要的中东铁路建筑工程,如松花江、嫩江铁路桥梁等。

　　从尤戈维奇的招募名单中可以看出,这些工程技术人员普遍具有较高的理论知识素养和丰富的铁路建设组织经验,这些都对中东铁路的快速完成和相关建筑技术的传入产生了积极的影响。

　　除去理论知识与建造经验的储备,19世纪俄国的工程技术人员对中国的传统建筑也已经有了比较完善的认知。从18世纪开始,中西文化交流进入黄金时期,随着传教士络绎来华与海外贸易的发展,中国的政治制度、道德宗教、民俗戏剧、建筑文化等都被陆续介绍到了西方,英国的自然风景园林、丘园以及法国的英中式园林等都是当时西方对中国园林建筑意趣的认知反馈。改革之后全面效仿西方的俄国自然也不例外,自17世纪至18世纪,俄国也掀起了一股崇尚中国情调和中国艺术的"中国风",建设了一大批具有中国风格的建筑物,它们多数集中在圣彼得堡郊区的奥拉宁包姆和皇村。奥拉宁包姆的中国式建筑主题以室内装饰和园林建筑为主,皇村则以建筑实物为主,两地至今仍遗存大量的中式建筑如中国村、中式桥和亭子等(图2-23)。但是限于认知的间接性(俄国对中国的认知源于欧洲,具有间接性特征)和媒介的束缚性(瓷器中的中国绘画是俄国认知中式风格的主要媒介),俄国的"中国风"建筑更多的是对中国文化和建筑形象的想象推断,所谓的中式风格仅仅是些中式元素或者是用中式装饰和摆件营造室内格局,其认知还非常粗浅。

　　进入19世纪之后,随着远东活动的深入和对中国认知的加深,俄国对中国建筑的了解逐步趋于完善,基本掌握了中式建筑的外观形象和木构架技术,但是中式建筑仍被视作起点睛装饰作用的建筑单体,以达到猎奇的目的,如在1896年的下诺夫哥罗德全俄工业博览会中,宫廷建筑师梅尔策(Р. Ф. Мельцер)设计了一座商人洽谈馆,底部一层为砖石基座,其上为大屋顶和柱廊构成的凉亭,并设有重檐入口,无论是瓦当、走兽、鸱吻装饰构件还是斗拱、檐柱结构构件,其建筑形象与中国传统建筑已经相差不大,虽然外观形象明显受到了蒙元建筑文化的影响,但也足以表明此时俄国建筑师对中国建筑的认知已经相对成熟,这对后期中东铁路建筑的形象设计产生积极影响。其结果就是在《中东铁路标准化施工图集》中,设计师明显基于自身对中国建筑文化的了解,在大量车站站舍设计中增加了一些中式装饰构件,主动地在俄式建筑的设计中吸收了中国的建筑文化符号,以适应中国本土的建筑文化环境(图 2-24)。

a) 皇村的中国村　　　　b) 奥拉宁包姆的中国宫　　　　c) 皇村的中式亭桥

图 2-23　18 世纪俄国对中国建筑的认知

a) 梅尔策设计的商人洽谈馆　　　　　　b) 中东铁路三等站

图 2-24　19 世纪俄国对中国建筑的认知

2.3.2.2　中国工匠民俗意趣的奋力表达

从 1897 年铁路总局函送《造路工员名单》中,可以看到参与管理的铁路职员包括总监工、文案、帮文案、司事、工程股头目、工程股副头目、照料器具匠目、稽查电线匠目、照料电线匠目等,这说明工程技术人员仍然是少数,真正占到多数的是大量的筑路工。在最初的《东省铁路公司合同》中规定,工程局招雇筑路工人的计划是"经理铁路等事,需用华洋人役,皆准该公司因便雇觅"。于是几乎所有的土、木、石工程及重体力劳动均由中国劳工完成,这些劳工绝大部分来自山东、河北等关内地区。根据文献记载,中东铁路全线在 1898 年时约有劳工 2 万人,1899 年增加为 3 万人,1900 年 3 月,土工已经达到 6 万 5 千人,石匠 3 千人,木匠 5 千人,中国工人总数已经达到 17 万人,同年夏天义和团运动爆发之前更是暴增至 20 万人。如此庞大的工人数量势必会或多或少地将传统中式建筑审美融入俄式建筑中。

在外来建筑中融入中式装饰符号是大量近代建筑的普遍做法,"建筑包含着对快乐和长寿的期盼,夹杂着最异想天开的字谜和谐音文字,如蝙蝠、鱼、寿等"。中东铁路近代建筑中的中国传统装饰内容多数与人们美好的生活愿望密切相关。尽管中东铁路建筑审美的话语权掌握在少数的俄国技术人员手中,但除了一些毗邻传统城镇的铁路站点如尚志、双城等地的铁路建筑"主动"地模仿借鉴中国传统建筑以达到文化亲和外,一些等级较低、铁路规划用地较少的站点城镇,俄国建筑文化的相关影响较小,中国劳工的主观审美获得了生存展现的空间,因而代表着对美好生活的企盼和祝愿的吉祥语义装饰保持了相当旺盛的生命力,大量地出现在墙面、雨棚、门窗贴脸等部位,反映了中国劳工主观语境的相关影响。

这些民俗意趣以植物、图形、神话为主。植物类装饰则以牡丹、兰草、寿桃等图案为主,分别寓意富贵万代、幽静高雅、安康长寿(图 2-25)。

a) 哈尔滨某铁路工区贴脸的牡丹、兰草图案   b) 一间堡工区寿桃图案

图 2-25　中东铁路建筑中的植物装饰意趣

图形装饰则是以宝瓶、太极、套方连环、文字等为主,属于加工简单、应用广泛的民俗意趣形式,宝瓶寓意平平安安,太极寓意神通广大、镇邪避恶,套方连环寓意财源滚滚、富贵不断,文字则以"囍"字为主,朴实的图像装饰蕴含着中国劳工的民俗理念。

传统民俗意趣的装饰图案的应用以喇嘛甸的铁路工区最为典型:建筑整体为石材砌筑,所有的民俗意趣装饰集中应用在各个木质构件如博风板、雨搭、屋脊垂柱中。博风板使用太极、蔓草装饰,寓意神通广大、茂盛长久;屋脊垂柱装饰有荷花和梅花,寓意和和美美;雨搭镂刻了祥云、丝带、孙悟空,描述的是"大闹天宫"的景象(图 2-26)。

图 2-26　喇嘛甸铁路工区

　　大量的筑路劳工将中原地区的心理民俗、信仰民俗、语言民俗嫁接到了铁路建筑当中,虽然其比例和应用范围仍然十分有限,但是却恰当地改变了中东铁路建筑的性格特征,为其冷酷峻严、粗犷自然的面貌增添了一些热闹、市井的民俗特征,可见大量中国劳工的主观语境也对中东铁路建筑产生了较大的影响。

　　本章是对中东铁路建筑技术传入的"前语境"和"后语境"的分析。在前语境阶段,基于长久效仿欧洲的建筑实践,俄国在金属、混凝土等新材料和结构方面取得了长足的发展,表现在多个方面。① 金属材料的生产工艺与欧美一样完成了从铸铁到熟铁再到钢铁的转型,但是囿于国家政策的影响,熟铁逐渐退出历史舞台,铸铁、钢铁成为主要的金属材料工艺,又因钢铁冶炼复杂、成本较高,铸铁逐渐成为俄国最常见的金属应用形态;② 金属桁架结构在 20 世纪初逐渐替代悬索结构而成为桥梁结构的主流,并逐渐向建筑领域转移,1781 年的圣彼得堡大理石宫被认定为世界上第一个采用金属桁架屋架的建筑,随后经历 1882 年和 1896 年的 2 次全俄工业博览会,俄国的金属桁架技术逐渐占据世界领先地位;③ 20 世纪初金属桁架结构在跨度规格、铆接工艺、施工建造等多个方面逐步走向标准成熟;④ 钢筋混凝土的探索试验几乎全部由欧籍工程师完成,并且由于长期缺乏行业标准,钢筋混凝土的发展缓慢,加之政策的束缚影响,莫尼埃式钢筋混凝土在俄国长期占据主流地位,直到 1906 年俄国才建造出第一个钢筋混凝土框架结构建筑——莫斯科缪尔·米里尔斯百货商场。无疑,俄国的这种材料和结构应用状况都会对中东铁路的结构与材料引入产生深刻的影响。

　　在铁路的施工建造中,采用了"以路养路、多地联动"的工程组织模式,"承包建造、二级转包"的建造管理方法和农耕文明原始的施工操作方式,虽然社会生产力落后造成建造效率低下,但是得益于有效的施工组织和庞大的筑路人群,铁路得以在开工 5 年之后就迅速通车运行。在随后的城市建设活动中,客观和主观的语境因素开始对铁路近代建筑技术产生一系列的影响,客观的影响因素如社会政治、建筑文化、气候地形等势必强势介入中东铁路近代建筑的地段选址、风格外观、保温防寒等方面,中东铁路近代建筑技术被迫作出适当调整以契合地域特征;而主观的语境影响因素如俄方技术人员的知识素养和中国工人的传统建筑文化情结则从积极主动的角度对沿线建筑的风格外貌、装饰元素、技术节点作出更改。客观和主观的语境因素塑造了后语境阶段建筑技术的多维发展体系,而前后语境的双重影响确定了中东铁路近代建筑的技术载体与表达。

3 中东铁路近代建筑的材料技术

中东铁路的修筑改变了近代东北落后的材料技术应用情况。一方面,砖、石、木等建筑材料的引入与自产改变了土坯夯筑、作坊加工的材料应用状况,促进了东北地区建筑从传统抬梁式结构向近代砖混建筑结构的转型;另一方面,在俄国已经成熟应用的金属材料和正处于探索发展阶段的钢筋混凝土材料的及时引入,在解决建筑跨度、高度难题的同时也使中国东北在近代中国建筑技术史中崭露头角,并占据了一定的地位。本章以材料的生产应用为主线,对中东铁路的砖、石、木等传统建筑材料和金属、混凝土等新型材料进行分析阐述。

3.1 传统建筑材料的导入发展

3.1.1 红砖的引入与自主生产

3.1.1.1 传统青砖的生产工艺背景

中东铁路修筑之前,东北地区的砖窑普遍为传统的马蹄窑,以小规模的家庭作坊为主要生产形式,并以生产青砖为主。这些传统的马蹄窑主要分布在哈尔滨的太平桥至三棵树一带以及道里区的顾乡屯附近,即使新式的轮窑、登窑出现后,马蹄窑仍维持了较长的时间,如1936年顾乡屯就有马蹄窑46座,1937年则增加到了63座。

马蹄窑为间歇窑,因此生产效率比较低下。其窑体平面呈马蹄形,窑内圆拱逐渐缩小且不封顶,烧制时在底层垫芦苇或柴草以燃火(图3-1)。烧制前,在其中层层码放砖坯,每层砖坯下叠放干柴,柴砖交替堆叠至窑顶。马蹄窑设窑门以做码砖之用,并在窑壁开孔以散烟雾,采用"饮窑"工艺,在"转釉"时封堵烟口阻隔氧气。

窑顶建有一个平台供浇水冷却,可使含有铁元素的黏土砖在缺氧冷却环境下被烧制成青砖。

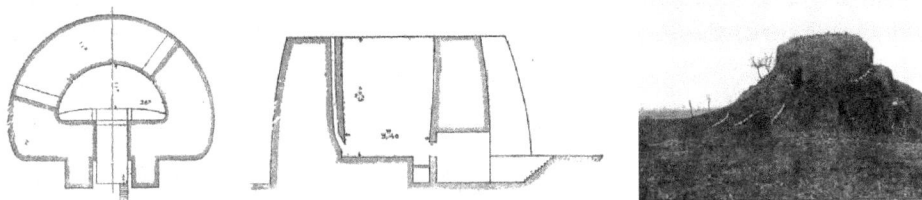

图 3-1 马蹄窑的平面和剖面

马蹄窑生产的青砖尺寸约为 245 mm×115 mm×45 mm,较之俄国进口红砖尺寸稍小,除了供当地中国人建造使用外,还应用到了部分中东铁路近代建筑中。根据统计全线共有 71 栋建筑使用了青砖材料,其应用有两种表现形式,其一是墙体全部使用青砖砌筑(55 栋),主要分布在哈尔滨以西的松嫩平原附近,如虎尔虎拉、富拉尔基、昂昂溪、肇东、对青山等地区,其原因在于以哈尔滨为中心的第七、八、九工程区在建设早期缺乏建筑材料,不得不向中国承包商采购露天窑烧制的青砖;其二就是在红砖墙体的基底上点缀青砖砌筑的禺石、山墙落影装饰(16 栋),青砖仅作为装饰构件而出现,因而应用范围稍广,向西可至成吉思汗,向东可至绥芬河,这种青红砖混合使用的材料应用现象在中东铁路南部支线更为常见(图 3-2)。

a) 虎尔虎拉站水泵房   b) 肇东站兵营   c) 石头河 1 子站某住宅

图 3-2 青砖在中东铁路近代建筑中的应用

3.1.1.2 新式砖材的引入和生产

(1) 生产工艺

中东铁路修筑之后,采用新式轮窑、登窑生产的红砖被引入东北,并在随后的 30 年内逐渐普及,成为主要的建筑材料。

砖材的成坯有手工和机械两种方式,手工成坯一般 4 人一组,每人每天可生产约 500 块,机械则一日可成坯 4.5 万块,黏土成坯后经干燥即可入窑烧制。虽然新式砖材的烧制可采用轮窑和登窑,但实际上普遍以轮窑为主,登窑则主要用于烧制陶瓷器皿。轮窑也称霍夫曼窑,由德国人弗里德里希·霍夫曼(Friedrich Eduard Hoffmann)于1856年发明。其平面是由十多个穹隆顶砖砌窑室串联而成的相通的环形隧道,窑室之间共用树枝状的烟道将烟导向中央的烟囱,各窑室上设置投煤口。当第一个窑室烧窑时,第二个窑室预热,第三个窑室干燥,窑室轮流重复着装窑、干燥、预热、烧窑、保温、冷却、出窑过程,生产效率很高,所以称为轮窑(图3-3)。

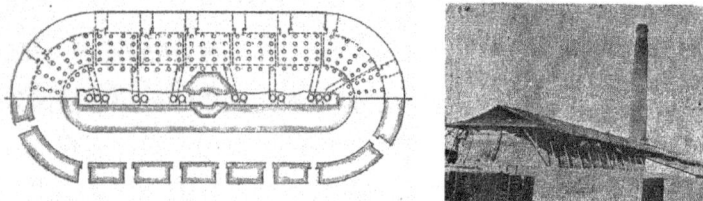

图3-3　轮窑的平面图纸和东北地区的轮窑

与传统马蹄窑生产的青砖相比,新式砖窑生产的红砖质量较高,其煅烧温度可达900℃以上,砖坯熔融结构紧致,表面产生细致的釉面,抗压强度可达200 kg/cm²,极限强度600 kg/cm²,吸水率在8.1%(机械制坯)到9.8%(人工制坯)。而马蹄窑烧制温度一般不超过800℃,砖坯无法熔融,因此其性能参数相对较差,抗压强度仅为红砖的一半,即100 kg/cm²。

哈尔滨较早的新式砖窑是1900年中东铁路管理局于顾乡屯半拉城子一带建造的顾乡屯砖厂。该厂采用德系生产工艺和生产设备,由中东铁路管理局委托克里莫维奇(Klimovich)经营,双方签约规定顾乡屯砖厂为中东铁路唯一指定砖材供应商,而克里莫维奇则保证所产砖材永不涨价,因此自1900年之后中东铁路沿线建筑所采用的砖材均产自顾乡屯砖厂。

作为中东铁路全线唯一的砖材供应商,顾乡屯砖厂的生产能力也十分惊人。砖厂分为东西2区,西侧为西精工厂,设新式轮窑两个,一个16室,另一个18室,总面积约2 047 m²,可日夜生产砖材4万余块;东侧为传统的露天烧砖炉,共计136座,整个砖厂设计年生产能力为1 200万块。同时为了解决机械制坯不能适应冬季气候变化的问题,砖厂采用人工制坯和机械制坯同步进行。此外顾乡屯砖厂内设有两条铁路运输线路,与哈尔滨站和顾乡屯站直接连通,方便砖材运输至铁路沿线各地(图3-4)。

除了中东铁路官办的顾乡屯砖厂外,哈尔滨还有一些民营砖窑,如俄商所办的

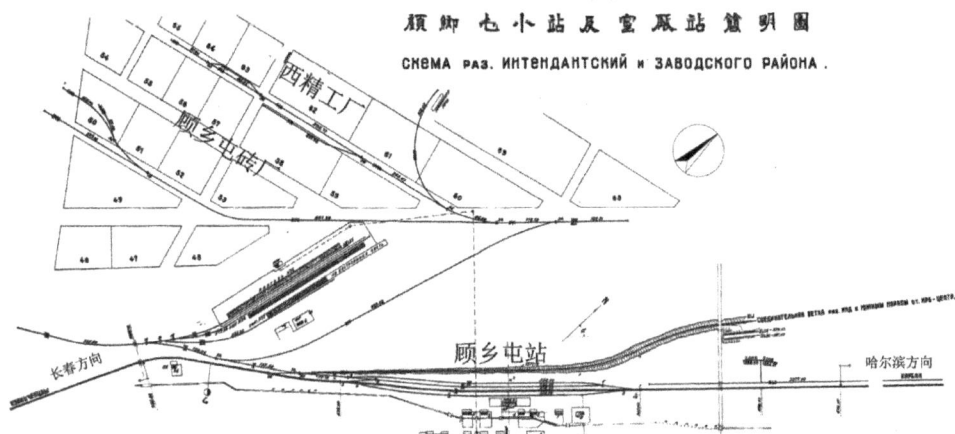

图 3-4 顾乡屯砖厂平面图

索洛维砖瓦厂、伏尔加建筑行附属砖厂,民族资本的同兴窑业(顾乡屯,1928 年)、大东正记(正阳河南侧,1930 年)、复兴窑业(三棵树复兴街,1930 年)、哈尔滨窑业(道外大有坊,1933 年)等,这些砖窑所产砖普遍应用在了后期的哈尔滨城市建设中,极少应用于中东铁路沿线,因而在此不做讨论。

在砖材尺寸上,由于采用了机械和人工制坯,因此尺寸稍有差异。机制砖的尺寸为 270 mm×130 mm×65 mm,手工砖在此基础上会有 10~20 mm 的偏差,考虑到气候对机械制坯的破坏性影响,手工制坯所产的砖在中东铁路沿线更为常见。1922 年苏联成立之后,中东铁路转为中苏共管,6 年后苏联开始推行尺寸更小的苏制红砖(250 mm×120 mm×65 mm),但是由于大规模的城市建设活动已经停止,因此苏联红砖的应用并不是特别广泛,只在 1925 年的尚志火车站、九江泡火车站、苇河火车站等处有些许应用。红砖的规格、应用时间和特征如表 3-1 所示。

表 3-1　中东铁路沿线砖材的特征和使用情况

砖材类型	尺寸规格(mm)	应用时间	工艺	颜色质地
沙俄旧制红砖	270×130×65	1897—1917 年	新式窑、机制砖	红色、釉面细腻
俄系手工红砖	250×120×60 260×130×60 270×130×65	1897—1917 年	传统窑、手工砖	偏浅黄、无釉面、有孔隙
苏联标准红砖	250×120×65	1924—1935 年	新式窑、机制砖	偏浅黄、有孔隙

(2)应用分布

1897 年中东铁路修筑之前,俄国的中西伯利亚铁路已经铺设到了距离满洲里

400 km 外的赤塔,东部的乌苏里铁路(符拉迪沃斯托克—哈巴罗夫斯克)也已经在 1896 年通车,东西边境便利的交通运输使得进口砖材较多地应用在了靠近边境的满洲里、绥芬河地区的建筑中。1900 年顾乡屯砖厂投产之后,砖材即借助铁路运输应用到了铁路沿线的建筑中。根据笔者的调研统计,中东铁路沿线现存各类砖材建筑共计 866 栋,占现存遗产比例的 52%,其中红砖建筑 795 栋,其余为青砖建筑或青红砖混合建筑。这些砖材建筑集中出现在以哈尔滨为中心的松嫩平原地区(昂昂溪—哈尔滨——一面坡),该地区地势平坦,铁路开工和运营的时间较早,交通运输也比较方便,因此该地区多数建筑均以砖材为主要建筑材料(图 3-5)。

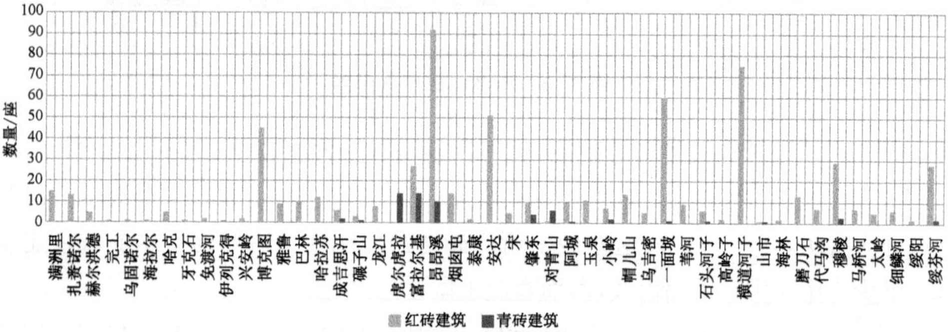

图 3-5 中东铁路沿线砖砌建筑分布

3.1.2 石材的早期应用与采掘

作为一种天然资源,石材可就地取材且价格低廉,因而较多地应用在了中东铁路建设的早期阶段,应用对象以军事、守备、仓储等类型的建筑为主,其坚硬的质地和冰冷的视觉触觉感受造就了建筑坚韧冷酷的性格特征,从而与建筑功能相契合。

3.1.2.1 石材的分布与加工工艺

中东铁路自西向东贯穿了大兴安岭褶皱带和吉黑褶皱带两个地质单元,地势上西高东低,西部为大兴安岭山脉,东部为张广才岭、老爷岭、太平岭的长白山余脉山地,这样的地质地貌带来了丰富的石材资源,也为石材的就地取材提供了便利条件。中东铁路管理局曾在阿城、玉泉、帽儿山、博克图 4 处设采石厂采石,并在玉泉设石灰窑煅烧石灰石生产石灰,供全线使用。根据调研统计,中东铁路全线的石材建筑共计 343 栋,主要分布在成吉思汗以西、横道河子以东的大兴安岭以及长白山余脉地区,中部松嫩平原地区则因地势平坦、无群山环抱,石材应用很少。石材的分布应用与砖材截然相反,二者呈相互补充的应用态势(图 3-6)。

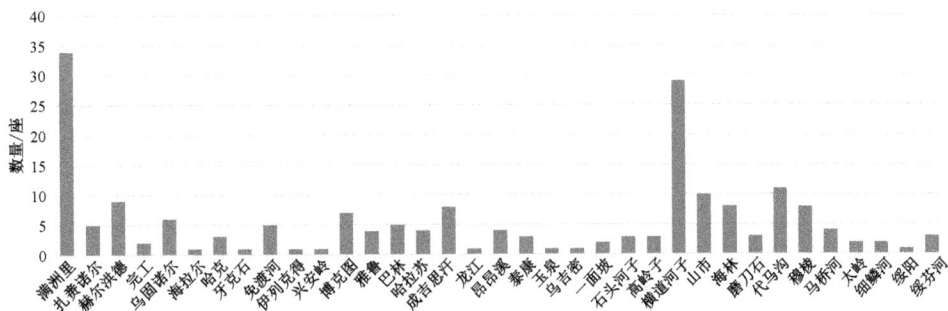

图 3-6　中东铁路沿线石材建筑的分布与数量

　　早期中东铁路的工人以当地农民和劳工为主,后期则采用包工的方式雇用了大批来自山东、河北的农民、劳工,工人最多时一度达到 10 万余人,除了一些意大利人、波兰人、德国人、拉脱维亚人充当技术工人外,多数的体力劳动都由中国工人完成,使得石材的加工使用具有明显的中原文化特征。根据李涓的研究,石材从采掘到使用一般具有"片裂—截断—錾凿—打道—扁光—刺点—剁斧—磨光"8 道工序,但是限于时间的紧迫和石匠的工艺技术,中东铁路的石材加工最多只有"片裂—截断—錾凿—打道"前 4 道工序。

　　① 片裂,即用钢锤和钢楔将石料劈开,一般有死楔法和跳楔法两种。用錾子在劈裂线上每隔约 10 cm 打入一深约 5 cm 的孔眼,前者在每个孔眼插入一个钢楔,用钢锤轮番敲打钢楔直至石材裂开;后者只用一个钢楔,先放入第一个孔眼敲打,直至钢楔蹦出,再放入第二个孔眼敲打,循环直至石材裂开。

　　② 截断,将大料分段或者打去不需要的部分称为截断。操作中既可以用剁斧或钢锤敲打来截断,也可用死楔法来截断。

　　③ 錾凿,锤錾配合将石料表面凸出的部分打掉称为錾凿。多数的中东铁路建筑石材加工仅到这个步骤为止,石材仅仅是有了粗略的平整表面,形状还并不规则,这种石材我们暂且称为"粗加工石材"。錾凿加工后的石材是最常见的可用于建筑的石材,其较之天然的碎石拥有相对平整的立面,同时又不需深入的工艺加工,因而被应用在多数建筑中。

　　④ 打道,锤錾配合在基本凿平的石料表面凿出深浅均匀且平直的沟道称为打道。打道可以分为打糙道和打细道,打糙道主要是为了找平,打细道则是为了美观和进一步找平。经过了打糙道的石材已经具有了平整的表面和规整的形状,应用以各类拱券桥梁为主,打细道则是针对已经打了很宽的糙道(即打瓦垄)甚至凌乱的斜道的石材的进一步加工。经过了打道之后的石材可以称为"精加工石材"。海

拉尔车站建筑中,所用石材则进一步被加工至"剁斧"工艺,其石材具有堪比砖材的平整光滑表面,是全线石材加工工艺中的孤例(图 3-7)。

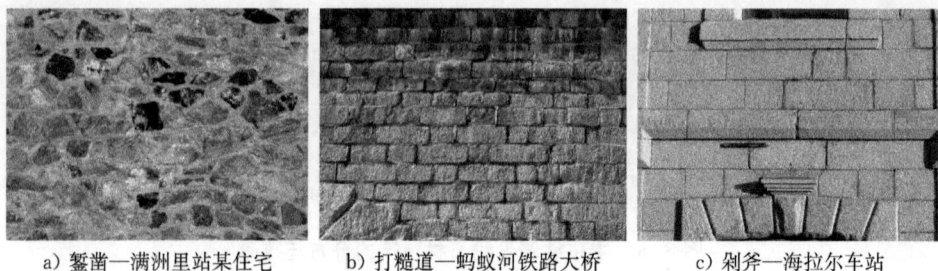

| a) 錾凿—满洲里站某住宅 | b) 打糙道—蚂蚁河铁路大桥 | c) 剁斧—海拉尔车站 |

图 3-7　不同的石材加工工艺

3.1.2.2　石材的应用

石材具有优良的抗压性能,不易渗水,取材方便,因而用途十分广泛,既可以应用在建筑工程中作为基础、墙体、扶壁、贴脸、梁衬、铺地等,也可以应用在铁路工程中作为道砟、拱券、桥墩、隧道等。石材在建筑工程中的应用将在 4.1 节详述,本节仅讨论石材在铁路工程设施中的应用。

(1) 石拱桥

石拱桥是铁路中最常见的工程设施,其构造简单、使用耐久、形象美观且取材容易、养护维修较少,因而在中东铁路中应用很多,全线 668 座桥梁中石拱桥有 256 座,且以中小跨度为主(单跨<21 m)。石拱桥单跨主要有 2.1 m、4.2 m、6.4 m、10.6 m、12.8 m、21 m 6 种规格,跨数最大可达 10 跨,可实现从 2.1 m 到 105 m 不同的桥梁长度。中东铁路中跨数最多的是东线的穆棱河大桥,单跨 12.8 m,共 10 跨,全长 128 m,它也是全线最长的石拱桥,其连续的拱券极具韵律感和视觉冲击力(图 3-8)。

石拱桥以拱券为受力主体,将竖向荷载转化为水平推力,如何确定拱券厚度 t 与跨度 s 之间的关系以确保拱券稳定一直是施工的难题,古罗马时期普遍遵循 $t=1/10s$ 的经验做法,18 世纪之后人们又根据拱券的外观形状归纳出若干经验公式。中东铁路修筑时期,拱券的设计已经十分成熟,基于积分的分解计算使拱券的厚度曲线更加合理,拱券普遍为三圆心曲线,少数采用更加复杂的五圆心曲线,拱顶薄而拱脚厚,可避免水平推力对拱脚的挤压破坏。拱券的高跨比在 1/4 到 2/3,形成尖拱和坦拱两种外观形式,可以满足桥长、堤高对石拱桥建造的多种需求(图 3-9)。

a) 跨度 2.1 m,代马沟附近　　b) 跨度 4.2 m,横道河子　　c) 跨度 6.4 m×3＝19.2 m,雅鲁附近

d) 跨度 10.6 m×3＝31.8 m,
扎兰屯附近

e) 跨度 12.8 m×4＝51.2 m,
绥阳站附近

f) 跨度 21 m,细鳞河附近

g) 跨度 12.8 m×10＝128 m,穆棱河大桥

图 3-8　中东铁路各种跨度的石拱桥

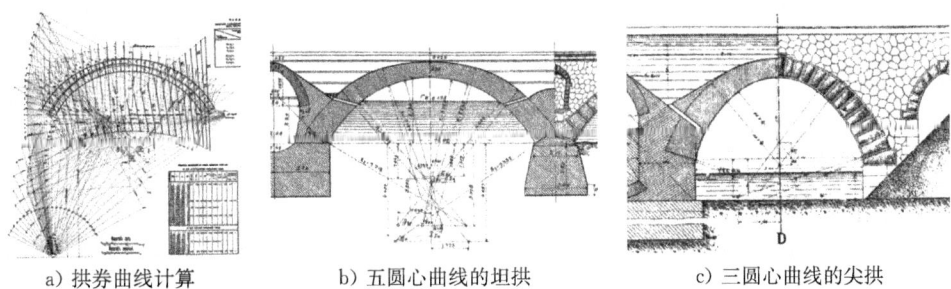

a) 拱券曲线计算　　　b) 五圆心曲线的坦拱　　　c) 三圆心曲线的尖拱

图 3-9　石拱桥的拱券设计

　　桥梁拱券由石质桥墩支撑,桥墩采用沉井法建造,一般选择初春水亏之时于桥墩设计位置搭建沉井,沉井为石质井壁、木质刃脚,在井壁的围护下不断从井内挖土,并同时增加井壁高度,使沉井在自重作用下逐渐下沉,最终到达预定岩土层,然后打入桩基、回填碎石完成桥墩。根据桥墩尺寸大小,既可采用单个沉井,也可将多个沉井毗邻施工,以减少挖取的土方量。沉井的使用改变了中国传统"作堰分流"的桥梁建

造模式,桥墩深入持力层不易产生沉降破坏,因而寿命很长(图3-10)。

| a) 拱券施工建造 | b) 沉井的木制刃脚 | c) 沉井的施工建造 |

图3-10　石拱桥桥墩的建造过程

(2) 隧道涵洞

隧道挖掘土方量大、耗时长且施工难度较高,只有当桥梁、展线等设施无法满足铁路的爬坡需求时才以隧道解决。中东铁路中的隧道共有7座,分别是西线的兴安岭隧道、东线的代马沟1—3号隧道和绥芬河1—3号隧道。与石拱桥一样,隧道也采用了标准的尺寸设计,截面为上拱下墙的洞口形状,拱顶半圆,直径8.6 m,两侧墙高3.2 m。但是限于地质、岩层、渗水等不确定因素,隧道的截面并不完全一致,常会根据具体情况作出适当调整。隧道的实际建造情况如图3-11所示。

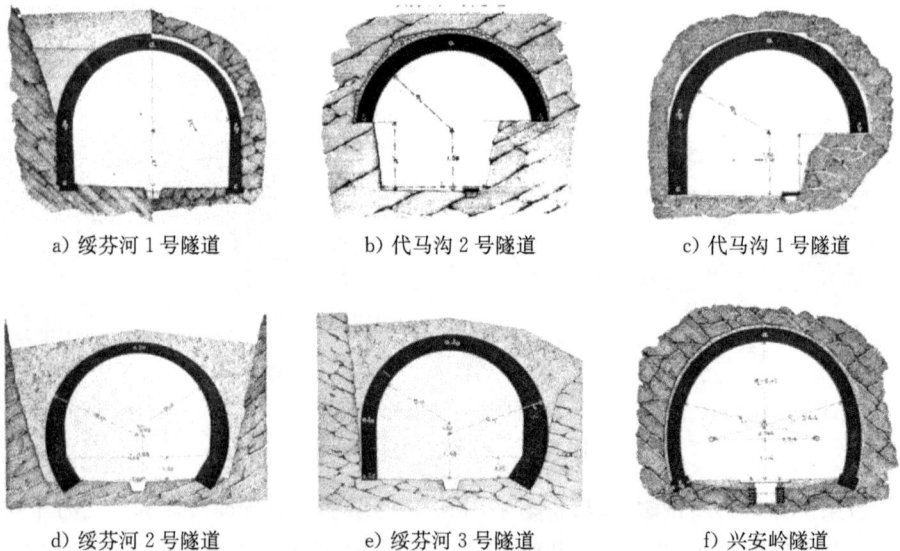

| a) 绥芬河1号隧道 | b) 代马沟2号隧道 | c) 代马沟1号隧道 |
| d) 绥芬河2号隧道 | e) 绥芬河3号隧道 | f) 兴安岭隧道 |

图3-11　中东铁路中隧道的截面示意

这些隧道普遍采用当时流行的奥地利全断面开挖法挖掘:确定隧道口径之后,将隧道划分为上、下导坑,上导坑截面拱形并架立木柱横梁,以防碎石掉落,下导坑截面梯形便于运送碎石和排出积水,待上下导坑贯通之后拓展边缘至预设口径,然后按照先墙后顶的顺序砌筑衬石,完成施工。东线的6条隧道均采用炸药爆破配合人工掘进的施工方法,西线兴安岭隧道的施工则相当复杂,也代表了中东铁路工程技术的最高水平,值得细致讨论。

　　兴安岭隧道位于西线新南沟站与兴安岭站之间,两站相距7.3 km,海拔高差达107 m。在兴安岭隧道修筑之前,是通过6条首尾相交的"之"字形铁路解决高差问题,但是由于坡度过大,机车运力十分有限,每次只能牵引5节火车。1900年初,根据工程师普罗新斯基的勘测论证,第四工程区主任鲍恰洛夫开始主导兴安岭隧道的挖掘工程。作为中东铁路中最重要的工程设施,兴安岭隧道的设计施工非常严谨科学。首先,详细分析山层断面的8种岩石土质,根据土质确定隧道走向和坡度;其次,铁路工程局制定了1900年至1904年每月的施工进度,确保隧道能够如期完成;再次,施工现场建造了工人村、木材厂、发电厂、教堂、住宅、市场等一系列后勤保障设施,以满足工程日常所需;最后,专门开通哈尔滨至施工现场的火车专列,每天往返3次运输所需建筑材料。兴安岭隧道1900年初开工,原计划于1904年2月竣工,但是由于1900年7月义和团运动爆发,工程被迫停工,直至1901年3月恢复施工,1904年5月竣工(图3-12)。

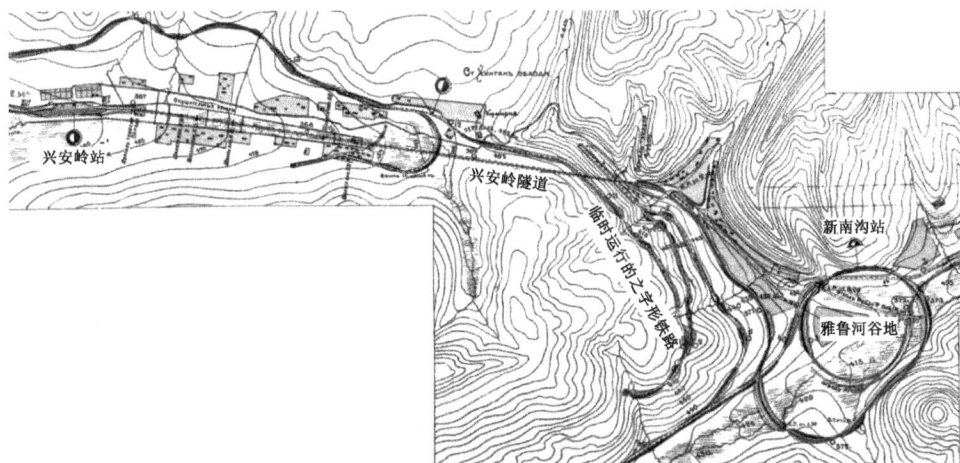

图3-12　兴安岭隧道的临时运营和设计线路示意图

　　兴安岭隧道长3 078.8 m,地势西高东低,其坡度约为15‰,西侧山坡较缓,东侧山坡较陡。原计划采用双向对挖,但是在施工中发现,西侧的隧道下导工程因山体渗水严重,特别容易淹没工程面因而无法施工,若采用机械排除山体渗水,不仅设备成本高昂且机械产生的浓烟也积聚在隧道内而无法排出,于施工操作不利。

为了解决这个问题,中东铁路工程局于西侧山顶处共向下开挖 6 条竖井,再由工人进入竖井向左右两侧开挖,渗水和碎石通过马拉绞盘或卷扬机吊升至山顶排出(图3-13),由此极大地加快了施工和操作速度。

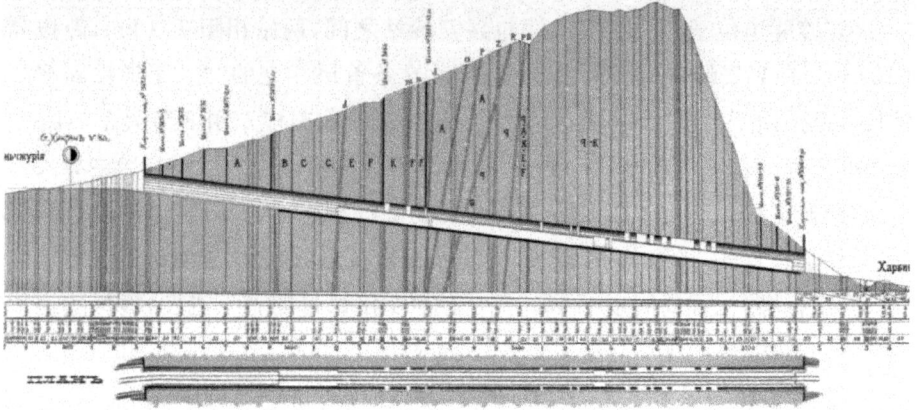

图 3-13 兴安岭隧道平面和剖面示意图

在施工操作模式上,兴安岭隧道掘进也不再像东线长度较短的隧道那样采用人工挖掘,而是使用了当时世界上比较先进的比利时产的压缩空气凿岩机。

1902 年 10 月,隧道全部凿通,工程局从意大利雇佣的 500 名专业石匠开始进行隧道衬砌工程,所用石材全部就地采掘,錾凿打磨之后垒砌组成拱顶和墙体,石衬与隧道之间以碎石填充,整个衬砌工程共用石材 35 510 m³,并且为了降低衬砌工作量,兴安岭隧道大量借助隧道内凸出的岩石壁体以支撑石衬拱顶,不砌墙体,因此隧道内空间比较杂乱零散。整个衬砌工程于 1903 年 10 月完工,但是隧道工程并不完善,渗水结冰、衬石松动一直是兴安岭隧道面临的重要难题,因此不得不频繁进行检修维护,后期成本较高。隧道完工之后,其东侧出口与新南沟车站之间仍面临较大的高差问题,中东铁路工程局又在二者之间的雅鲁河谷地修建了长达4.3 km 的 540°螺旋展线,展线坡度也是 15‰(图 3-14)。

a) 兴安岭隧道东侧入口　　　　b) 拱顶衬砌工程　　　　c) 山顶的卷扬机

图 3-14 兴安岭隧道建造过程

　　兴安岭隧道代表了中东铁路工程技术的最高水平,不仅其长度在当时的中国绝无仅有,而且坡度也达到了蒸汽机车动力牵引的极限,是传统材料(石材)与传统技术(拱券)在 20 世纪初最后的辉煌。

3.1.3　木材的加工工艺与应用

3.1.3.1　木材的产地与加工工艺

　　中东铁路干线全长 1 480 km,所需枕木约 240 万根,在建成后的 10 年内,平均每年须更换 43 万根,此外还有大量的木材用于电柱、车辆、建筑、薪材等。在铁路建设早期俄国便断章取义援引《东省铁路公司合同》关于"用料免税"的规定,擅自采伐铁路沿线和附近的森林。后期随着铁路建设活动的增加,俄国自 1904 年起通过与黑龙江省、吉林省签订《黑龙江省铁路公司伐木合同》和《吉林木植合同》获得了铁路附近的大片林场,除中东铁路公司自己投资建设外,还大量转租给私人资本家进行采伐,即成为租借林场。这些租借林场几乎涵盖了沿线所有的森林覆盖地区,如表 3-2 所示。

表 3-2　中东铁路租借林场统计(1915 年前)

序号	林场名	所在位置	面积(km²)
1	谢夫谦克兄弟商会林场	大兴安岭西侧,免渡河流域全部	5 650
2	东省铁路公司林场	绰尔河流域上游	510
3	毕桃秋钦林场	厄尔站/累敕河流域	340
4	—	鸠巴、梅里何夫、古拉瓦基制材区域	1 020
5	斯基达尔林场	帽儿山和尚志站之间	2 260
6	斯基达尔林场	一面坡附近	260
7	邦达连科林场	一面坡附近	160
8	斯基达尔林场	苇河站铁路两侧	1 130
9	弗兰克林场	亚布力站附近	450
10	格瓦里斯基林场	亚布力站附近	680
11	东省铁路公司林场	亚布力站和治山站之间	930
12	格瓦里斯基林场	—	340
13	斯林钦林场	石头河子站附近	113
14	基里扬斯基林场	治山站附近	450

续表

序号	林场名	所在位置	面积(km²)
15	谢夫谦克林场	横道河子附近	75
16	阿吉耶夫林场	道林站附近	113
17	卡辛兄弟商会林场	山市站附近	226
18	尼古拉耶夫林场	磨刀石站附近	280
19	斯基达尔林场	磨刀石站附近	680
20	切鲁克索夫林场	穆棱站附近	340
21	斯基达尔林场	细鳞河站附近	790
22	波波夫兄弟商会林场	马桥河站附近	2 710
总计			19 507

　　除了大量租借林场外,由中东铁路公司投资的东林场(石头河子站附近)、岔林河林场(尚志站附近)、绰尔林场(牙克石站附近)、沃龙错夫林场(牙克石站附近),海敏公司(中俄合办)投资的乌尔旗汗林场(海拉尔站附近)、扎免林场(免渡河站附近)、永利林场(雅鲁与巴林之间)、雅尔多河林场(海拉尔站东南170 km),以及东线的一面坡附近均设有制材厂,生产木材、圆木、方木、枕木、电线杆、木板以及各种树脂,供给铁路全线使用。此外,为了便于木材的运输,中东铁路公司与各租借林场又修筑了大量的森林铁路支线,用于连接各林场与铁路干线(表3-3)。大量的林场和森林支线保证了木材的供给,仅西线的4处林场年伐木量就已经达到80万余根,除了供给每年铁路枕木所需的40万~60万根外,还向国内外出售,每年掠夺的木材价值达1亿银元以上。

表3-3　中东铁路森林支线

森林铁路	所在地	所有者	通车年份	长度(km)
一面坡	由一面坡向北	格瓦里斯基	1920年	52.7
九江泡	由九江泡向北	斯基达尔	1916年	69.2
苇河	由苇河向东	斯基达尔	1904年	69.5
亚布力	由亚布力向南	格瓦里斯基	1917年	71.8
石头河子	由石头河子向南	舍甫琴科	1924年	8.8
横道河子	由横道河子向东	格瓦里斯基	1905年	7.6
海林	由海林向北	中东铁路海林公司	1920年	64

续表

森林铁路	所在地	所有者	通车年份	长度(km)
牙克石	牙克石站至海拉尔河	谢夫谦克	1917年	8.5
伊列克得	由伊列克得站向北	额仑挫夫	1921年	45
霍力果洛	由霍力果洛站向西南	东方建筑公司	1928年	50
合计				447.1

一般而言,木材的加工大致可分为裂解和砍斫两个步骤,裂解即将圆木进行分解,砍斫则是借助各种木工工具对木材进行精加工。与石材一样,中东铁路的木材加工工艺也受到了中国传统工艺的极大影响(图3-15)。木材砍斫完成之后,如何将木材单元组合成为屋架、梁柱、窗框等受力结构是木材连接工艺当中极为重要的一环。按照木材之间的受力关系,可以从受拉关系和受压关系两个角度进行分析。

a) 中国传统解木方式   b) 哈尔滨松花江铁路大桥施工现场的解木方式

图3-15 中国传统与中东铁路的解木方式

受拉关系即两个木材单元之间或同一木材单元内部处于受拉状态,这种关系的木材单元普遍采用榫卯连接,尤以燕尾榫最为常见。燕尾榫根据榫头和榫眼的贴合关系又可分为全透燕尾榫和半透燕尾榫两种,门、窗的横框与竖框之间多采用全透燕尾榫,屋架的上弦与系梁之间则多采用半透燕尾榫。受压关系即两个木材单元之间处于竖向的受压状态,如屋架的中柱与下弦之间、斜撑与上弦和下弦之间、上弦与上弦之间等。榫卯多为简单的槽口榫,并通过木材单元之间的砍斫角度以抵消潜在的位移破坏(表3-4)。

此外,一些木构件(如梁、上弦、下弦)还需要将两个木材单元连接在一起以达到所需的长度,为了确保连接节点的稳定,咬合、挤压、销钉成为主要的木材连接方式(表3-5)。咬合连接应用在一些非承重的木构件中,两个木材单元通过端口的"S"形切口咬合在一起,仅需连接无需固定,多出现在屋架与墙身之间的承托垫木中;挤压连接在咬合的基础上楔入木钉,使两个木材单元相互连接的同时彼此挤压,增加连接节点的稳定性,这是一种非常牢靠的连接方法,大量应用在木方承重梁中;销钉顾名思义,即通过木质销钉或金属螺栓将木材单元连接固定在一起,多数应用在起抗拉作用的屋架下弦中。

表3-4　不同木材单元之间的连接工艺

连接工艺	受拉关系		受压关系	
	门窗框之间	上弦与系梁之间	上弦与上弦之间	上弦与下弦之间
图片示意	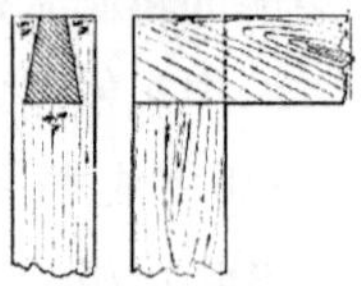	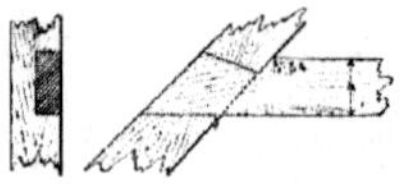	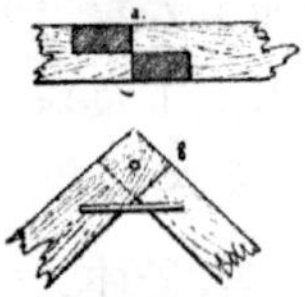	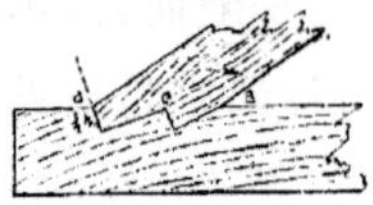
案例图片				
	博克图西大营	扎兰屯避暑旅馆	扎兰屯避暑旅馆	哈尔滨某建筑

表3-5　同一木材单元内部的连接工艺

连接工艺	咬合连接	挤压连接	销钉连接
图片示意  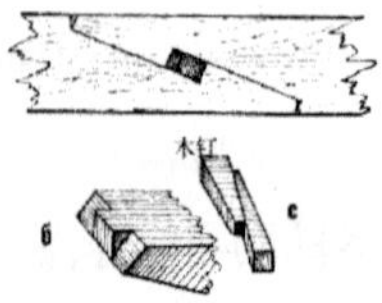  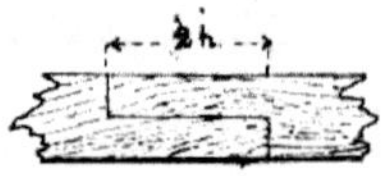			
案例照片			
	中东铁路商务学堂	一面坡外阿穆尔军区司令部	哈尔滨站货场	哈尔滨站货场

3.1.3.2　木构建筑分布与应用

中东铁路沿线有着大量的林场、成熟的木材加工企业和便捷的木材运输条件,这些天时地利促进了木材的大范围应用,并呈现出多种外观表现形式。

从遗存的历史照片来看,中东铁路沿线各站均曾有大量的木构建筑,它们发挥着住宅、教堂、车站、仓储等多种建筑功能,但是随着后期其他砖石材料产业的发展以及一百余年来的糟朽破坏,大量的木构建筑已经消失殆尽,现仅存233座(含小型木构仓储、厕所63座),主要分布在一些遗产数量基数较大的地区,尤以满洲里、扎赉诺尔、免渡河、博克图、一面坡、横道河子6处居多(图3-16)。

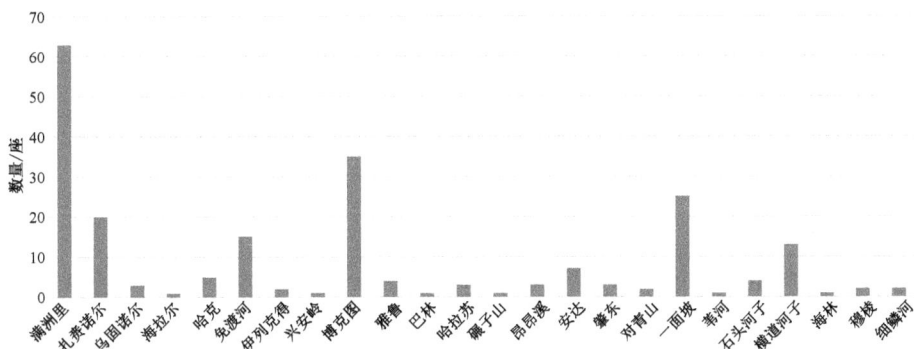

图 3-16　中东铁路沿线木构建筑的分布

作为一种自然材料,木材在铁路建筑、铁路设施中的应用是广泛而大量的。首先,作为一种永久性建筑材料,木材既可以做结构性材料,也可以做非结构性材料。前者如木梁、木柱,木梁几乎是沿线砖混建筑的唯一承重材料,而木柱作为支撑材料也大范围地应用在马厩、兵营等一些大跨度建筑中。后者则以木质墙体为主,并在外观上产生了原木叠累、板材拼贴、砂浆抹灰3种表现形式。其次,作为一种临时性建筑材料,木材的应用则更加广泛,如拱券模板、施工支架、过渡性桥梁、沉箱沉井、临时性住宅等,尤其是作为过渡性的桥梁,由于建设早期"沿线所有桥梁、供水设施、车站建筑,多为临时性质,待全线通车后,再逐步修复为永久性设施",因此这种木质梁曾经在中东铁路早期非常多见,直至后期才被永久性石拱桥、铸铁桥所替代。

3.2　金属材料的引入与应用

18世纪60年代,随着工业革命的发展,人类的生产活动开始从手工作坊向机械化大生产转移,一些前所未有的建筑形式、建筑材料开始出现,展现出比传统建筑材料更加优越的属性特征。

3.2.1 金属材料的产地与运输

中东铁路中的金属材料,除了少部分用于建筑的屋架、屋梁、立柱外,绝大多数为铁轨、桥梁所用,这些金属材料多数产自波罗的海沿岸和乌克兰、波兰(时属俄国)等一些经济发达的地区。中东铁路干线长 1 480 km,共需铁轨 1 162 万普特(1 普特=16.4 kg),其中约 526 万普特的铁轨采购自俄国本土的冶铁厂,这些冶铁厂多数为外国合资或外国独资企业,其余约 636 万普特全部向美国采购。

从调研和资料来看,来自俄国的铁轨供应商主要有 2 家。其一是俄—比冶铁工厂(也叫彼得罗夫斯基工厂),成立于 1894 年,由俄国人费奥多尔·埃戈罗维奇·阿纳基耶夫(Fedor Egorovich Enakiev)和比利时人奥斯卡·比(Oscar Bie)共同创立,位于乌克兰的顿巴斯地区,紧邻黑海,海路运输方便,设有 3 个高炉生产车间、1 个贝塞麦钢铁车间和若干转炉,每年生产生铁 20 万磅(1 磅=0.45 kg),中东铁路中带有"P. Б. M. O."铭牌标识的铁轨均产自该工厂。其二是新罗西斯克工厂,该工厂由英国人约翰·休斯(John Hughe)创办于 1869 年,采用英式冶铁设备和耐火材料,同样位于乌克兰顿巴斯地区,年产生铁 173 万磅、钢铁 120 万磅,于 19 世纪 90 年代成为俄国最大的金属冶炼公司,所产钢轨还出口至欧洲,甚至应用在了 1901 年的滇越铁路当中,中东铁路中带有"HOB. POC. OБЩ."铭牌标识的铁轨均产自该工厂。俄—比冶铁工厂和新罗西斯克工厂均为垄断型企业,并且只接受国家的铁轨订单,因而所产钢轨应用在了中东铁路建设中。美国的钢轨生产厂商为宾夕法尼亚的马里兰钢铁公司,所产钢轨侧面带有"Maryland"标识,俄国财政部于 1898 年和 1899 年分批向马里兰钢铁公司购买了 186 万普特和 450 万普特的钢轨用于中东铁路的铺设。需要指出的是,中东铁路所购买的铁轨均为工艺较高、价格高昂的钢铁,而非早期铁路建设中经常采用的铸铁,足见其工艺成本之高。此外,1900 年义和团运动之后,俄国借占领关内外铁路(北京—奉天)之机,从山海关一带拆毁了大量的铁轨、桥梁,经海路运至旅顺后用于中东铁路的铺设,如 1903 年修建的昂昂溪铁路大桥就使用了关内外铁路的钢轨作为支撑,钢轨表面带有"汉阳铁厂"铭刻(图 3-17)。

俄—比冶铁工厂和新罗西斯克工厂除了生产中东铁路所用的铁轨外,还负责提供沿线工字钢桥、中型桁架桥(单跨<32 m)所需的金属构件,如伊敏河大桥、嫩江大桥、牡丹江大桥等。而松花江铁路大桥、第二松花江铁路大桥等一些超大跨金属桁架桥的金属构件则由波兰华沙铁路局下属的维斯瓦机械车辆厂提供。以哈尔滨松花江铁路大桥为例,其共计 19 跨,总长 934 m,除 11 个单跨 31.5 m 的金属桁架由俄国的铁厂提供外,其余 8 个单跨 73.5 m 的桁架构件均由有大跨度桥梁建设

经验的维斯瓦机械车辆厂提供,并由中东铁路的波兰裔总工程师连托夫斯基(A. B. Ливеровский)负责建造。但是与钢轨不同的是,桥梁中所用的金属材料均为铸铁,并未采用有着优秀性能的"压拉组合"的"铸铁—熟铁"结构,而这也是俄国政策法规和材料价格双重影响的结果。

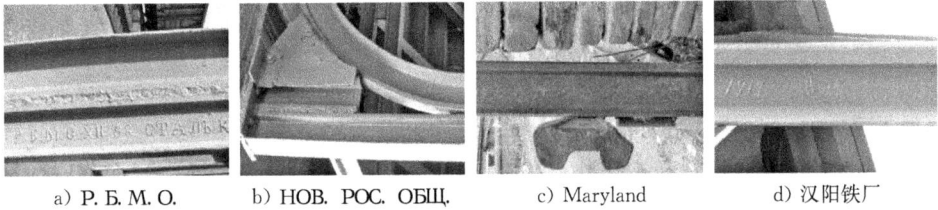

a) Р. Б. М. О.   b) НОВ. РОС. ОБЩ.   c) Maryland   d) 汉阳铁厂

图 3-17　中东铁路所用铁轨侧面标识

铁路所需的铁轨、桥梁及建筑中需要的桁架,通过两条线路运输而来。其一为海路。俄国租借法国、英国、比利时的驳船,将建材经海路运输至海参崴的中东铁路专用码头——埃格尔协里得码头,现场组装之后,经南乌苏里铁路向北运输至伊曼港(现达利涅列琴斯克),1897 年北乌苏里铁路完工后,则直接运往伯力,再经黑龙江、松花江逆流运至哈尔滨,最后向各个施工工区派发。1900 年 12 月中东铁路管理局成立航运处,开通哈尔滨—伯力定期航运,使得经水路运输建材更加便捷,从而加快了铁路的施工速度(图 3-18)。

a) 租借的英国驳船   b) 在码头组装桥梁桁架   c) 运输中的桥梁桁架

图 3-18　中东铁路所需建材的运输

其二是陆路。1900 年西伯利亚大铁路筑至满洲里以西 400 km 的赤塔后,圣彼得堡—莫斯科—赤塔的区间铁路已经开始运营,因而与赤塔接壤的满洲里—乌古诺尔区间的铁路建材可通过西伯利亚大铁路运输。1901 年中东铁路全线临时通车后,欧俄与哈尔滨之间畅通无阻,自此之后的建筑活动如桥隧的修建和满洲里—哈尔滨铁路复线改造,所需建材均可通过铁路运输而来。

3.2.2　金属材料的应用

金属材料都是以预制件的形式长途运输而来,再经现场组装铆接成为梁、柱、桁架等结构,具有施工快、强度高、适应性强等优点,因此在中东铁路的各类设施和建筑中应用广泛,具有鲜明的时代属性。本节只讨论金属材料在铁路工程设施中的应用,在建筑工程中的应用如梁、柱、屋架等将在 4.1 和 4.2 节进行讨论。

中东铁路沿线桥梁共计 690 座,其中金属桥(含工字钢桥和金属桁架桥)418座,占桥梁总数的 61%,远超石拱桥和钢筋混凝土桥的数量,表明金属已经成为桥梁建造材料的首选,并具有极强的应用特征。金属桥梁的分布与沿途地形相对契合(图 3-19),西部乌奴耳—龙江区间内绰尔河、雅鲁河、海拉尔河、诺敏河等主流支流密布,因而金属桥梁较多(138 座),东部的乌吉密—山市之间张广才岭、老爷岭等重峦叠嶂、泉水奔涌,因而也集中出现了不少的金属桥(66 座),中部的松嫩平原地区除大庆附近因湿地湖泊众多而有些金属桥外,其余地方数量较少。金属桥的分布密度以大兴安岭腹地的乌奴耳—伊列克得区间最高,在 28.3 km 长的铁路区间内建造了 26 座金属桥梁,几乎每公里就有一座金属桥。金属桥从结构上看有工字钢桥和金属桁架桥两种形式,以满足不同江河的跨度需求。

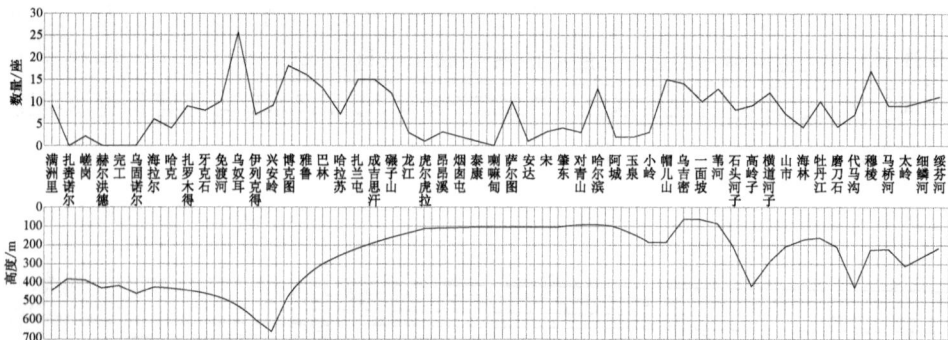

图 3-19　中东铁路沿线金属桥梁分布及各站海拔高程

3.2.2.1　工字钢桥

工字钢桥为简支结构,它以两侧桥墩为支撑,中间架设并列的两根工字钢组成承重梁,工字钢之间通过横杆和交叉腹杆连接,其上横置枕木,铺设铁轨。

全线工字钢桥总计 373 座,占金属桥梁数量的 96%,多应用在一些中小型的桥梁建设中,跨度有 2.1、4.2、5.3、6.4、8.4、10.5、21.3 m 共 7 种规格,而尤以 4.2、6.4 和 10.5 m 这 3 种最为常见,多为单跨桥梁,最大可达 5 跨。工字钢的自重一般不超过 8 t,高跨比在 1/7 到 1/9,属于比较经济合理的跨度形式(图 3-20)。此外,也有一些工字钢桥可以达到 21.3 m 的跨度,此时梁高 2.1 m,工字钢自重也达到了惊人的 20.4 t,无论是建造方面还是经济方面都已经不再具备优势,因而应用较少。

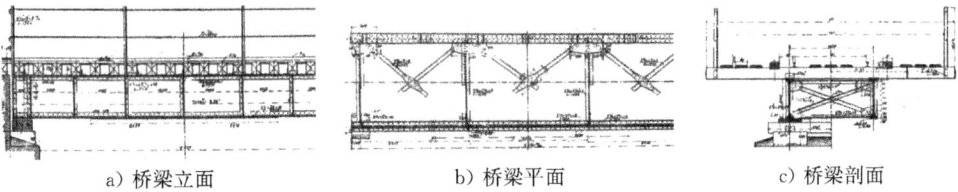

a) 桥梁立面　　　　　　　　b) 桥梁平面　　　　　　　　c) 桥梁剖面

图 3-20　8.4 m 的工字钢桥构造示意

工字钢桥的技术优势比较突出,与錾凿打磨、白灰黏结的石拱桥相比,它采用钢材预制、铆钉连接,具有较快的施工速度优势;而与构造繁复、连接复杂的钢桁架桥相比,它构造简单、连接方便,因而成为全线应用最多的桥梁形式。但是从力学的角度分析,它仍是简单的二维平面受力体系,主要的受力构件工字钢内部压拉合一,技术水平比较简单。

3.2.2.2　金属桁架桥

金属桁架桥改变了工字钢因自重过大而无法满足大跨度桥梁建设的需求,具有预制化、工业化的装配特征和跨度大、自重轻的性能优势,是桥梁建造技术的一项重大革新。与西伯利亚铁路的其他铁路区间相比,中东铁路的金属桁架桥具有一些独特性,主要表现在两个方面。首先,不同于西伯利亚铁路中采用的普拉特式、华伦式、格栅式、豪氏、惠普尔式、芬克式等多种桁架形式,中东铁路的桁架桥梁基本只有普拉特式和华伦式两种桁架形式;其次,桁架形状基本只有矩形、梯形两种(多边形的哈尔滨松花江铁路大桥除外),不像西伯利亚铁路一样还会有弧形、角型等多种桁架形状。这两个特征表明中东铁路中桁架桥梁的设计和建造更加的标准化和工业化,因此无论是金属构件的选购运输还是桁架桥梁的施工建造均更加方便快捷。金属桁架桥可用在跨度大、流速急的江河中,有 21、32 和 75 m 这 3 种跨度规格,上承、下承两种受力模式,华伦式、普拉特式两种桁架结构,可以满足桥梁在跨度、通航、施工等多方面的需求。中东铁路全线桁架桥共计 14 座,其位置和跨度如表 3-6 所示。

表 3-6　中东铁路沿线金属桁架桥梁

方位	名称	位置	桥梁长度 (m)	跨度组合
西线	伊敏河铁路大桥	海拉尔	222	3×32 m$+6 \times 21$ m
	扎敦河铁路大桥	牙克石	105	5×21 m

方位	名称	位置	桥梁长度 (m)	跨度组合
	免渡河铁路大桥	免渡河	105	5×21 m
	雅鲁河铁路大桥	雅鲁	63	3×21 m
	雅鲁河铁路大桥	扎兰屯	84	4×21 m
	嫩江铁路大桥	富拉尔基	640	1×21 m+6×73 m+5×32 m+1×21 m
	松花江铁路大桥	哈尔滨	936	10×32 m+8×73 m+1×32 m
东线	阿什河铁路大桥	阿城	127	3×21 m+2×32 m
	二道河铁路大桥	小岭	63	3×21 m
	阿什河铁路大桥	小岭	63	3×21 m
	蚂蚁河铁路大桥	一面坡	84	4×21 m
	二道河子铁路大桥	横道河子	42	2×21 m
	海浪河铁路大桥	海林	105	5×21 m
	牡丹江铁路大桥	牡丹江	416	13×32 m

从构造上看,桥梁的桁架由上弦、下弦、直腹杆、斜腹杆组成。根据上弦和下弦的受力情况,桁架可以分为下承式和上承式两种(图3-21)。下承式桁架桥以下弦受压,可以提供充足的桥下净空高度,适用于有航道通行需求的桥梁,松花江铁路大桥、嫩江铁路大桥、牡丹江铁路大桥等连续多跨桥梁的中跨部分均采用了下承式构造。上承式桁架桥则以上弦受压,可以降低桥墩的砌筑高度,土方量较少,并且能够有效减少钢材用量,如21、32 m跨度的上承式桁架桥分别比相同跨度的下承式桁架桥节约钢材11.6和4.4 t,多应用在无通行需求的江河和连续多跨桥梁的两侧。

a) 下承式双腹普拉特式桁架桥
(东线山市附近,跨度32 m)

b) 上承式华伦式桁架桥
(东线横道河子附近,跨度32 m)

图3-21 桁架桥的结构形式

下承式的桁架桥多采用普拉特式桁架,考虑到桁架中部的荷载和形变最大,因此将起抗压作用的斜腹杆进行双腹化设计以提高桁架的抗压性能(图 3-21a)。上承式桁架桥则多采用华伦式桁架,由于桁架上半部受压,下半部受拉,因此在桁架上半部加入大量短小的斜腹杆以增加其抗压性能(图 3-21b)。两种桁架形式均对当时流行的普拉特式桁架、华伦式桁架进行了特殊的节点调整,以适应中东铁路桥梁的建造需求。

此外,金属桁架桥还可根据自身跨度选择构件的构造形式,如跨度 21 m 和 32 m 的桁架桥的上弦、下弦、腹杆等构件基本以角钢或铆接角钢为主,而跨度 75 m 的桁架桥则采用了华伦式桁架的上弦、腹杆构件,构件的复杂构造提升了桥梁桁架的结构性能。再者,构件的尺寸也有着明显的力学属性,如跨度 21 m 的桁架桥,直腹杆受拉,使用 2 根 75 mm×75 mm 的角钢铆接成"T"形钢,而斜腹杆受拉,则使用了 2 根 150 mm×100 mm 的角钢组成"T"形钢,构件的尺寸和构造均根据其拉压受力进行科学的设计(图 3-22),桁架的设计科学合理。

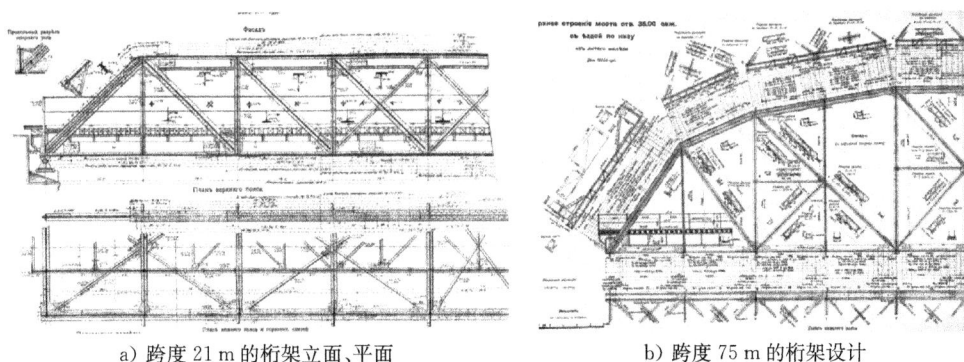

a) 跨度 21 m 的桁架立面、平面　　　　　　　b) 跨度 75 m 的桁架设计

图 3-22　部分桁架桥梁的构件示意

3.2.2.3　其他金属桥梁

工字钢桥、金属桁架桥因装配模块的工业化施工方式而在中东铁路沿线得到大范围应用,但是在一些风景秀丽、景色宜人的城市公园和疗养基地,则以拱桥、悬索桥为主,其优雅的桥梁形式也与周围景观相映成趣。

金属悬索桥是中东铁路沿线疗养公园中出现较多的桥梁形式,它以竖向梎杆为支撑,中间布置悬索以承托桥梁结构。中东铁路沿线城镇的悬索桥有美式铁链悬索桥(如扎兰屯公园吊桥)和英式环杆悬索桥(如一面坡蚂蚁河吊桥,已毁)两种,都有着优美的外观形象。还有一些金属拱桥,以拱形的工字钢或桁架为基本受力构件,塑造了"长桥卧波"的立面形象。另外,有些金属桥也会模仿石拱"连续券"结构,将工字钢锻造弯折成"⌒"形,并不断组合在一起,如哈尔滨站铁路跨线桥就使用了这种结构形式(表 3-7)。

表 3-7　中东铁路沿途城镇中的金属桥

悬索桥	扎兰屯公园吊桥		一面坡蚂蚁河吊桥(已毁)
金属拱桥	扎兰屯公园拱桥	扎兰屯雅鲁河拱桥	哈尔滨道里公园跨虹桥
金属连续券桥	哈尔滨站铁路跨线桥		

　　无论是何种金属材料的桥,其金属构件之间的连接普遍以铆钉铆接为主,与螺接、焊接相比,铆接既可避免金属振动造成的连接脱落,又可避免连接裂纹、气泡造成的工艺不良,是一种永久性的连接方式。《哈尔滨铁路局志》曾记载在松花江铁路大桥的施工中,"施工现场支焦炭炉,铆钉烧红后迅速穿进桥梁螺孔,趁热用风枪或大锤将铆钉铆固"。

　　金属因优秀的力学属性而在桥梁工程设施中大放异彩,并在跨度、承重等方面显示出传统建筑材料无法比拟的优势,体现出较高的技术水平。但是,在这些光芒之下,中东铁路的桥梁金属材料也存在一些技术缺陷。首先,技术的革新已经推动金属产生了铸铁、熟铁、钢铁等多种工艺形式,铸铁＋熟铁或钢铁＋熟铁的"压拉组合"可以充分发挥材料的属性优势,但是 19 世纪 80 年代以后俄国对熟铁的禁用以及钢铁冶炼成本的高昂,使得铸铁成为唯一的材料选择,被大量应用在中东铁路工程设施和建筑结构中(铁轨除外)。铸铁材质硬脆,抗拉性能差,存在较大的安全隐患,欧洲各国早在 1850 年左右就先后限制了铸铁桥梁的建造,而俄国由于金属冶炼工艺尚未转型,钢铁产量较低,因而铸铁大行其道,其后果也是迅速而深刻的,如哈尔滨松花江铁路大桥和老少沟第二松花江铁路大桥在建成的第二年就出现裂缝问题,不得不频繁检修保养,其中第二松花江铁路大桥更是在建成 15 年之后就被迫更换了整个桥梁桁架。其次,铸铁的冶炼工艺也不够成熟,其中所含的杂质磷比较多,使铸铁更加硬脆,安全性降低,加之中国工匠对铆接工艺不甚了解,金属构件的连接质量也参差不齐,进一步造成了桥梁质量的下降。

3.3 钢筋混凝土的同步更新

　　1864 年,弗朗索瓦·科涅(François Coignet)带着自己的钢筋混凝土专利来到俄国,开启了俄国钢筋混凝土的探索发展之路。此后由于缺乏法律约束和规范引导,大批欧洲工程师和公司涌入俄国,将俄国视作钢筋混凝土结构的试验场,一时之间俄国钢筋混凝土结构乱象丛生。直到 1898 年俄国交通部工程委员会决定"在俄国部分本土和海外附属地的土木工程和道路建设中全面采用莫尼埃式钢筋混凝土结构",从国家层面确定了钢筋混凝土的技术主导形式,该决议也迅速影响到俄国控制的中东铁路地区,莫尼埃式钢筋混凝土就此成为中东铁路地区最早采用的钢筋混凝土结构形式。

3.3.1 水泥的运输与自产

3.3.1.1 俄国水泥材料的导入

　　英国人阿斯普丁(Joseph Asptin)在 1824 年注册波特兰水泥专利后,俄国人 E. 德里夫(Е. Делиев)也将黏土和石灰混合烧制,获得了水泥的制作方法。1856 年,德里夫在格罗兹德克成立了俄国的第一座波特兰水泥工厂。1866—1882 年,俄国又分别在里加(拉脱维亚)、舒洛罗夫(乌克兰顿涅茨克)、昆达(爱沙尼亚)、波多利斯克(莫斯科郊区)、新罗西斯克(黑海沿岸)成立了 5 座水泥工厂。到了 19 世纪 90 年代俄国已经成立了 36 家水泥工厂,年产水泥 3 850 万普特,而整个西伯利亚大铁路(包含中东铁路)铺设路基和铁路设施需要的水泥为 700 万普特左右,因此俄国的水泥产业完全有能力满足铁路建设的水泥需求,无需向欧美等国进行水泥采购。

从地理位置来看,俄国的水泥工厂基本可以分为欧俄地区工厂和远东的西伯利亚地区工厂 2 类,前者以圣彼得堡的格卢霍奥捷尔工厂为代表,其水泥生产技术成熟、成本较低,但是长距离的海路运输也使其价格攀升。该厂生产的水泥主要应用在中东铁路建设初期和南线的营口、大连等铁路港口城镇的建设,如在旅顺东鸡冠山堡垒的建造中,"所用水泥来自圣彼得堡,用 150 公斤的木桶封装,再由中国民工搬运上山"。而西伯利亚地区的水泥工厂系中西伯利亚铁路、环贝加尔铁路修建之后由俄国政府主导成立,其所生产的水泥在西伯利亚铁路全线通车之后运输至中国东北地区,以新罗西斯克的黑海股份公司为代表。远东地区的水泥工厂虽然具有区位运输方面的优势,但是其水泥生产成本较高,因而与欧俄地区水泥工厂相比并没有绝对的优势,生产的水泥主要应用在中东铁路东部濒临边境的城镇地区,应用对象也以永久性的建筑和设施为主。1904 年西伯利亚铁路全线通车之后,西伯利亚地区的水泥工厂因失去政策采购优势逐渐萧条,中东铁路建筑中所需的水泥开始向俄国远东边疆地区采购,以乌苏里铁路沿线的斯巴斯基水泥工厂为主,该工厂位于乌苏里铁路中部、靠近兴凯湖的斯帕斯克达利尼市,其生产的水泥可经乌苏里铁路、中东铁路东部线运输至哈尔滨。

虽然以水泥、钢筋为主要材料的钢筋混凝土材料有着明显的技术优势,但是考虑到俄国本土相对落后的水泥生产和有限的混凝土结构应用情况,中东铁路建设中,俄国并未考虑在铁路沿线投资建造水泥工厂,众多的钢筋混凝土建筑构件也只是对新技术的试探性应用,并没有探索深究的打算,其原因是多方面的。首先,俄国本土的钢筋混凝土结构技术存在不足,钢筋分布不当、钢筋与水泥之间连接不足、施工季节温度不适宜、混凝土养护缺乏、混凝土振捣不足导致空腔气泡较多等问题在俄国本土的混凝土施工中就无法解决,更别提远在千里之外的中东铁路;其次,现实条件不允许,混凝土的施工需要专业技术人员的指导,显然中国传统工匠并不具备混凝土施工的知识素养;最后,铁路及沿途建筑要求快速施工,混凝土的养护费工费时,而东北地域气候严寒,如何在低温下进行施工养护也是难以解决的问题。以上种种原因都限制了中东铁路沿线水泥工厂的投建。

3.3.1.2 南满水泥工厂的竞争

中东铁路沿线水泥材料的缺乏,除了自身原因外,还有外地水泥倾销带来的市场压力,主要以南满地区的水泥工厂为主。

日本的水泥生产工业起步很早,早在 1891—1897 年俄国修筑乌苏里铁路之时,所需的 63 447 桶水泥中就有约 1/20 来自日本,以浅野水泥工厂和小野田水泥工厂为主。日俄战争俄国失败之后,日本水泥工厂即到大连考察,拟投资建厂。1909 年小野田水泥会社大连工厂建造完成,年产水泥 3.3 万 t,1921 年一期扩建之后年产水泥达到 10.8 万 t。随后浅野、磐城、三井、三菱、丰国等日本水泥资本相继入驻,在鞍山、铁岭、本溪、丹东、辽阳、吉林、锦州、抚顺多地建设水泥工厂(表 3-8),及至 1923 年南满地区基本摆脱了对日本进口水泥的依赖,甚至在 1925 年开始反向出口日本,间接促进了钢筋混凝土结构的发展。同时南满的各水泥工厂还借助南满铁路及其支线实现了产地与市场的紧密化衔接,如小野田水泥主要沿南满铁路生产销售,浅野水泥主要沿京奉、沈吉铁路生产销售,磐城水泥主要沿安奉铁路生产销售,如此缜密的市场分布使得南满地区的水泥工厂极具竞争优势,并迅速向北满扩张倾销,如浅野水泥工厂就曾在哈尔滨面包街(现红专街)设有专门的水泥贩售商店,1927 年修建的西大直街铁路跨线桥采用了小野田水泥工厂所产水泥。

表 3-8 南满地区主要的水泥生产企业

编号	水泥生产企业	工厂	年产量(万 t)
1	关东州小野田洋灰制造株式会社	大连工厂	25
2	关东州小野田洋灰制造株式会社	鞍山工厂	13
3	关东州小野田洋灰制造株式会社	泉头工厂	16
4	关东州小野田洋灰制造株式会社	小屯工厂	15
5	关东州小野田洋灰制造株式会社	哈尔滨工厂	10
6	关东州小野田洋灰制造株式会社	牡丹江工厂	15
7	关东州小野田洋灰制造株式会社	庙街工厂	9
8	满洲磐城洋灰株式会社	本溪工厂	20
9	满洲磐城洋灰株式会社	本溪工厂分厂	17
10	满洲磐城洋灰株式会社	安东(丹东)工厂	18
11	满洲磐城洋灰株式会社	辽阳工厂	13
12	满洲浅野洋灰株式会社	吉林工厂	25
13	满洲浅野洋灰株式会社	锦州工厂	20
14	满洲浅野洋灰株式会社	抚顺工厂	30

南满地区除了发达缜密的水泥生产销售网络,水泥、混凝土的施工建造技术也是日本建筑师致力解决的问题。1924—1934 年,隶属于满洲建筑协会的众多建筑师和建筑组织如保田虎太郎、布施忠司、草野美男、桥本方广、南满冬季施工研究调

查委员会等相继深入探究混凝土的搅拌施工、梁板截面配筋设计、结构应力计算、冬季硬化措施等诸多技术难题,为混凝土结构的应用提供技术指引,因而整个南满地区的水泥、混凝土市场如火如荼。

与相邻的南满地区截然相反的是,以哈尔滨为中心的中东铁路沿线,这种新型材料结构的应用一直不温不火,除了铁路建设初期些许的探索尝试外,并未发生材料结构的技术变革。1917年俄国十月革命后,大批白俄移民涌入哈尔滨,掀起了城市建设的又一次高潮,商场、公共建筑的防火与跨度需求再一次刺激了钢筋混凝土结构的探索发展,水泥材料又变得紧俏,但是此时的中东铁路管理局已经丧失了水泥生产的先机,南满地区生产的水泥早已充斥了北满市场。伪满洲国成立后,苏联将中东铁路单方面卖给日本。1935年2月,由丰国水泥会社角田正乔开办、三井物产投资成立"哈尔滨洋灰公司",选址在哈尔滨道外区赵家油坊一带,其水泥生产所需的石灰石就地开采,燃料为鹤岗产煤炭,该公司成为北满地区唯一的水泥生产公司,实现了沿线水泥的自产。而此时的中东铁路地区,无论是水泥生产时间还是水泥产量,均已落后于多数国内近代开埠城市(表3-9),从而对钢筋混凝土结构乃至钢筋混凝土框架结构的发展造成了潜在的消极影响。

表3-9　中国近代主要的水泥工厂

时间	厂名	地点	商标	产权	年产量(万 t)
1886 年	青洲英泥厂	澳门,九龙	黑驴、青洲牌	英资	20.7
1889 年	启新洋灰公司	河北唐山	马牌	内资	30
1907 年	广州士敏土厂	广州	狮球牌	公营	3.5
1908 年	小野田大连支社	大连	龙牌	日资	25.9
1910 年	华记湖北水泥公司	湖北大冶	塔牌	内资	3.1
1917 年	山东水泥会社	青岛	虎头牌	德资	1.7
1920 年	上海华商水泥公司	上海龙华	象牌	内资	10
1921 年	中国水泥公司	南京龙潭	泰山牌	内资	27
1929 年	西村士敏土厂	广州	五羊牌	公营	21
1932 年	哈尔滨洋灰公司	哈尔滨	—	日资	15
1934 年	致敬洋灰厂	济南	车头牌	内资	1.7
1935 年	西北宝业洋灰厂	太原	狮头牌	公营	6
1935 年	大同洋灰吉林工厂	吉林	—	日资	11
1937 年	四川水泥厂	重庆	川牌	公营	4.5

3.3.2 钢筋混凝土结构的早期应用

虽然俄国在1898年就通过了全面采用莫尼埃式钢筋混凝土结构的决议,但是距离的遥远和时间的滞后使这项政策并没有对中东铁路沿线产生即刻的影响,铁路建设初期以不含钢筋的素混凝土结构为主。1901年左右,莫尼埃式钢筋混凝土才开始取代素混凝土结构,随后对桥梁设施、建筑梁板等结构产生积极的影响。

3.3.2.1 素混凝土在铁路建设初期的应用

早在1897年铁路动工之际,混凝土这种新型材料就被引入并迅速应用在一些铁路相关设施和重要的军事建筑当中。早期的混凝土结构以素混凝土为主,主要应用在集水池这一铁路工程设施中。集水池为机车提供蒸汽水源,多设在河流湖泊附近,集水之后通过管道与车站附近的汲水房连接,汲水房内设有水泵,通过加压将水抽出从而供蒸汽机车所用(图3-23)。

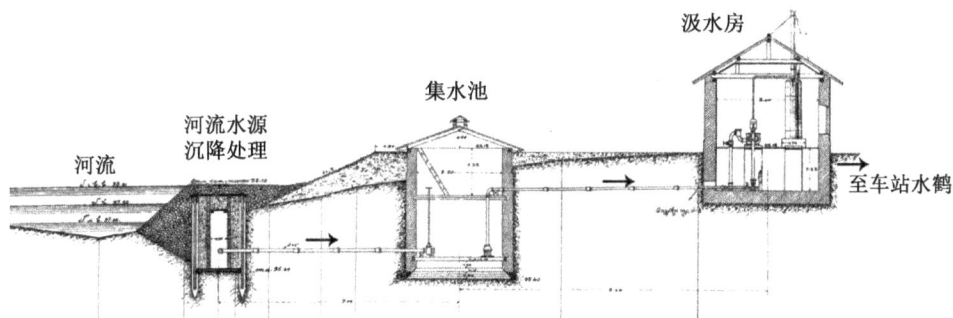

图3-23 机车供水流程示意

集水池在沿线所有的站舍中均有应用,容量有320 m³和485 m³两种尺寸规格,剖面为覆土状。从资料记载来看,覆土部分采用了石材和素混凝土两种材料:底部厚重采用石材支撑,拱顶纤薄采用混凝土覆盖,集水池内表面均为水泥抹灰,以防蓄水渗漏。从东线某集水池的施工图中可见:覆土形的木质肋板和底部的木板模架已经搭建完成,混凝土材料也正准备浇筑。素混凝土结构没有钢筋的拉结因而不能承受太大的荷载,覆土回填之后更是有倾覆坍塌的危险,正因为如此,多数集水池现在都已坍塌消失不见(图3-24)。

素混凝土还应用在了早期的军事设施中,以1900年始建的旅顺东鸡冠山堡垒为例,该堡垒系俄国工程师维利奇科在甲午战争清军防御工事的基础上重新设计而来。堡垒原有侧防暗堡、坑道、大门、军官室、弹药库、兵营、散兵壕等多处功能房间,现仅存俄兵宿舍、指挥部、暗堡3处,从残存现状来看,无论是墙体、屋面还是门窗过梁,均为素混凝土材料浇筑而成,并且为了降低水泥的用量,素混凝土为水泥、三合土、卵石混合而成,其中卵石粗骨料的比重极高,因而其外观呈土黄色。此外,素混凝土的施工也比较科学,约1m厚的拱顶为混凝土层层浇筑而成,可防止大体量混凝土浇筑散热过大造成开裂(图3-25)。集水池和东鸡冠山堡垒的建造表明,铁路建设初期对钢筋的拉结作用认识不清,新的结构材料还处于模糊探索状态。

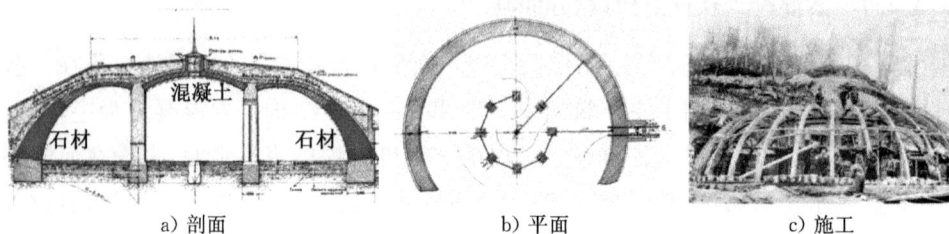

a) 剖面   b) 平面   c) 施工

图 3-24   485 m³ 集水池的设计和施工

a) 素混凝土的门窗过梁   b) 卵石占比极高的配比   c) 层层浇筑的屋顶

图 3-25   旅顺东鸡冠山堡垒现状

3.3.2.2   钢筋混凝土结构的应用

(1) 桥梁工程设施中的钢筋混凝土结构

中东铁路修筑之时,"工程以轨道铺设为第一优先……沿线所有桥梁、供水设施,多为临时性质",1901年东、西两线临时运营之后,中东铁路管理局即立刻着手临时桥梁的更换工程,其中不乏钢筋混凝土桥梁。从整体上看,钢筋混凝土桥梁更多地应用于中东铁路的南部支线,尤其是在大连—旅顺区间,这里水泥材料海运方便,气候湿润温和,比较适合钢筋混凝土桥梁的建造;而中东铁路干线则因气候更加严寒和交通运输不便,钢筋混凝土桥的数量相对较少,仅有10座,分别位于免渡河与乌奴耳之间(2座)、横道河子与山市之间(3座)、山市与海林之间(1座)、穆棱与马桥河之间(2座)以及细鳞河与绥芬河之间(2座)(图3-26)。

a) 以钢筋混凝土梁为支撑的钢筋混凝土桥

b) 以钢筋混凝土板为支撑的钢筋混凝土桥

c) 以钢筋混凝土拱顶为支撑的钢筋混凝土桥

图 3-26　中东铁路中的钢筋混凝土桥梁

　　受俄国交通部工程委员会的政策影响，中东铁路的钢筋混凝土桥梁也都采用了莫尼埃式钢筋混凝土。莫尼埃式钢筋混凝土是法国园丁约瑟夫·莫尼埃（Joseph Monier）发明的，他通过将铁丝网和混凝土组合在一起，提高钢筋混凝土的抗压强度，并在 1867—1878 年申请了一系列钢筋混凝土桥梁、面板、管道的专利。1884 年，德国工程师 G. A. 瓦伊斯（Gustav Adolf Wayss）收购了莫尼埃的专利，并进行了技术改良（图 3-27），瓦伊斯以自己多年的钢筋混凝土探索经验编纂出《莫尼埃手册》，它在很长一段时间内成为德国钢筋混凝土施工的唯一标准。1890 年，瓦伊斯与俄国钢筋混凝土探索的先驱——July Hook 公司合伙在圣彼得堡成立"混凝土及相关建筑联合公司"，并在俄国铁路工程师学会的参与下共同进行钢筋混凝土结构的施工试验，因而对俄国钢筋混凝土结构的发展产生了深远的影响，以至于瓦伊斯的莫尼埃式钢筋混凝土在俄国几乎成为钢筋混凝土的代名词，因此 1898 年俄国交通部工程委员会选择莫尼埃式钢筋混凝土也就不足为奇。随后，

1908 年第 11 届俄国水泥制造商和工程师大会上,通过了以 1904 年德国钢筋混凝土标准(也就是瓦伊斯的标准)作为俄国钢筋混凝土临时标准的决议,莫尼埃式钢筋混凝土因此在俄国展现出极强的影响力,并直接影响到中东铁路沿线地区。

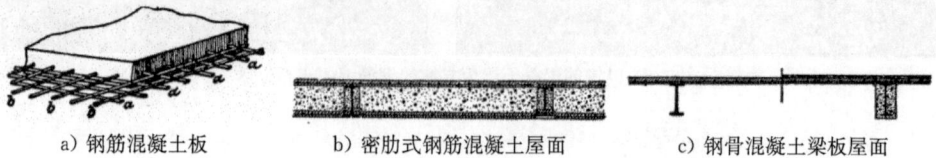

| a) 钢筋混凝土板 | b) 密肋式钢筋混凝土屋面 | c) 钢骨混凝土梁板屋面 |

图 3-27　G. A. 瓦伊斯改良之后的莫尼埃式钢筋混凝土专利

从实际建造情况来看,中东铁路的钢筋混凝土桥有钢筋混凝土梁支撑、钢筋混凝土板支撑、钢筋混凝土拱顶支撑 3 种结构形态,第一种主要出现在哈尔滨—大连的南部支线中(图 3-26a),中东铁路干线的钢筋混凝土桥则以后两种结构形态为主(图 3-26b、c)。

以钢筋混凝土板为支撑的钢筋混凝土桥,其跨度较小,单跨有 2.1、4.2 和 6.3 m 3 种跨度规格,分别采用了不同的配筋形式。跨度 2.1 m 的桥,钢筋混凝土板厚 0.3 m,由纵横交叉的受力筋和分布筋形成 0.15 m×0.15 m 的钢筋网,钢筋网置于板的截面底部,以充分发挥抗拉性能;跨度 4.2 m 的钢筋混凝土桥,则采用了两种配筋形式,一种是纵横筋组成 0.09 m×0.09 m 的钢筋网,另一种是间距 0.5 m 排布的 5 根铁轨的"梅兰式配筋",此外钢筋混凝土板设计成"预应力"的形式——中间核心受力部分较厚、两侧支撑部分较薄——以充分发挥钢筋混凝土的抗压性能;最后,跨度为 6.3 m 的钢筋混凝土桥,采用 7 根受力铁轨,钢轨间距 0.35 m,混凝土同样为"预应力"形式的截面形状(表 3-10)。

以钢筋混凝土拱顶为支撑的钢筋混凝土桥,其外观与传统的石拱桥较为相似,但是其支撑的拱顶却采用了与俄国卡斯拉格河大桥(跨度 30.73 m)相同的梅兰配筋形式,即以弯曲的铁轨或工字钢作为金属支撑,表面浇筑混凝土拱顶,同时两侧贴石材装饰。采用梅兰式配筋的钢筋混凝土桥跨度较大,单跨有 10.7 m、12.8 m、21.3 m 三种跨度规格,如东线的穆棱河铁路大桥(单跨 10.7 m,10 跨)、马桥河铁路大桥(单跨 12.8 m,7 跨)、细鳞河铁路大桥(单跨 21.3 m,5 跨)等都采用了梅兰式配筋的钢筋混凝土结构。

从桥梁的结构跨度与应用分析可知,钢筋混凝土桥的设计建造十分严谨,不仅使用了矩形、弧形的截面以充分发挥钢筋的抗拉优势,并且采用了莫尼埃与梅兰两种配筋形式,以保证不同桥梁跨度结构的稳定。但遗憾的是,几乎所有的钢筋混凝土桥梁的外观都刻意模仿石材的錾凿工艺,结构理性被掩盖,表明新的结构材料还没有被大众接受。

表 3-10　小型钢筋混凝土桥的设计及配筋

跨度	设计图纸	截面及配筋
2.1 m		
4.2 m		
6.3 m		

(2) 钢筋混凝土应用向建筑工程的转移

1904 年,铁路铺设完成,大规模的城市建设开始,莫尼埃式混凝土开始从铁路工程设施向建筑结构转移,并凭借其跨度大、防潮、防火的技术优势广泛应用在各类建筑中。中东铁路近代建筑中的莫尼埃式钢筋混凝土应用以各类楼板为主,并且与铁轨、钢筋结合,模仿早期砖材与铁轨组合的"波形拱板"结构。以横道河子铁路浴池为例,其建于 1906 年,考虑到防潮需求,它的一层地面采用了"钢筋混凝土板+密肋铁轨"的组合结构,从残损现状来看,铁轨间距 1 m 左右,中间浇筑钢筋混凝土板,内嵌十字交叉的网格钢筋,钢筋尽端向上弯折,以增强与混凝土的连接;混凝土板中石灰、卵石骨料的比重较大,以节约水泥用量,底部带有明显的支模痕迹,表明其采用的是现浇工艺。除横道河子铁路浴池外,莫尼埃式钢筋混凝土还应用在了中东铁路管理局、德惠教会学校、满洲里站北仓库、苇河站冰窖等建筑中。值得一提的是,这些混凝土中所用钢筋标号比较混乱,容易造成钢筋拉结能力不足,如新南沟的铁路浴池屋顶,就因所用钢筋过于纤细而导致混凝土板倾覆,屋面坍塌。

a) 横道河子铁路浴池一层地面　　b) 德惠教会学校室外阳台　　c) 满洲里站北仓库一层地面
（钢筋裸露）　　　　　　　　（钢筋裸露）

图 3-28　"钢筋混凝土板＋密肋铁轨"的楼板结构应用

　　除了应用在楼板之中，莫尼埃式钢筋混凝土还被应用于建筑屋面，以各类扇形机车库为主，并且显现出一定的技术创新。如横道河子机车库，15 个拱形屋面呈放射状分布，拱形屋面最窄处 5.1 m，最宽处 7.5 m，矢高 1.2 m。为了满足屋面大跨度的结构需求，其内部配筋也比常见的莫尼埃式稍显复杂。首先，受力筋和分布筋不再是传统的圆形截面，而是 5 mm×10 mm 的矩形截面钢板，受力钢板弯折成拱形，按照 0.6 m 的间距布置，分布钢板与受力钢板垂直，共计 3 根，分别位于中间拱顶和两侧的 1/4 处，受力钢板和分布钢板之间铆接固定，由此形成 0.6 m×1.6 m 的屋面钢筋网；其次，于钢筋网之上敷设与分布筋同长、直径 25 mm 的二级分布筋；最后，浇筑混凝土形成拱形屋面（图 3-29）。与同时期的其他钢筋混凝土一样，为了节约水泥用量，横道河子机车库的屋面中石灰、卵石等粗骨料占比也较高，因而外观呈明显的灰白色。

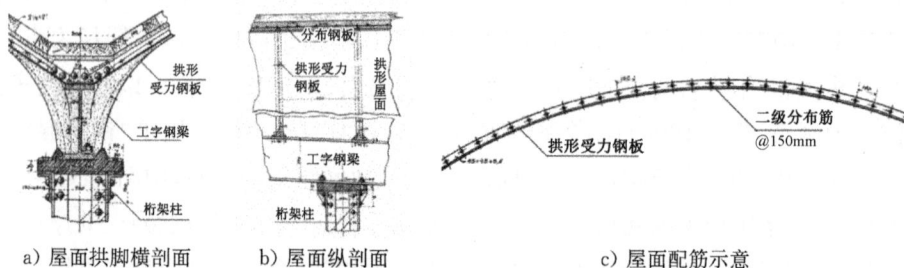

a) 屋面拱脚横剖面　　　b) 屋面纵剖面　　　　　　c) 屋面配筋示意

图 3-29　横道河子机车库钢筋混凝土屋面

　　在莫尼埃式钢筋混凝土体系中，还有一类特殊的"钢骨混凝土梁"（图 3-27c），通过在工字钢、铁轨外侧包裹混凝土保护层，解决了钢材的防火难题，并且相对纤细，可实现更大的跨度，在近代的广东、上海等地均有应用。中东铁路中的钢骨混凝土梁一般只用作楼面梁、楼梯梁，如 1906 年火灾后重修的中东铁路管理局、横道河子大白楼等都采用了这种结构形式。

随着莫尼埃式钢筋混凝土在楼板、屋面、阳台等部位的大范围应用,其施工工艺也从早期的现浇向预制转变,混凝土的施工趋于预制化、装配化,如建于1910年左右的安达铁路俱乐部,其钢筋混凝土的楼梯、窗台板均是由"阿切尔涅茨尼伊钢筋混凝土工厂"预制生产而成,钢筋混凝土的生产和施工建造都趋于成熟完备。但需要指出的是,早期的素混凝土材料并没有消亡,转而通过增加结构厚度来提高其抗压强度,如1904年的富拉尔基嫩江铁路桥头碉堡、1916年的哈尔滨松花江铁路桥头碉堡暗道等,采用的都是"密肋钢轨＋素混凝土"的结构形式,钢轨密肋间距仅为30 cm左右,素混凝土厚度可达40 cm,结构、技术均十分不合理。素混凝土和钢筋混凝土同时存在这一现象表明,中东铁路近代建筑还存在着新结构技术应用的地域性差异,而这也间接影响了钢筋混凝土结构的大范围应用。

本章以建筑材料为焦点,探讨了传统的砖、石、木材料和新型的金属、钢筋混凝土材料在中东铁路工程设施和附属建筑中的应用和规律,主要结论如下:

(1)传统建筑材料的应用具有区位性互补特征。砖材这类人工建筑材料多应用在昂昂溪至一面坡的中部松嫩平原地区,这一地区地势平坦、铁路通车较早并且紧邻中东铁路的唯一砖材供应商顾乡屯砖厂,因而砖材建筑在现存遗产中占据了较高的比例。石材、木材等自然材料则更多地应用在西部大兴安岭高原和东部长白山余脉地区,资源的储备优势促使这类材料在该地广泛应用,人工材料和自然材料构成了相互补充的应用特征。

(2)金属材料技术趋于成熟,成为铁路建筑及工程设施的重要结构材料。得益于俄国本土悠久成熟且定型规范的金属结构技术,中东铁路时期的金属结构在跨度、形式、连接等多个方面均达到了高度成熟的应用水平,并广泛应用于建筑结构、屋架、桥梁等多个领域,尤其是金属桥梁的占比已经高达61%,具有鲜明的时代属性。但是其材料以铸铁为主,其硬脆的材料属性相对难以适应严寒的东北环境,成为影响后期结构稳定的重要因素。

(3)钢筋混凝土技术在摸索中曲折行进。俄国本土水泥的长距离运输和相邻南满铁路水泥工厂的竞争,都导致了中东铁路相关的钢筋混凝土结构设施应用较少,并且在俄国政策的规定下普遍采用了莫尼埃式的配筋结构,虽然在材料组合、跨度等方面进行了积极的尝试探索,但在配件尺寸、施工建造、骨料配比等方面仍存在着大量不合理的应用现象。

4 中东铁路近代建筑的结构技术

中东铁路近代建筑的结构技术,与国内其他地区的近代建筑一样也遵循着从传统砖混结构向砖混内框架结构,再向钢筋混凝土框架结构的转变流程。但是,由于诸多因素的影响,中东铁路近代建筑的结构转变具有明显的地域特征,表现在砖混结构及过渡的砖混内框架、砖混钢骨混凝土结构在时间空间范围上的超长超广应用,以及钢筋混凝土框架结构的间断应用和二次发展,其结果就是在砖混结构的技术排挤之下,钢筋混凝土框架结构的技术探索逐渐被压缩束缚,甚至造成了东北地域在中国近代建筑结构演进中的技术缺席,并对随后建筑结构技术的发展演进产生了深远的影响。本章将对中东铁路近代建筑的三种结构形式进行分析,并揭示独特结构演进规律下的结构表现和影响因素。

4.1 砖混结构的引入与发展

中东铁路修筑之前,东北的传统城市以海拉尔、齐齐哈尔、呼兰、阿城、双城等地为主,建筑普遍为传统抬梁式屋架融合"檩枋"的地域做法、灰色仰瓦和清水砖墙的外观形象,建筑技术与中原文化核心区并无太大区别。中东铁路修筑之后,以三角屋架、砌筑墙体、梁板楼面为技术特征的砖混结构开始在中东铁路沿线城镇传播,并且凭借其成熟的材料供给、适应性强的构筑做法和包容的材料组合而在沿线广为应用。即使新的建筑材料和结构出现之后,其也能与砖混结构组合产生优良的过渡结构形式,砖混结构显示出极强的生命力。

4.1.1 墙体构筑技术

中东铁路自西向东水平穿越1 480 km,从平原到山脉竖向高差900 m,沿途高原、山地、沼泽、平原应有尽有,造成了建筑材料的多样和时间、空间分布的不均,但基本上仍以砖、石、木三种材料为主。1902年后中国筑路工人数量激增,大量临时简易的土坯集体住宅开始兴建,新的建筑材料开始应用,从而产生了砖、石、木材料为主,土坯为辅的材料应用局面。

4.1.1.1 砖材墙体构筑技术

中东铁路现存建筑遗产单体1 442栋,采用砖墙(不含砖石混用)的建筑866栋,占比60%,可见砖墙是全线应用最多的墙体形式。

由于手工砖生产的误差和不同历史时期砖材尺寸的差异,中东铁路近代建筑中砖墙厚度变化较大,基本上有一砖半(约420 mm)、两砖(约560 mm)、两砖半(约700 mm)、三砖(约840 mm)、三砖半(约960 mm)五种尺寸规格,考虑到建筑的功能、层数和防寒等方面需求,两砖半、三砖和三砖半的厚度较为常见,也有一些极寒地区如博克图等地会采用四砖的厚度,但是数量较少。砖材墙体中砖材的砌筑工艺,按照砖材的码放顺序可以从横向砌筑和纵向砌筑两个方面进行分析。

(1)砖材的横向砌筑工艺

砖材的横向砌筑,即水平方向的层叠方式,主要有交替砌法、英式砌法两种,鉴于其中砍砖尺寸的不同,每种做法又有细微的差别。各种砌法的介绍如表4-1所示。

表4-1 砖墙横向砌筑工艺及应用

砌筑工艺	图示	应用实例	应用部位
交替砌法	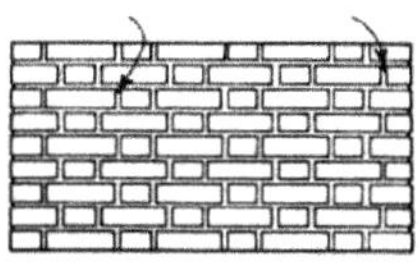	 	墙体、勒脚、扶壁、女儿墙
英式砌法	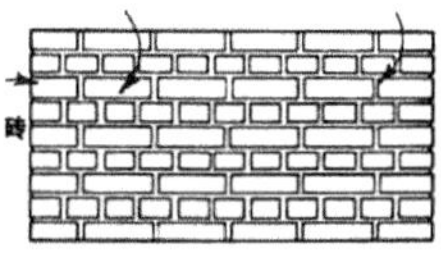	 	墙体、勒脚、扶壁、女儿墙
美式砌法	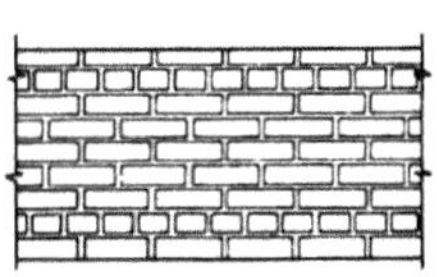	 	墙体

砌筑工艺	图示	应用实例	应用部位
全顺砌法	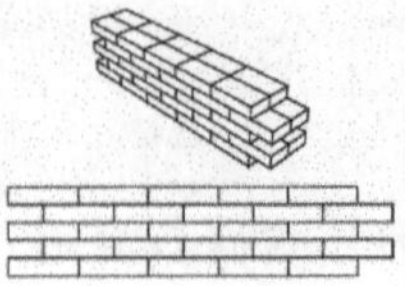	 	转角禺石
全丁砌法			壁柱、圆柱

交替砌法,也称弗兰芒砌法,每皮砖均为一横一纵,即我们常说的一顺一丁,上下皮砖之间错缝1/4砖长。根据砍砖尺寸和做法,又有两处细节上的不同,其中一种在墙体转角、门窗洞口处最后一块丁砖之前砌一女王收口砖用于墙角找齐;另外一种做法是直接将墙体尽端的顺砖砍为七分砖以找齐,中国称之为"梅花丁",这种做法由于破坏了砖的釉面而容易影响砖的寿命,在现存遗产中,七分砖的应用要广于女王收口砖。交替砌法的砖每皮上下错开,灰缝整体性较好,墙体比较美观,但是每皮都需要纵横砌筑,因而影响施工速度。

英式砌法,采用一皮顺砖一皮丁砖的砌筑方法,即"满丁满条",上下皮之间错缝1/4砖长。同样根据砍砖工艺和做法的不同有女王收口砖和七分砖两种做法形式。英式砌法可以砌出十字花纹,故而也称英式十字砌法,施工中错缝搭接,整体牢靠。丁顺砌筑易于施工,但是对砖的要求较高,需要采用机制砖,因而更多地出现在中东铁路建设的后期,尤其是1928年苏联砖材尺寸改变之后,中东铁路沿线兴建的建筑几乎都采用了英式砌法。

除交替砌法和英式砌法外,中东铁路沿线还有少量建筑采用了美式砌法、全顺砌法和全丁砌法。美式砌法采用每隔2~5皮顺砖砌一皮丁砖的做法,上下皮之间搭接1/2砖长,在中国,常用做法为"三顺一丁"。美式砌法砍砖较少,因而工效很高。这种砌法更多地应用在南满地区,在中东铁路中仅有两处应用,分别是西部赫尔洪德和成吉思汗的两栋住宅,其原因可能是这两处住宅建造时间正处于伪满洲国成立之初,因此使用了南满地区中比较常用的美式砌法。全顺砌法和全丁砌法即墙体全部使用顺砖或丁砖砌筑,其应用案例更少,并且仅应用在了转角禺石、壁柱等局部部位。

　　在各类砌筑工艺中,以交替砌法和英式砌法占绝大多数,美式砌法、全顺砌法、全丁砌法更多的是作为前两种做法的补充,出现在檐下、转角等局部部位。在调研的 576 栋遗产单体中,280 栋采用交替砌法,280 栋采用英式砌法,可见两种砌法的使用没有具体的偏好,但是在分布上有着明显的特征:英式砌法以从尚志到绥芬河的东部地区居多,尤其是横道河子—绥芬河区间,全部采用英式砌法,几乎不见交替砌法,显示出该区间对英式砌法的偏好;而交替砌法则出现在从安达到博克图的中西部地区,如博克图现存遗产中交替砌法占比为 97%、富拉尔基为 70%、昂昂溪为 91%、安达为 82%,反映出这些地区对交替砌法的使用偏好(图 4-1)。

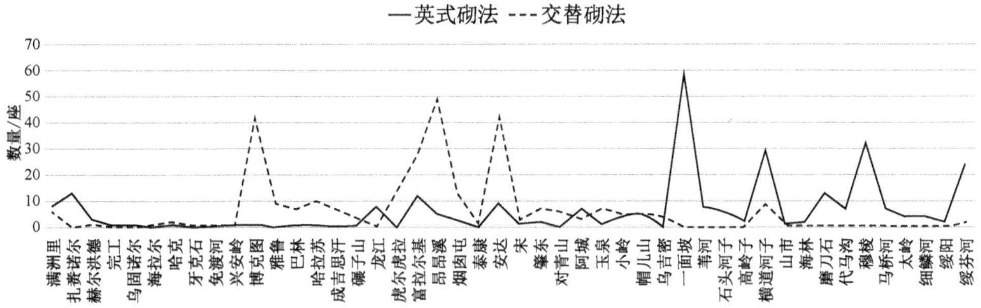

图 4-1　中东铁路沿线主要地区砖材建筑砌法数量

　　最后需要指出的是,由于窗间墙长度、线脚装饰、工人喜好等方面的影响,中东铁路近代建筑中砖材的砌筑工艺并不纯粹,多种砌筑方式混合使用的情况时有发生,如采用交替或英式砌法的墙体会在山花、檐下等局部部位融合美式砌法或全顺砌法,形成以某种砌法为主、其他砌法为辅的混合砌筑工艺。另外,中东铁路近代建筑中还出现了 16 处纵墙使用交替砌法、山墙使用英式砌法的实例,集中出现在西部的博克图附近。这些都表明砖材墙体的砌筑工艺没有具体的要求,更多的是出于工匠的偏好和对技术的随意组合。

(2) 砖材的竖向砌筑工艺

　　砖材的竖向砌筑主要应用在墙体的拱券、线脚、屋檐等局部部位,常见的砌筑工艺有马莲对、狗子咬、甃砖、立接、侧立接、犬齿侧立接等,其工艺和应用如表 4-2 所示。

　　事实上,在中东铁路近代建筑的砖材墙体中,因施工原因造成的工艺创新十分多变,一些特殊部位的需求也使得砖材在打磨、切分之后成为尺寸形状均不规则的砍磨砖,大致上可以分为异形砖、劈砍砖、车辆砖、八字砖、杂料砖、斗形砖、扇面砖 7 种,其应用如表 4-3 所示。值得一提的是,砍磨砖对砖材原本紧密的釉面造成了破坏,空气、水分极易侵入砖材内部产生冻融破坏,因此砍磨砖与标准砖相比寿命较短。

表4-2　砖墙竖向砌筑工艺及应用

砌筑工艺	图示	应用实例		应用部位
马莲对	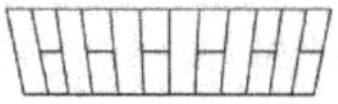	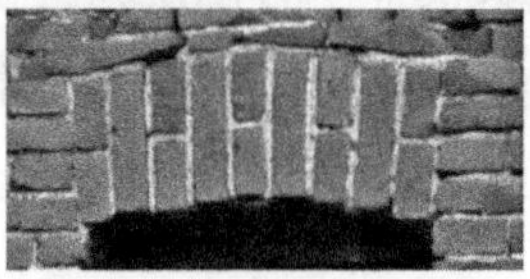 兴安岭站职工住宅	 富拉尔基站职工住宅	山墙透气窗拱券、水塔瞭望口拱券、门斗入口拱券
狗子咬	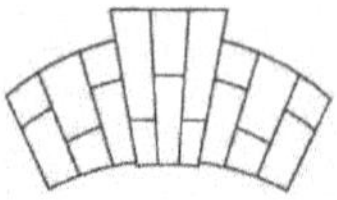	 满洲里站北机车库	 扎赉诺尔站职工住宅	墙身门窗拱券、墙脚透气小窗拱券
鳖砖	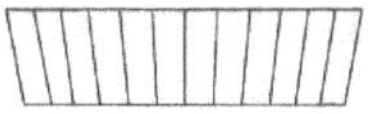	 昂昂溪站职工住宅	 代马沟职工住宅	墙身窗户拱券、山墙透气窗拱券
立接	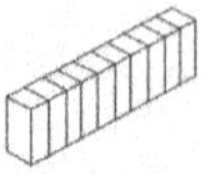	 绥芬河站职工住宅	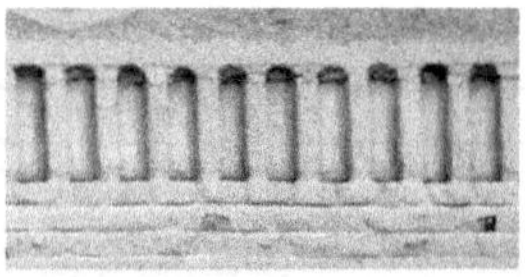 绥阳站职工住宅	山墙腰线、檐下装饰
侧立接	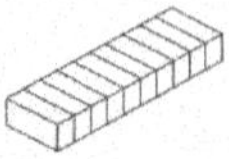	 博克图站铁路学校食堂	 宋站站长住宅	山墙腰线、檐下装饰
犬齿侧立接		 扎赉诺尔站职工住宅	 博克图站铁路住宅	山墙腰线、窗下装饰

表 4-3　砍磨砖类型及应用

类型	图示	应用实例		砍磨工艺
异形砖	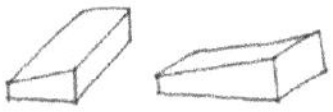	 小岭站职工住宅	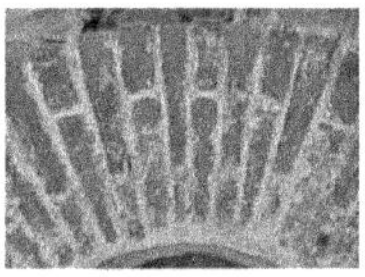 平山站职工住宅	以拱券的楔形砖常见，两个顺面砍磨成为"包灰"，工艺水平较高
劈砍砖	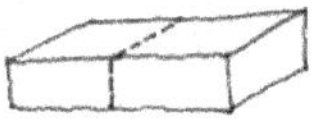	 磨刀石站职工住宅	 满洲里站铁路住宅	以合脚砖常见，任意角度、形状砍磨，工艺简单
车辋砖	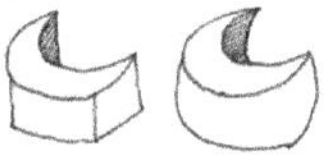	 昂昂溪站铁路住宅	 安达站俱乐部	砖材带有一定弧度，常用于壁柱装饰
八字砖	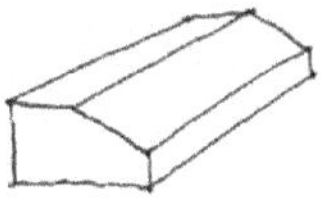	 庙台子站职工住宅	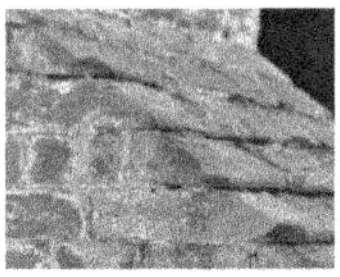 横道河子机车库	砖材的一角或两角砍磨成为转头肋，多用于窗台板或线脚装饰
杂料砖	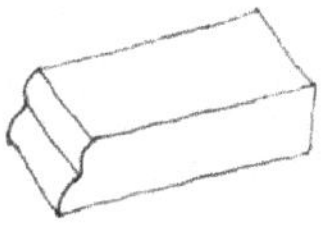	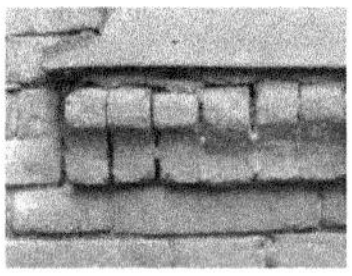 阿城站职工住宅	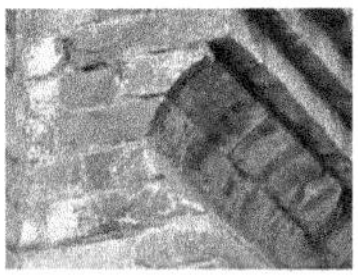 昂昂溪站机车库	呈曲线或曲直结合，多用于檐下叠涩、线脚
斗形砖	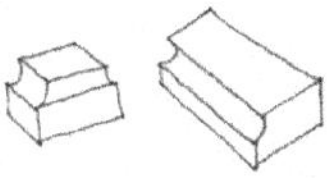	 绥芬河站教堂	 富拉尔基站疗养院	砖材呈上小下大的斗形外观，以三角棱形多见
扇面砖	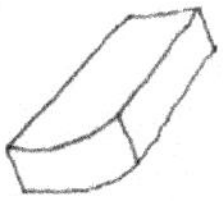	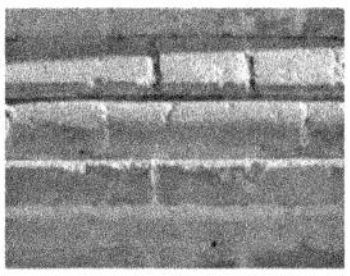 昂昂溪站铁路住宅	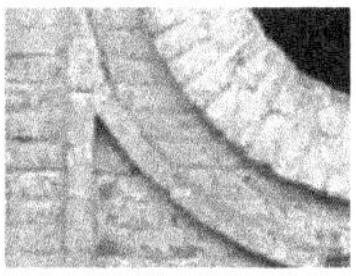 博克图站职工住宅	曲面形状，常用于墙身线脚的最底层

4.1.1.2 石材墙体构筑技术

前文已述,石材墙体更多的是应用在中东铁路建设初期和一些建材缺乏之地,应用对象也以军事、工业类建筑为主,以塑造冷峻不易近人的外观形象。所用石材基本以石灰岩为主,并有不加工、粗加工和精加工三种加工工艺。

不加工的石材一般是取材自然毛石或者是石材加工剩余的边角余料,石材组合凌乱没有规律,更多的是通过砂浆与石材的混合来塑造墙体的稳定形态,这类墙体石材变化差异较大,砂浆砌缝厚重粗糙,只能满足基本的围护承重而毫无审美可言,因此在中东铁路近代建筑中应用较少,更多的是作为院落围墙或者是山墙的檐下三角使用。与自然的毛石相比,粗加工石材经过了初期的錾凿加工,拥有了相对平整的表面,但是形状和尺寸仍然极不规则,其墙体砂浆砌缝厚重且凌乱,虽然较之毛石墙体,其粗糙原始气息已经明显降低,但是墙体质感依然凌乱没有秩序。在砌筑工艺上,将石材相对平整的一面朝外,另一侧仍然以天然碎石填充,这类石材墙体能够在经济性与审美性上取得平衡,因而成为中东铁路沿线最常见的石墙砌筑形式。精加工之后的石材经过了糙道、细道的磨平工艺,其表面更加细腻平整,尺寸规格也趋于统一,石材之间的组合注重磨石对缝,并且能够形成冰裂、蜂窝、规整等多种肌理形态,能够营造精致典雅的审美效果,多应用于等级较高的行政办公建筑当中(表4-4)。

表4-4 中东铁路石材墙体砌筑形态

石材	墙体剖面示意	应用实例		应用部位
不加工石材		山市站工区围墙	代马沟站职工住宅	院落围墙、山墙檐下三角墙体、小型建筑墙体
粗加工石材		山底站职工住宅	代马沟站铁路仓库	建筑墙体、基础、扶壁

石材	墙体剖面示意	应用实例		应用部位
精加工石材		中东铁路管理局	代马沟站铁路工区	建筑墙体、禺石、壁柱、拱券

在石材墙体的施工建造中,考虑到墙体转角、门窗洞口、三角山花等处石材錾凿复杂,因此这些节点普遍使用砖材代替,以减少石材加工量、加快施工速度,由此形成了石材为主、砖材为辅的砖石混合墙面,墙厚也以 700 mm、840 mm、960 mm比较多见。石、砖之间的连接以"马牙槎"居多,通过材料的彼此错缝以保证墙体的稳固。石、砖材料的混合有时会达到意想不到的装饰效果,如当窗间墙较小时,原本的石材墙体变成了砖墙中嵌入的石块,达到了"图底反转"的效果。此外,还有一些建筑为了形成立面装饰的效果而将石、砖混用,此时的墙体变成了不同材料的水平叠合,如满洲里的某住宅墙体和水塔入口贴脸,就采用每隔 4 皮砖置 1 石材的方法,塑造了全新的立面效果(图 4-2)。

图 4-2　石、砖混用的墙体形式

4.1.1.3　木材墙体构筑技术

木材墙体按照其构筑工艺的不同,可以分为木刻楞墙体和板夹墙体 2 类。

(1)木刻楞墙体

木刻楞墙体以圆木、方木为基本材料,通过木材的上下叠垒而成,构造类似中国传统的井干式住宅,应用对象以教堂、住宅、仓库为主(表 4-5)。

木材的上下连接是墙体构造的重点,其构造方式为:原木去皮修整之后砍斫为直径 200 mm 的圆木或相似尺寸的方木,木材两端处理为碗口榫头或燕尾榫头,然后将木材沿墙体轮廓逐层上下码放,榫卯的结构处理使得纵横木材之间的搭接极为牢固,同时在上下木材之间以毛毡、黏土嵌缝以提高防寒性能,错缝钉入木楔以加强木材稳固,由此形成坚实可靠的墙体,最后表面刷涂油漆防腐。木材外墙与内墙之间的连接同样采用榫卯连接,内墙犹如锁链一样将两侧墙体连接在一起,由此形成极为坚实可靠的内外墙体结构。木刻楞墙体采用的圆木、方木既可直接裸露,形成粗犷原始的立面,也可采用木板拼贴,纵横交织的木板纹理产生对比精致的立面审美,从而形成了不同的视觉效果。

表4-5 木刻楞墙体构造及应用

连接方式		构造示意	应用实例	
上下纵横之间的连接	碗口榫	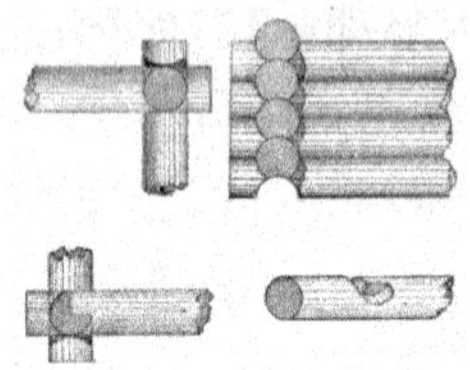	 扎赉诺尔站职工住宅	 博克图站职工住宅
	燕尾榫	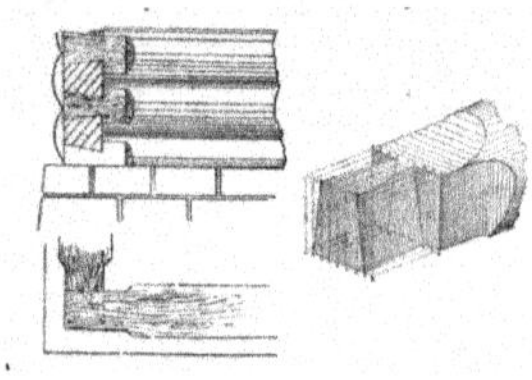	 一面坡站面包房	 扎赉诺尔站职工住宅
外墙与内墙的连接		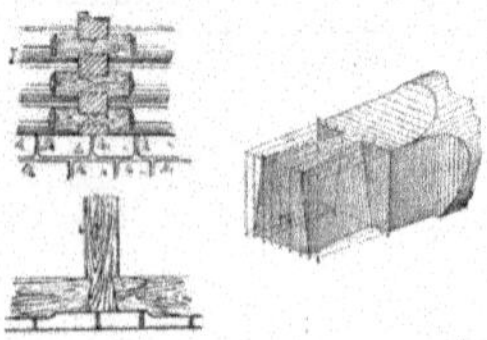	 满洲里站职工住宅	 扎赉诺尔站职工住宅

(2)板夹墙体

除常见的木刻楞墙体外,中东铁路近代建筑中还有一些夹心式的板夹墙体,其构造方式为:沿墙体轮廓线布置若干与墙同厚的竖向木柱,木柱之间连接内外2道板材,板材之间填充锯末、碎砖的混合物。锯末的加入使得板夹墙体的保温防寒性能得以提升,但是其结构承重却有所下降,因此板夹墙体多应用于体量较小或屋面荷载较小的建筑中,更多的是作为砖混建筑的内墙使用,此时内部不填充任何材料而形成中空墙体,仅起划分空间的作用(图4-3)。板夹墙体构造简单、施工快速,适用于审美要求不高的简单住宅,在中东铁路建设初期和 1902 年哈尔滨疫病暴发之时曾大量修建,以满足工人和病人的快速使用需求。

a) 构造示意   b) 板夹墙体住宅,哈尔滨   c) 板夹墙体内墙,高家站

图 4-3 板夹墙体的构造及应用

　　木刻楞墙体和板夹墙体是中东铁路沿线应用最为广泛的木材墙体形式,此外还有一些简易的木材墙体形式,有的是将圆木半劈之后上下叠垒,有的则是在木柱中间开槽插入围护木板,这些简易的木材墙体多应用在仓房、厕所、开水房等小型设施中(图 4-4)。

图 4-4 简易附属设施中木材墙体的应用

4.1.1.4　土坯墙体构筑技术

　　土坯墙体模仿了东北地域农村住宅的外墙构造,主要用于建造临时性住宅供中俄两国工人使用,有时也用于临时铁路设施,如机车库等。

　　土坯墙体构造融合了东北地域的木骨泥墙和土夯筑墙做法,它以竖向木柱作为墙体骨架,两侧布置夯筑模板,中间填充黏土后逐层夯筑而成。以中国工人居住的土坯住宅为例,土坯墙厚 420 mm,木材龙骨彼此间距 1.1 m,平面以"卧室＋厨房"为基本单元,既可"一"字型排布形成 6 居户的普通土坯住宅,也可纵横组合形成 10 间容纳 180 人的集体宿舍,在建筑外侧甚至设计了坐地烟囱这一东北民居的典型标志。供俄国人居住的临时性住宅则稍微考究,墙厚增至 840 mm,保温和防寒性能均有所提升,同时采暖采用俄国人常用的壁炉而不再是简易的土炕,最后在门窗洞口、建筑转角等部位以砖材包边,在保护土坯的同时立面也较为美观(图 4-5)。

土坯墙体以木骨泥墙和坐地烟囱为构筑特色,反映出对东北地域文化的尊重和利用。但土坯墙体容易受气候环境的影响,建筑寿命不长,因而将其用作临时性的建筑,也体现了对于材料的物尽其用。

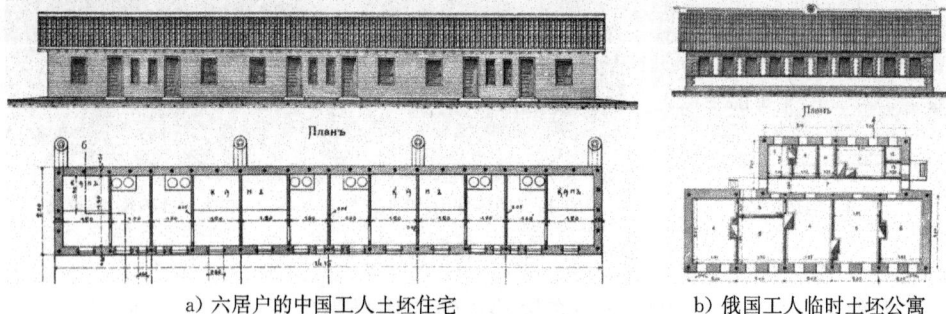

a) 六居户的中国工人土坯住宅　　　　　b) 俄国工人临时土坯公寓

图 4-5　临时性土坯墙体建筑示意

4.1.2　楼面构筑技术

中东铁路近代建筑中,砖混建筑的楼面普遍采用传统的梁板承重结构,钢材、混凝土等新型材料引入之后,也开始介入楼层承重,形成了过渡时期的钢骨承重结构,以满足建筑的跨度、防火、防潮等方面的需求。

4.1.2.1　传统的梁板结构楼面

梁板结构楼面是中东铁路近代建筑中比较常见的楼面结构,其构造表现为木制主梁与木制次梁共同承担木板楼面的结构。这种主次梁结构的楼板仅应用在一些大型的砖混建筑中,如阿城糖厂厂房、满洲里兵营等,在实际应用中以简单的"木梁+木楼板"结构更为常见。木梁间距多在 2.1 m 左右、截面尺寸 270 mm×170 mm,上覆承重板组成建筑楼面,承重梁下多钉木质吊顶,以满足美观需求。当楼面所受荷载较大或者应用在多层建筑中时,木梁彼此间距仅为 1 m,形成密肋梁板结构,如中东铁路商务学堂。

基于保温、跨度等方面的考虑,梁板结构会进行结构调整,形成了若干种衍生楼面形式。常见的是将原有的方木梁加工砍斫为"花篮梁",分别在相邻花篮梁的"牛腿"、上沿铺设木板,木板之间填充锯末等保温材料,多应用在有地下室的一层地面中;还有一类分别在方木梁的顶部、中间和底部架设 3 层木板,底部木板起吊顶装饰之用,上层木板作为结构层承受楼面荷载,上、中层木板间填充锯末、碎砖保温,这种楼面结构兼顾了承重、保温、美观等多方面的需求,在中东铁路的多层建筑中应用较多,如横道河子铁路治安所的二层地面就采用了这种楼层结构。

另外,中东铁路近代建筑中,一些木质梁板与新型的金属材料结合,产生了特殊的钢木梁板,但是应用非常有限。它将铁轨或工字钢锻造成"⌒"形,彼此串联形成类似连续券的结构,其上承托木梁。如阿城的护路军兵营,其方木梁下以"⌒"形的钢轨承托,多个承托钢轨形成了类似连续券的外观形态,这种楼层结构没有发挥钢材的抗压优势,结构逻辑不合理,且非常浪费钢材,因而应用非常有限(表4-6)。

从对中东铁路近代建筑的调研情况来看,其梁板楼面的施工非常多样,承重梁既可由外墙承托,也可由外墙、内墙共同承托;同一建筑的承重梁之间即可平行布置,也可垂直交叉布置,没有具体的规律可循。承重梁与木屋架之间关系混乱,既有相互平行以便传递荷载,亦有相互垂直并增加垫木、垫板等复杂构件,有时木梁干脆直接充当屋架的下弦使用。如此混乱的楼层施工现象表明,梁板结构楼面没有被严格的结构逻辑束缚,更多的是因地制宜的施工调整,结构具有高度的灵活性和可塑性。

4.1.2.2 过渡的钢骨结构楼面

钢材、混凝土等新型材料经中东铁路引入东北地域以后,首先应用于各类道路工程设施中,随后开始向建筑领域转移,首当其冲的就是将钢材、混凝土与梁板楼面结合,以满足建筑防火、防潮、跨度等多方面的需求。但是,这种楼层结构仍然是从砖混结构向框架结构转变的过渡形式,外墙是其主要承重构件,应用对象也以砖混建筑为主。

考虑到俄国成熟的金属结构技术背景,钢材成为较早应用的过渡楼层材料。比较简单的做法就是将传统的方木梁替换为钢轨,上承木制楼面,叫满足跨度、防潮需求,多应用在住宅、公建的地下室中,如横道河子机车库锅炉房、一面坡一些住宅的地下室等,都使用了这种的钢轨梁板结构。钢轨也可以与砖材组合成为"波形拱板"结构:多条钢轨按照1 m左右的间距并置,中间横砌或纵砌砖拱,砖拱矢高仅为100 mm,在实现较大跨度的同时极大地降低了结构层的厚度,具有较强的技术优势,因而应用较广,在中东铁路近代建筑的地下室屋顶、楼梯平台、建筑楼面、室外阳台等处均有使用。波形拱板结构并不是中东铁路近代建筑的技术创新,而是工业革命之后欧洲新结构探索的结果,早在1895年的比利时安特卫普中央车站中就已经使用,国内1890年建造的镇江英国领事馆也曾使用,但中东铁路近代建筑中的波形拱板结构却具有更高的技术水准。东北亚地区如韩国、日本的近代建筑中,其波形拱板结构的相邻铁轨之间尚需横向拉杆连接,以平衡砖拱的横向侧推,但是中东铁路近代建筑却通过成熟的施工控制取消了该横向拉杆,其技术水平明显具有领先优势。

表4-6　中东铁路近代建筑中梁板结构楼面构造及应用

结构类型	构造示意	案例应用		应用说明
主次梁结构		安达站铁路俱乐部		多应用于大空间结构,如舞厅、俱乐部、车间等
梁板结构		哈尔滨商务学堂	满洲里站东大营	住宅为普通梁板结构,公共建筑以密肋梁板结构为主
		哈尔滨海城街住宅	哈尔滨建设街住宅	多应用于地下室屋顶
		横道河子治安所	哈尔滨中山路住宅	多应用于公共行政建筑的露面
钢梁木板结构		阿城护路军兵营		铁轨锻造呈拱形,浪费钢材

钢筋混凝土材料引入之后,也开始与铁轨、工字钢等金属材料结合,产生了更具优势的楼层结构。初期的钢筋混凝土楼面模仿波形拱板样式,支模将混凝土浇筑成为拱形结构;有些建筑则采用主次梁结构,主梁为工字钢,次梁为钢轨,共同支撑钢筋混凝土地面,如满洲里站仓库等。随后工程人员发现了这种楼层的不合理之处,开始将钢筋混凝土板浇筑于工字钢(或铁轨)的腹板之间,板厚与工字钢高齐平,如横道河子铁路浴池、旅顺俄国高级旅馆等;或者是将钢筋混凝土板置于工字钢之上,如高岭子车站、德惠教会学校等。考虑到钢筋混凝土与钢轨组成的楼层结构中,钢轨外露无法满足防火需求,人们开始用混凝土包裹钢轨,产生了新的"钢骨混凝土梁",其纤细修长,满足了防火、跨度等多方面的需求(表4-7)。1906年火灾后重修的中东铁路管理局就采用了"钢骨混凝土梁+钢筋混凝土板"的楼层结构。

表4-7 钢材、混凝土楼面类型及应用

结构类型	构造示意	应用案例		应用部位
钢轨梁板结构		横道河子站锅炉房	公主岭站机车库	地下室屋顶、一层地面
钢轨砖拱结构		肇东火车站	昂昂溪站马厩	地下室屋顶、一层地面、阳台、楼梯平台、屋面、走廊
钢轨混凝土板结构		满洲里站仓库	旅顺站铁路旅馆	地下室屋顶

结构类型	构造示意	应用案例		应用部位
		横道河子站浴池	旅顺站铁路旅馆	地下室屋顶
钢骨混凝土梁板结构		德惠站教会学校	中东铁路管理局	楼面、屋面

钢骨混凝土梁是近代建筑中比较常见的结构样式,1905 年的岭南大学马丁堂、1909 年的广州咨议局等都使用了这种楼层结构,广州的一些建筑甚至将 3～4 根工字钢铆接固定后外包混凝土形成梁,其结构性能更加突出。

无论是波形拱板结构,还是钢轨与钢筋混凝土组合之后的各种楼层结构,其普遍存在耗钢量大、造价昂贵的缺点,并且由于技术不够成熟,未能充分发挥钢材的力学性能。但是,作为从砖混结构向框架结构转变的过渡形式,它能够在外墙承重的同时实现较大的跨度,且满足了工业、公共建筑的防火、防潮需求,因此应用时间长,应用范围广,比较契合中东铁路沿线的材料、结构发展状况。

4.1.3 屋架构造技术

西式砖混结构与中国传统建筑的最大区别就是屋架构造不同。中国传统屋架体系主要有抬梁式和穿斗式两种,从力学分析来看,屋架与柱、斗拱一道形成以垂直方向为主的受力体系。而西式三角屋架,又称桁架、人字屋架等,在受力上以三角形稳定性原理为特征,优于以垂直受力为特征的传统抬梁式和穿斗式屋架,在构造上也更为简单。

中东铁路沿线的建筑同样采用西式桁架,但是受工人认知、地域文化等方面的影响,这些桁架在维持三角形稳定受力的同时,又借鉴了东北地域的屋架构造,形成了中西杂糅的屋架结构,是中东铁路近代建筑的典型特色。

4.1.3.1 西式桁架

西式桁架的分类多样,气候、文化的差异促使欧洲产生了多种屋架变体。按照韩国学者金美妍和维基百科中的分类方法,本节将中东铁路近代建筑的西式屋架分为单柱桁架、双柱桁架和系梁桁架(表4-8)。

(1) 单柱桁架

单柱桁架由上弦、下弦、中柱3部分组成,构造简单,跨度较小,一般不超过6.9 m,多应用在冰窖、马厩、仓库等小型建筑中。为了提高单柱桁架的跨度,通常在中柱两侧各增加一根斜撑或一对斜撑腹杆,前者跨度可达12.8 m,后者跨度可达17.1 m,形成稍显复杂的帕拉第奥式桁架或豪氏桁架,更多地应用在车站、医院、学校等跨度较大的公共建筑中。

单柱桁架中常会根据构件的受力特点,将受拉的斜撑以金属材料替代,从而形成木材和金属的"压拉组合"。根据单柱桁架各构件的受力特点,通常会选择不同的材料组合,以契合构件的受力状态,如桁架各构件中腹杆受压,选择传统木材;而斜撑受拉,则以金属杆件替代。木材和金属的"压拉组合"提高了桁架的结构性能,同时也降低了桁架自重。

(2) 双柱桁架

双柱桁架即在屋架中置2根中柱,一般而言中柱间距越大,桁架的跨度也越大。中东铁路建筑中双柱的间距一般在1.6~2.2 m,跨度可达8.5~12.8 m。双柱桁架多应用在内廊式建筑中,其双柱与内廊内墙彼此对位,利于荷载传递;也可应用于住宅,满足阁楼、闷顶的空间使用需求。双柱桁架构造的屋面形态也比较灵活,屋面可在双柱位置断折,形成上下不等坡屋面,以改善屋面形象,双柱形成的闷顶空间较高,能够满足一定的使用需求;同时,桁架的双柱也可凸出屋面形成中庭天窗,有利于建筑的采光通风。这类桁架在兵营、马厩、集合住宅等大体量建筑中应用较多。

与单柱桁架一样,双柱桁架也可以增加斜撑、腹杆以增加跨度,如中东铁路哈尔滨监狱,在内廊式平面的基础上设计了双柱桁架加双斜撑的屋面,跨度达到了17.5 m。双柱桁架中还有一类特殊的孟莎屋面,其外观古典端庄,可以充分利用桁架空间,中东铁路建筑中,扎兰屯东正教堂办公室使用了孟莎屋面,形成了2.7 m×6.5 m的桁架使用空间。

(3) 系梁桁架

系梁桁架由上弦、下弦、系梁组成,系梁水平拉结两根上弦,形成三角体系以维持结构稳定。系梁桁架也主要应用在一些小型建筑中,跨度一般为3.2~7.4 m。

表 4-8　中东铁路建筑中的西式桁架

类别	基本形态	常见应用形态	
单柱桁架			
	博克图站铁路医院	一面坡站啤酒工厂	公主岭站职工住宅
双柱桁架			
	一面坡站职工住宅	阿城站糖厂	富拉尔基站马厩
系梁桁架			
	横道河子站铁路住宅	一面坡站疗养院	中东铁路商务学堂

从力学分析来看,系梁置于桁架高度的上 1/3 处比较合理,这样系梁既能充分发挥拉结作用,同时梁下空间充裕能够满足一定使用需求,但是多数的中东铁路建筑将系梁置于桁架高度的 1/2 处,位置设计不够科学,有些屋架甚至直接将系梁改为金属拉杆,以提高施工速度,如扎兰屯避暑旅馆、博克图铁路医院等。系梁桁架多与单柱桁架、双柱桁架相互组合,形成复合桁架结构,以增加屋架的跨度,如一面坡站疗养院为系梁＋单柱组合桁架,跨度 12.6 m;中东铁路商务学堂为系梁＋双柱组合桁架,跨度 17.2 m,均满足了屋架跨度需求。

西式桁架以"榀"为基本概念,利用三角形稳定性原理,确保了屋架结构的稳定,中东铁路的众多建筑大多如此设计。但在实际的建造中,仍然产生了大量的杂式屋架,它们虽然有着西式桁架的外表,但是并不遵循三角形稳定性原理,如一面坡疗养院、一面坡兵营、博克图兵营等一批大型建筑,其桁架普遍没有下弦,而是额外增加 4 根与桁架垂直的木梁,分别位于上弦交角之下、三角两侧和中柱底部,在承托桁架荷载的同时也将多榀桁架整体组合在一起。在这些杂式屋架中,桁架从"榀"变为"体"——所有桁架共同组成屋架结构一起承担受力,压拉分工的三角体系也被消解,转而通过节点的强化以抵消潜在的位移破坏,因而杂式屋架的设计存在技术缺陷,但是其出现却具有合理性。首先,杂式屋架多应用在跨度大、没有大空间使用需求的建筑中,建筑的内墙可以深入顶棚,为桁架中柱提供支撑;其次,桁架没有下弦,因而不受木材尺寸的束缚。因此,杂式屋架是在具体情况下对屋架结构的调整,具有一定的应用逻辑。

4.1.3.2　融合的中式桁架

中式桁架普遍与中式屋顶同时出现,以求应用逻辑的统一,多应用在三四等车站、小型仓库、马厩和一些住宅当中。此种屋架通常也会根据实际使用情况进行结构上的调整,综合来看,中东铁路建筑中的中式桁架以三架梁、五架梁和七架梁三种桁架为主。

在所有的融合桁架中,五架梁是应用最广泛的桁架形式,其构造与中国传统的抬梁式屋架颇为相似。五架梁水平 4 等分,梁头与外墙交接处设檐檩,向内 1/4 处位置立金柱,上承三架梁和金檩,三架梁通过脊柱与脊檩连接,最后斜置椽木连接檐檩、金檩和脊檩,可见其构件的使用和位置都与传统的抬梁式很是接近。此外,为了追求中式屋架结构的纯粹,一些五等车站甚至通过金柱、脊柱的不等高设计以形成屋面的举折,而一些住宅甚至采用上下层叠的双层金檩或脊檩以效仿满族民居中的"檩杜"构造,这些都反映出对地域建筑文化的尊重。但是,由于俄国工程师对五架梁结构不甚了解,经常也会出现删减或改变桁架构件以确保屋架的稳定,如沿线的四等车站,屋架会在金檩和檐檩之间额外增加两个斜撑,一些小型住宅则会直接将脊柱拉长至五架梁形成中柱,这两种做法明显都受到了西式桁架的影响,反映出中东铁路近代建筑对中西融合屋架所做的尝试(图4-6)。

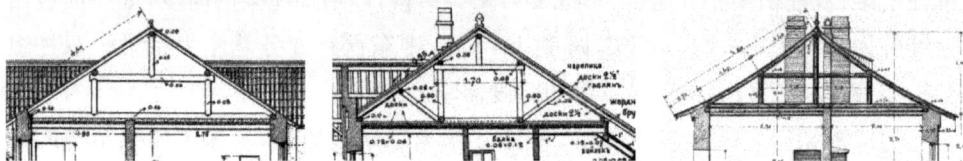

图4-6 五架梁桁架的应用与变体示意

与五架梁屋架相比,三架梁和七架梁屋架的应用则比较有限,结构也不似五架梁那么纯粹。三架梁屋架多表现为三架梁带前后廊结构,主要应用在三等车站中,并额外设斜撑连接立柱和脊柱,以求结构的稳定。七架梁则多应用在外廊式的公共建筑中,借助外廊的内墙支撑梁架的中柱,同样可确保结构的稳定(图4-7)。

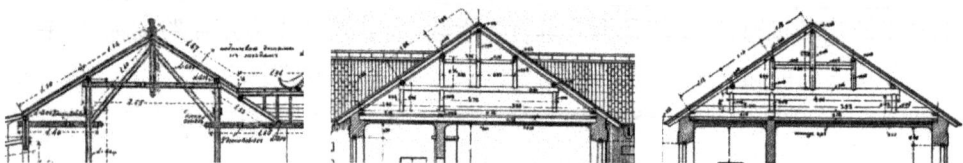

图4-7 三架梁和七架梁的应用示意

同时,桁架各构件的尺寸设计也比较科学,如檩木直径170 mm,立柱截面尺寸170 mm×170 mm,作为主要承重梁的三架梁截面尺寸210 mm×210 mm,五架梁截面尺寸240 mm×240 mm,七架梁截面尺寸340 mm×340 mm,横梁截面随跨度、荷载的增加而增加,具有一定的结构逻辑。但是,这些横梁均采用正方形截面,不及长方形截面科学合理。

从中东铁路近代建筑的设计图纸中可以看出,其屋架整体遵循西式成"榀"的基本理念,单榀屋架通过三角形稳定性原理确保结构的稳固,无论设计还是受力都非常科学合理。但是在实际的建造过程中,"成榀+三角稳定"的桁架体系只应用在了少数平面简单、跨度较小的建筑中,大量形体复杂、跨度较高的建筑均采用杂式屋架。这些屋架抛弃了多榀屋架相互独立的原则,通过横梁、檩木等连接构件将多榀屋架组合成为一个结构"整体",其荷载完全由外墙承担;屋架内部则根据受力情况对各组成构件进行适当删减,下弦、中柱、斜撑等都可删除不用,矮柱、垫木、垫板亦可增加以加强构件之间的连接,甚至内墙也可砌筑延伸至屋架内顶住上弦,起一定支撑作用,其结构复杂多变、没有规律可言。大量存在的杂式屋架反映了中东铁路近代建筑对技术形式的积极探索,拓展了技术表现的多样性,同时由于选材合理、节点牢靠,杂式屋架很少坍塌,多数延续至今,具有较高的技术水平(表4-9)。

表 4-9　中东铁路近代建筑中的正式、杂式屋架

正式"成榀"屋架:连续性、秩序性	哈尔滨建设街住宅	哈尔滨站铁路货场	四平站铁路货场
杂式"成体"屋架:凌乱、增减构件	一面坡站疗养院:删除下弦,增加大量斜撑	一面坡站兵营:删除中柱、下弦,增加横向檩件	博克图站兵营:删除下弦,以砖柱替换中柱

4.2　内框架结构的过渡应用

随着中东铁路的建设发展,大批工业建筑对跨度、高度提出了新的需求,传统砖混结构技术捉襟见肘,新型材料结构也亟需得到承认,大量采用砖混外墙承重、内排柱子支撑的内框架结构开始出现,在解决跨度难题的同时也展现了极强的生命力,广泛应用于各类工业建筑中。

4.2.1　砖混排架的短暂探索

在标准意义的内框架结构应用之前,中东铁路近代建筑中还短暂地出现了一批"砖混排架"建筑。这些建筑将木柱和屋架组合在一起形成连续的承重结构,可

以提供比较宽敞完整的室内空间,多应用在马厩、兵营、集合住宅等平面规整的建筑当中,有时也应用在临时性建筑如车站、机车库中(表4-10)。

砖混排架结构既可单跨也可多跨,每榀排架设木柱2~4根,通过多种横梁、斜撑的使用将木柱和屋架组合在一起形成屋架结构,相邻排架之间以横梁、叉手固定连接,最终形成建筑整体结构。这类排架主要应用在马厩、铁路货场当中,排架跨度可达15.4m,彼此间距5.2m。兵营中的排架结构则相对简单,室内设木柱二根,木柱与外墙共同支撑倾斜的横梁,横梁上直接铺设屋面。由于屋架与木柱之间没有形成稳定的三角体系,因而结构不稳容易坍塌。这种不稳定的砖混排架结构应用在了大量建筑实例中,横道河子兵营、扎兰屯兵营、磨刀石马厩、绥芬河临时车站等都采用了这种结构形式。以博克图站西大营为例,排架跨度12.4m,双柱间距6m,排架彼此间距4.2m,较大的跨度加之不稳的结构使得排架极易坍塌。

表4-10 排架结构构造及应用

结构类型	纵剖面	横剖面	案例应用
单跨排架			横道河子站马厩
			博克图站西大营
多跨排架			公主岭站机车修理库

排架结构也可相互组合,形成连续多跨的结构形式,以满足更大的空间跨度使用需求。多跨的排架结构主要应用在各类机车修理库中,跨度 19.2 m 到 25.6 m 不等。以现存的公主岭站机车修理库为例,其平面为矩形,由三个跨度 6.4 m 的排架结构串联组合成为 19.2 m 的多跨排架结构,多跨排架之间同样以横梁、叉手连接固定,连续的木柱、屋架、横梁组成了规整有序、韵律统一的室内空间。

从力学分析来看,砖混排架结构其实是传统砖混结构为满足较大的空间跨度使用需求而进行的材料调整,即将原有的承重内墙替换为承重内柱,以提供完整通透的室内空间,其结构受力并没有改变,结构跨度、荷载承受度也没有太大的提高。但是从技术发展角度分析,砖混排架结构是传统建筑材料在面对钢材、混凝土等新型材料的技术碾压下的最后探索,通过结构调试、强化节点等措施,使传统建筑材料尽量与新型材料匹敌,以求满足工业建筑的空间跨度使用需求,反映了工程人员的技术探索,具有一定的技术和历史价值。

4.2.2　钢框架的成熟应用

1903 年中东铁路全线通车之后,大规模的城市建设活动兴起,机车库、修理厂、工厂车间等大跨度建筑对建筑结构提出了更高的要求,过渡时期的内框架结构开始出现。在俄国成熟的金属结构技术背景下,钢材成为内框架结构的首选材料,并应用在了满洲里、绥芬河、哈尔滨等边境口岸和铁路枢纽城市的建设中。钢材内框架结构以砖墙、内排钢柱、钢屋架为基本组成,室内普遍设有大型吊车梁以便设备检修,框架承受荷载极大,因此钢柱和屋架的设计也比较谨慎。

本节主要以哈尔滨中东铁路总工厂为例,对砖混钢框架的结构进行分析。中东铁路总工厂是在 1898 年铁路临时总工厂的基础上建造而来,兴建于 1903 年,其图纸在圣彼得堡绘制,受日俄战争影响,直至 1907 年才竣工完成。工厂位于哈尔滨道里区松花江水运码头以西的平坦地带,便于建材的水路运输,同时设铁路与哈尔滨车站连接。该工厂的建造秉行"经久大厂"的设计原则,规模宏大、技术先进、质量上等,尽可能地利用了当时的新技术、新材料。工厂共设机车、客车、货车、机检、发电、翻砂、锻造、轮毂、锅炉等 11 个车间,绝大部分采用的是砖墙、钢柱、钢屋架组成的内框架结构,少数采用了木屋架或钢筋混凝土桁架,延续使用近百年,直至 2004 年因城市开发被拆除,现仅存水塔和铸造车间二座建筑(图 4-8)。

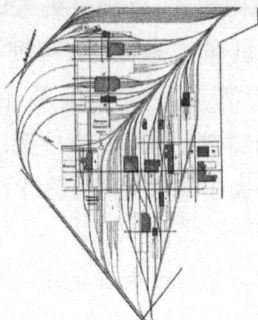

a) 设计总图　　　　　　b) 鸟瞰图（20 世纪 60 年代）

c) 各车间照片（2003 年）

图 4-8　中东铁路总工厂

4.2.2.1　内排钢柱设计

砖混内框架结构以外墙、内柱作为主要承重构件，内柱之间设吊车梁以检修设备，所受荷载可达 35 t。钢柱的设计科学严谨，根据其受力的大小和构造组成，基本可以分为工字钢柱、槽钢柱和桁架柱三类。

工字钢柱是比较简单的内柱构造，普遍为两根工字钢或铁轨铆接而成，上承工字钢梁或钢屋架，主要应用在荷载较低、跨度不大的各类建筑中，如扎兰屯铁路学校、满洲里东大营等，有时也会作为承重梁应用在砖混建筑中。少数的工字钢柱会将四根工字钢并列铆接以承受更大的荷载，如中东铁路总工厂锻造车间，单跨 16.9 m，四根工字钢并列铆接后以交叉杆固定，以承受较大的屋架荷载。

随着内柱所受荷载的增加和吊车梁的出现，工字钢柱逐渐不能胜任工业厂房的荷载需求，新的槽钢柱开始应用。槽钢柱一般由 8 根槽钢组成长方形截面，边长 0.36～0.52 m 不等，由两个短边分别承受吊车梁和钢屋架荷载，是工业厂房中应用最多的内柱形式。中东铁路总工厂的机车组装车间、机检车间、锅炉车间、木材干燥车间等都使用了槽钢内柱结构。槽钢柱还有一类特殊的圆柱样式，由四个 1/4 弧长的圆弧板铆接组成，形成了直径 0.3 m、高 3.6 m 的铆接圆柱，满洲里站北机车库即采用了这种内柱形式。

工字钢柱、槽钢柱的构造较为简单,当室内高度过高时,二者都容易因纤细产生歪闪,因此桁架柱开始取代其应用。由于吸收了桁架桥梁的建造经验,内框架结构中的桁架柱设计非常科学,它由四根角钢组成矩形截面,角钢之间通过杆件连接成为华伦桁架构造,但它只应用在了扇形机车库中。以海拉尔的15眼扇形机车库为例,其室内净高6 m,设工字钢梁11根,每根工字钢梁由四根桁架柱支撑,中间的二根桁架柱截面尺寸为0.26 m×0.26 m,由四根截面尺寸为75 mm×75 mm的角钢和若干杆件连接而成;两侧的桁架柱截面尺寸稍大,为0.45 m×0.45 m,也由75 mm×75 mm的角钢和杆件连接而成,区别在于角钢和杆件之间并非直接铆接,而是以肋板作为铆接过渡,以确保连接的稳定(表4-11)。

表4-11　内框架结构中的内排钢柱设计

结构类型	工字钢柱	槽钢柱	桁架柱
平面图			
立面图			
应用案例	中东铁路总工厂锻造车间	满洲里站北仓库	横道河子站机车库

4.2.2.2　钢屋架设计

已有研究成果表明,俄国在1768年建造圣彼得堡大理石宫时就已经使用了金属结构屋架,改变了世界上第一个金属承重屋架出现在18世纪末期法国的认知。1896年的下诺夫哥罗德工业博览会则是金属桁架的集中展示,众多建筑如艺术工业展厅、煤炭资源展厅、山区展厅等都采用了金属桁架或金属三铰拱结构,显示出俄国金属桁架技术的成熟。在这样的技术背景下,采用金属屋架以实现更大的结构跨度成为中东铁路总工厂的必然选择。

中东铁路总工厂的机车、机检、锻造、轮毂等车间都采用了金属桁架,既可单跨,也可相互组合形成2～5跨的多跨组合。从构造上看,桁架主要有豪氏、仰式、剪式三种基本结构,单跨8.5～14.5 m不等,3种桁架也会相互组合,形成的复合桁架最大跨度可达21.3 m(表4-12)。中东铁路总工厂中有两个车间的屋架技术水平较高,其一是机检车间,由3个单跨8.5 m的豪氏桁架和两个单跨12.8 m的豪氏/芬克式复合桁架组成了总跨51.2 m的屋面,是中东铁路总工厂中体量最大的车间;其二是锻造车间,采用豪氏/芬克式复合桁架,单跨21.3 m,是中东铁路总工厂中单跨最大的车间,具有极高的技术水平。

由于屋架仅需承担较小的雨雪荷载,因此各构件普遍以角钢为基础,根据其压拉受力特点将双角钢组合成"T"形截面或者将四角钢组合成"十"字形截面,以提高受力性能。从表4-13屋架构件的尺寸和组成中可以看出,构件的尺寸形状与其受力特点明显相关:上弦、中柱、斜腹杆为受压构件,多使用尺寸较大的角钢,且截面多为"T"形或"十"字形,以提高抗压性能;下弦、直腹杆为受拉构件,则使用尺寸较小的角钢,组成"T"形截面,构件的使用组合比较科学合理,构件尺寸截面设计不仅符合自身受力特点,同时也能降低屋架自重,节约钢材。

表4-12 中东铁路总工厂的金属桁架

结构类型	金属桁架构造		
	豪氏桁架	仰式桁架	剪式桁架
基本桁架	机检车间(跨度8.5 m)	铸造车间(跨度10.7 m)	机械车间(跨度13.9 m)
	豪氏/剪式复合桁架	豪氏/芬克式复合桁架	仰式/剪式复合桁架
复合桁架	货车车间(跨度17.1 m)	机车车间(跨度21.3 m)	轮毂车间(跨度10.7 m)

表 4-13　中东铁路总工厂各车间屋架的构件尺寸和组成

（单位：mm）

车间类型	上弦	下弦	中柱	直腹杆	斜腹杆
机车组装车间	120×80,双角钢	75×75,双角钢	—	60×30,双角钢	75×50,双角钢
锻造车间（高跨）	120×80,双角钢	75×75,双角钢	—	60×30,双角钢	75×50,双角钢
螺套车间	120×80,双角钢	尺寸不详,双角钢	尺寸不详,四角钢	50×25,双角钢	75×50,双角钢
铸造车间	100×65,双角钢	70×70,双角钢	—	50×25,单角钢	90×60,双角钢
发电车间	100×65,双角钢	75×75,双角钢	50×50,四角钢	50×25,双角钢	75×50,双角钢
轮箍车间	100×65,双角钢	70×70,双角钢	尺寸不详,四角钢	50×25,双角钢	75×50,双角钢
锻造车间（低跨）	75×50,双角钢	60×30,双角钢	50×50,四角钢	50×25,双角钢	75×50,双角钢

最后,金属屋架与外墙、内柱的连接也非常稳定。外墙顶部预埋螺栓固定工字钢,工字钢通过角钢、肷板与屋架上弦、下弦铆接固定,中柱则通过牛腿、拱板、鱼形板等与屋架铆接,如此永久性的连接方式强化了内框架结构中各构件的连接,形成了坚实的结构整体(图 4-9)。与砖混建筑化"榀"为"体"的屋架结构特征不同,内框架结构中的钢屋架严格遵循"榀"的设计理念,突出结构的严谨科学,并通过檩条、桁架等连接件,加强了多榀屋架的整体强度。

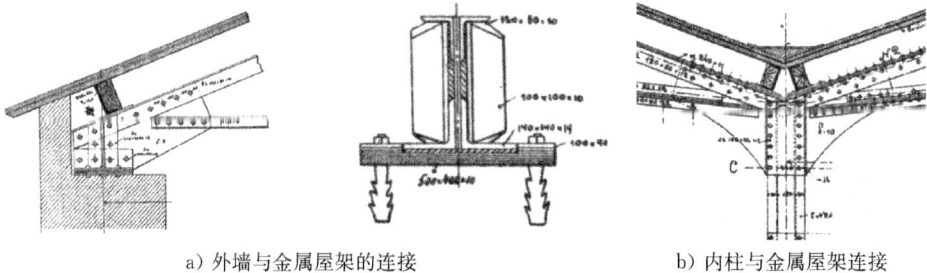

a) 外墙与金属屋架的连接　　　　b) 内柱与金属屋架连接

图 4-9　金属屋架与外墙、内柱的连接示意

4.3　框架结构的出现和发展

1908 年,俄国本土建成了第一座钢筋混凝土框架结构建筑——缪尔·米里尔

斯百货商场,尽管该建筑带有明显的哥特装饰特征,但是新材料、新结构的转变已经开始孕育建筑技术的改革创新,并随着中东铁路的大规模建设活动而传播至中国东北地区。但是受原材料缺乏、技术人员欠缺及环境气候影响等因素的限制,新的框架结构在短暂尝试之后便迅速归于沉寂,传统的砖混结构重新占据主流,钢筋混凝土框架结构开始了间断、曲折地行进发展。

4.3.1 钢筋混凝土框架结构的首次出现

当欧洲已经意识到钢筋混凝土的结构优势并进行积极探索的同时,俄国却因对新材料的怀疑犹豫而错失良机。19世纪末俄国逐渐敞开国内建筑市场,一批欧洲钢筋混凝土公司蜂拥而至,包括德国 G. A. 瓦伊斯的混凝土及相关建筑联合公司、法国埃纳比克的莫尼库特·艾格尔公司、丹麦的 Christiani & Nielsen 公司等,这些国外资本在探索俄国钢筋混凝土结构发展的同时还帮助扶植了一批俄国本土的结构工程师,如 N. A. Belelyubsky、H. A. Hirschson、F. D. Dmitriev 等。1908年俄国于莫斯科建成了具有哥特装饰特征的钢筋混凝土框架建筑缪尔·米里尔斯百货商场,如此成熟的技术氛围无疑也影响到遥远的中东铁路的建设。综合来看,中东铁路总工厂车厢组装车间(现已拆除)极有可能是中东铁路近代建筑中第一座钢筋混凝土框架结构建筑(图4-10)。

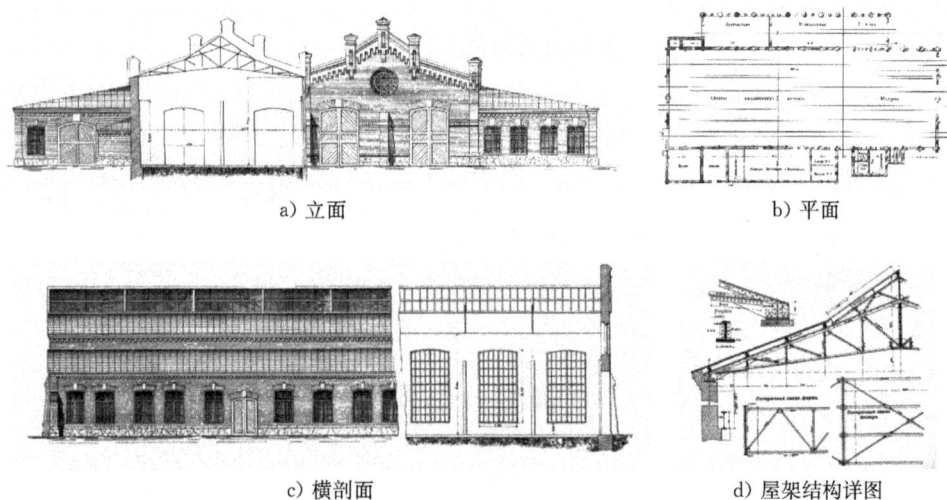

a) 立面　　　　　　　　　　　　　　　b) 平面

c) 横剖面　　　　　　　　　　　　　d) 屋架结构详图

图4-10　中东铁路总工厂车厢组装车间设计图纸

与中东铁路总工厂的其他车间一样,车厢组装车间也是按照"经久大厂"的设计目标,在1907年建造完成。按照原有的设计图纸,车厢组装车间平面尺寸28.4 m×

94.7 m,外侧四周设修复、机械、转向、锻冶、锅炉、办公等辅助用房,车间内部主体2跨,单跨14.2 m,采用剪式＋豪氏的复合钢桁架,分别由外侧砖墙和内侧钢柱共同支撑,其砖混内钢架的结构形式与中东铁路总工厂的其他车间结构并无二致。

但是,在美国南方卫理公会大学图书馆收藏的 *Views of Chinese Eastern Railway*(1903—1919)图集里,该车厢组装车间呈现出与原始设计不同的面貌,车间虽然依旧是砖混结构的外观,但是却使用了更加先进的钢筋混凝土框架结构:外侧采用砖柱承重,上承钢筋混凝土梁,室内为带有吊车梁、牛腿的钢筋混凝土柱,钢筋混凝土的梁和柱共同承担双柱桁架,屋架同样采用钢筋混凝土结构,甚至屋架之间的檩条、屋面也是钢筋混凝土浇筑而成。室内连续的钢筋混凝土柱和屋架极具韵律之美,屋架的天窗采光也使得室内光线充足明亮(图 4-11)。而吊车梁顶部裸露的大量金属螺栓也表明,吊车及其滑轨尚未安装车间就匆匆投入使用,这也与当时临时总工厂负载过满,亟于使用新的总工厂的实际情况相符。这些现象都表明,中东铁路总工厂车厢组装车间极有可能是中东铁路近代建筑中第一座钢筋混凝土框架结构建筑。

图 4-11　中东铁路总工厂车厢组装车间

虽然采用了先进的钢筋混凝土框架结构,但是中东铁路总工厂车厢组装车间仍是钢筋混凝土框架结构在民用建筑领域的一次探索应用,这主要表现在以下几个方面。首先,车间总长 94.7 m,内设"钢筋混凝土柱＋钢筋混凝土屋架组合"15榀,两榀间距 5.9 m,虽然预留吊车梁但是没有任何吊装设备机械,因此钢筋混凝土柱仅需要承担钢筋混凝土屋架和屋面的自重,所负荷载很小;其次,车间只有一层,无需考虑钢筋混凝土梁与楼面的复杂构造连接,框架结构体系较为简单;最后,车间外观依然是传统的砖混建筑外貌,并无任何外在的新结构表现。因此,中东铁路总工厂车厢组装车间还处于框架结构技术、结构、应用的初级阶段,是新材料结构从土木工程领域向民用建筑领域转变的首次探索。

尽管如此,中东铁路总工厂车厢组装车间在中国近代建筑技术史中仍具有重要的地位和作用。目前国内普遍认为落成于 1906 年的广州岭南大学马丁堂是中国近代较早使用钢筋混凝土材料的实例,但其结构形式为"砖材外墙＋钢骨混凝土梁＋钢筋混凝土楼板"的砖石钢筋混凝土混合结构,其本质依然是从砖混向框架转变的过渡时期结构;中东铁路总工厂车厢组装车间的建成只比其晚1年,但是已彻底完成结构转变,结构技术明显更加先进。再者,与国内第一个完整的钢筋混凝土框架结构建筑——1908年建造完成的上海德律风电话大楼相比,中东铁路总工厂车厢组装车间虽然在层数、体量、面积上都稍显逊色,但却彰显出东北地域的建筑技术探索与全国齐头并进,甚至居于领先地位。

4.3.2　钢筋混凝土框架结构的间断发展

1907年中东铁路总工厂车厢组装车间的建造完成标志着中东铁路沿线已经出现了成熟的钢筋混凝土框架结构建筑,但是在随后的城镇建设和铁路修筑中,钢筋混凝土框架结构逐渐被抛弃,传统的砖混结构重新占据主流,这主要受到以下几方面的影响。

首先,从钢筋混凝土框架结构自身来看,其尚属比较新颖的结构体系,在浇筑、硬化、养护等方面还存在大量技术难题,尤其是混凝土的冬季施工问题一直无法解决,直到1932年伪满洲国成立之后,在满洲建筑协会的积极探索之下才发明出暖棚、草毡等一系列浇筑养护措施。另一方面,面对这种新颖的技术形式,已经习惯于传统砖木结构技术的中国工匠尚未完成技术转变,他们的技术素养不足。

其次,前文已述,钢筋混凝土框架结构所需要的钢筋、水泥等基础材料主要依赖进口,主观上限制了钢筋混凝土结构的大范围应用;中东铁路管理局对砖、石、沙子等一系列传统材料采用免税、减税等优惠措施,砖木混合结构发展存在政策优势,客观上间接限制了新结构技术的发展。

最后,城镇建设和铁路修筑期间,多数附属建筑的层数一般不超过3层,对跨度、高度没有过高的技术需求,传统的砖混结构即可解决;后期城市发展之后,工厂、影院、商场等新型建筑虽然对高度、跨度等方面提出了更高的技术要求,但实际上只需在砖混结构中掺入钢梁、钢骨混凝土梁等局部构件即可解决,钢筋混凝土框架结构失去"用武之地";再者整个中东铁路建设时期从未发生过对高层建筑的探索,因此钢筋混凝土框架结构发展缓慢。

基于上述诸多因素的影响,在中东铁路总工厂车厢组装车间这一"高光时刻"之后,一切归于传统,砖混结构或砖混钢木结构重新占据主流,钢筋混凝土框架结构逐渐销声匿迹。

　　1920 年左右,钢筋混凝土框架结构的探索需求被再次点燃,这主要是基于 2 方面的社会需求。一方面,1914 年"一战"爆发之后,沙俄无暇东顾,为民族资本工业的发展提供了契机,一批民族资本的面粉工厂悄然成立,1900—1931 年,仅在哈尔滨就有面粉厂 33 处,集中在八站、滨江、顾乡一带。这些面粉工厂受工艺流程的影响,要求室内空间开敞通透,层数普遍在 4 层以上,传统的砖混结构无法解决高度需求,钢筋混凝土框架结构被市场所需。再者 1917 年俄国十月革命后大批流亡白俄涌入哈尔滨,城市建设被再次刺激,教堂、商场等建筑的防火、跨度需求也促进了钢筋混凝土框架结构的应用。另一方面,流亡白俄之中不乏优秀的建筑师、工程师,他们在欧俄接受了优良的建筑技术教育,其中包括一大批钢筋混凝土结构的技术人才,如 П. Д. 波罗斯库里亚科夫、Г. П. 别列德里、Б. М. 图斯塔诺夫斯基、B. A. 巴里等。其中巴里是俄国钢筋混凝土结构领域最具影响力的专家,曾参与圣彼得堡钢筋混凝土框架结构的俄国银行大楼的建造,1922 年来到哈尔滨后在哈尔滨工业大学专门教授钢筋混凝土课程;图斯塔诺夫斯基也是钢筋混凝土结构的专家,专门编纂了《工程技术人员钢筋混凝土手册》,并为 1930 年新建的哈尔滨圣母领报教堂设计了 19.2 m×19.2 m 的钢筋混凝土十字拱顶,随后该拱顶也应用在了 1935 年的阿列克谢耶夫教堂中。如此社会需求以及理论知识的完备都为钢筋混凝土框架结构的二次发展奠定了基础。

　　从当时的国际背景来看,钢筋混凝土的框架主要有两种结构体系。其一是"康氏钢筋混凝土体系",由美国底特律钢筋混凝土公司的创始人康氏兄弟在 1902 年提出,它以菱形截面、45°向上弯折的康氏钢筋为技术特色,这种钢筋结构显然大大提高了钢筋与混凝土的连接程度,45°的向上弯折也非常符合梁内部的拉力分布情况,中国较早使用钢筋混凝土材料的建筑——1906 年建成的广州岭南大学马丁堂即采用了康氏钢筋混凝土体系。随后,康氏钢筋混凝土体系的发展以广州为中心,逐渐转向上海、南京等沿海开埠城市,广州瑞记洋行大厦(1905)、上海瑞记洋行大厦(1907)、南京金陵大学北大楼(1917)、大连满铁医院(1923)等均使用了康氏钢筋混凝土体系。但是,康氏兄弟为将专利利益最大化,其特有的康氏钢筋需根据梁的具体尺寸单独进行设计,不利于该结构的快速生产,并且日本的建造经验也表明康氏钢筋混凝土抗震性能较差,因而 20 世纪 30 年代后康氏钢筋混凝土体系逐渐消亡(图 4-12)。

　　与美国康氏钢筋混凝土体系针锋相对的是法国工程师弗朗瓦索·埃纳比克(François Hennebique)在 1892 年提出的埃纳比克钢筋混凝土体系,它以箍筋、弯起钢筋为主要受力构件,并且将原本独立的梁、柱、楼板结合在一起,奠定了现代钢筋混凝土框架结构的基础(图 4-13)。中国第一个完整的钢筋混凝土框架结构建筑——1908年的上海德律风电话大楼就使用了埃纳比克钢筋混凝土体系。20世纪初,埃纳比克在俄国圣彼得堡设立分支机构——莫尼库特·艾格尔钢筋混凝土公司,埃纳比克钢筋混凝土体系传入俄国,进而应用在了中东铁路沿线建筑之中。

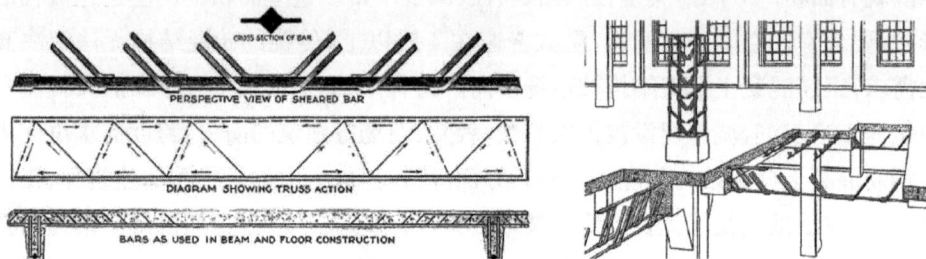

图 4-12　康氏钢筋混凝土体系

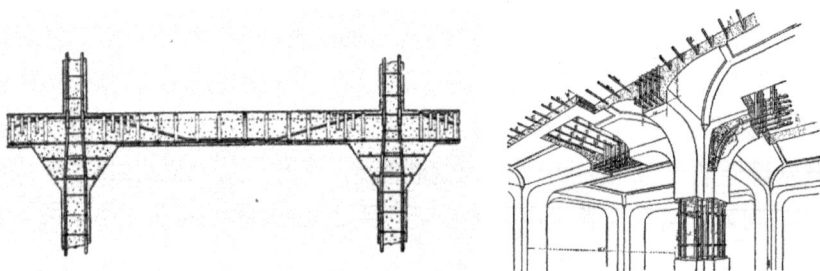

图 4-13　埃纳比克钢筋混凝土体系

中东铁路近代建筑中完整采用埃纳比克钢筋混凝土体系的建筑是建于1927年的霁虹桥,由 B. A. 巴里设计。其由13片中心距2 m的钢筋混凝土门式悬臂结构组成,悬臂梁之间搭接次梁,其上覆盖钢筋混凝土板,从其残损现状中可以明显看到裸露的主筋和箍筋(图4-14)。考虑到霁虹桥的史料匮乏,无法窥探其钢筋混凝土结构全貌,本节以天兴福第二制粉厂为例进行分析。虽然该建筑并不属于中东铁路近代建筑范畴,但是其结构体系同样由俄籍工程师设计,能够反映当时的钢筋混凝土框架的应用情况,具有典型代表性。

a) 历史照片　　　　　　　　　b) 门式旋臂梁、柱中裸露的钢筋

图 4-14　哈尔滨霁虹桥

天兴福第二制粉厂建成于 1921 年,由民族资本家邵乾一创办,工厂位于哈尔滨市香坊区油坊街一带。厂房主体 5 层,局部 6 层,受到制粉工艺、经济成本的影响,其采用了钢筋混凝土框架与砖混内框架相组合的结构体系,其中 1～4 层为钢筋混凝土框架结构,5 层和局部的 6 层为砖混内框架结构(图 4-15)。

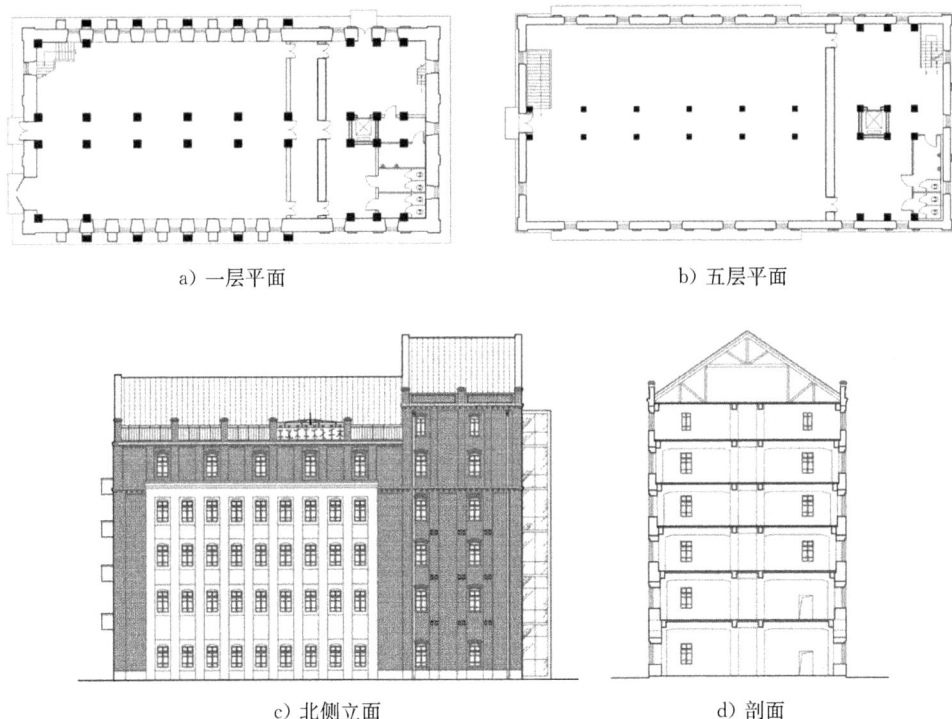

a) 一层平面

b) 五层平面

c) 北侧立面

d) 剖面

图 4-15 天兴福第二制粉厂厂房设计图

该建筑具有如下结构特征:

其一,平面上根据空间功能调配柱网尺寸。天兴福第二制粉厂主体 5 层,每层均可分为左侧的加工区和右侧的辅助区两个空间,前者需布置锅炉、制粉等设备,因而空间连续宽敞;后者则设办公、休息、仓厕等零散用房,空间紧凑。两者空间属性不同因而柱网尺寸各异:加工区柱网尺寸(4.2～4.5) m×7.9 m,辅助区柱网尺寸则缩减为 2.3 m×6.2 m,柱网尺寸设计合理科学。

其二,立面上各结构构件均逐层缩减,以优化荷载传递。1～3 层为钢筋混凝土地板,4～6 层则更改为荷载较小的木地板;1 层外墙厚度为 4.5 砖,向上逐层缩减 0.5 砖,至 6 层已降低为 2 砖,外墙厚度的递减在降低成本的同时兼顾了荷载的传递;混凝土柱的尺寸逐层缩减 50～150 mm,如加工区内柱 1 层为 700 mm×

700 mm,5 层则缩减为 450 mm×450 mm(表 4-14),柱、墙、板的逐层缩减设计极大地降低了自重,荷载的传递得到优化。

表 4-14　天兴福第二制粉厂各层钢筋混凝土柱尺寸

(单位:mm)

楼层	加工区		辅助区	
	内柱	外柱	内柱	外柱
1 层	700×700	550×800	650×650	650×650
2 层	650×650	550×800	650×650	600×600
3 层	600×600	550×800	600×600	600×600
4 层	600×600	550×800	550×550	600×600
5 层	450×450		550×550	600×600
6 层	—	—	450×450	—

其三,梁的尺寸和配筋根据其跨度情况进行调整。天兴福第二制粉厂各层混凝土梁的截面尺寸均根据其跨度、层数进行调整,跨度越大则尺寸越大,层数越高尺寸越小,并且根据梁的跨度配置不同直径、数量的钢筋,因此混凝土梁的设计也非常科学(表 4-15)。

表 4-15　天兴福第二制粉厂各层混凝土梁尺寸及配筋情况

楼层	梁跨			
	2.3 m	4.4 m	6.3 m	7.9 m
2 层	300 mm×600 mm	350 mm×750 mm	300 mm×700 mm	350 mm×800 mm
3 层	300 mm×600 mm	350 mm×650 mm	300 mm×550 mm	350 mm×650 mm
4、5 层	300 mm×600 mm	350 mm×650 mm	350 mm×600 mm	350 mm×650 mm
配筋情况	—	主筋 5 根 $\phi16$ mm,箍筋 $\phi9$ mm@300 mm	主筋 5 根 $\phi22$ mm,箍筋 $\phi9$ mm@300 mm	主筋 7 根 $\phi22$ mm,箍筋 $\phi9$ mm@300 mm

从平面空间、结构体系、施工工艺诸多方面来看,天兴福第二制粉厂厂房可以说是当时面粉厂房建筑的缩影,具有典型的代表性,其合理的框架体系、优化的荷载传递、缜密的构件逻辑均表明此时的钢筋混凝土框架体系已经臻于成熟完备,施工技术也相对完善。当然,建筑中也包含一些不符合结构逻辑之处,如加工区和辅助区的混凝土柱分别位于砖墙内外两侧,造成了柱网布局的间断,对施工建造产生了消极影响;砖墙仅作为填充材料不承受荷载传递,理应缩减厚度,但是该厂房的砖墙厚度仍然高达 4.5 砖(1.1 m),十分不经济;虽然建筑主体采用了钢筋混凝土

框架体系,但是右侧山墙和5、6层仍采用过渡时期的砖混内框架结构,上下、左右结构的脱节造成了建筑整体性的结构失调,于抗震不利;建筑仍处处模仿传统的砖混结构外观,壁柱、小窗、拱券等传统砖混构件仍大量存在。

从1904年的横道河子铁路浴池、中东铁路管理局大楼,到1921年的天兴福第二制粉厂,中东铁路近代建筑完成了从局部钢筋混凝土构件到整体钢筋混凝土框架的转变,技术臻于成熟,市场也趋于完善,但是与技术体系有序演进相反,混凝土的配比一直处于相对落后的境地。早期的素混凝土、钢筋混凝土材料普遍以鹅卵石为骨料,且所占比重极高,以节约水泥的用量(图3-25);及至20世纪30年代,虽然施工中已经采用了机械浇筑、水泥喷枪等先进工艺设备,但是水泥原材料的缺乏仍然束缚着钢筋混凝土材料工艺的进步。在1929年穆棱煤矿的钢筋混凝土高架桥施工中,承包商A.A.拉赫玛诺夫采购了300 km外俄国远东斯巴斯基水泥工厂的水泥,钢筋混凝土中水泥、沙子、卵石配比为1∶2.5∶4,沙子、卵石骨料配比明显偏高,其结构性能尚不及现行C20混凝土,并且尽管工程师安德烈·伊万诺维奇极致地清洗鹅卵石以避免骨料与砂浆黏结的空腔,但是鹅卵石的光滑表面势必降低骨料与砂浆的有效黏结,卵石骨料的不均匀沉降也造成了混凝土内部受力的不稳定。考虑到长达10余年的技术断层,中东铁路与相邻的南满铁路在钢筋混凝土结构上的技术差距越来越大,当中东铁路还在探索如何通过合适配比降低水泥用量的同时,南满铁路的工程师们已经聚焦于水泥成分与黏接力的关系、浇筑水量与凝结时间的关系以及不同工厂所产水泥粉末的细腻程度、温度对硬化时间的影响、7天与28天养护的强度、混凝土中沙子的粗细比例配合、混凝土硬化散热量等问题,甚至研究了砂糖、海水对混凝土硬化时间、强度的影响,并且通过满铁用度事务所仓库(六层,1929年)、三菱商事会社大连支社(三层,1929年)、大连满铁社员消费组合本部(七层,1929年)、大连埠头十号仓库(四层,1929年)等的建造显示了超强的钢筋混凝土框架结构技术应用,中东铁路在此方面已经完全落后于相邻的南满地区。

最后需要指出的是,尽管天兴福第二制粉厂采用了钢筋混凝土框架结构,但并不能说明新型框架结构已经成为高层、大跨建筑的主流结构形式,砖混内框架、砖混钢骨混凝土等过渡结构形式仍占据市场主流。如5年后的哈尔滨天兴福第四制粉厂就回归到传统的砖混钢梁结构,从侧面反映出钢筋混凝土及框架结构仍然是小众结构样式。直到20世纪30年代伪满洲国成立以后,日本启动"大哈尔滨都市建设计划",钢筋混凝土框架结构才成为哈尔滨主要的建筑结构形式。

综上所述,虽然中东铁路近代建筑有着砖混结构、内框架结构、框架结构的技术多样性特征,但是在技术的发展上并没有完全遵循理性演进脉络。19世纪末20

世纪初,传统的砖混结构在经历数世纪的发展之后已经在墙体、楼板、屋架等方面形成了定型的标准做法,并在跨度、高度等方面也趋于传统材料的极限,加之俄国本身就具备底蕴丰富、技术突出的金属结构,因此包括砖混、钢骨、内钢框架在内的大量结构技术在极短时间内传播到中东铁路沿线,这样的传播具备"一揽子"的特征,并没有具体和明显的发展脉络。另一方面,由于钢筋混凝土及框架结构在俄国本土处于探索之中,因而中东铁路沿线钢筋混凝土框架结构的发展与俄国保持同步,呈现独具特色的"素混凝土—钢筋混凝土—钢筋混凝土框架"的发展过程,其中也包括对于配筋、骨料、配比的探索,总体上具备"一揽子"特征的局部理性演进成为中东铁路近代建筑技术分期的主要特征。

从砖混结构到内框架结构再到框架结构,是国内近代建筑普遍遵循的结构演变过程。囿于地域性因素的影响,中东铁路近代建筑在遵循这一发展逻辑的同时还具备一些独特的演变规律特征,本章即以此进行分析,主要结论如下:

(1)砖混结构因其简单的建造属性和包容的结构逻辑,呈现出超强的时空应用特征。砖混结构以墙体、楼面、屋架为结构组成,形成了砖、石、木、土的墙体材料,梁板、钢骨的楼面组合和单柱、双柱、系梁、复合的屋架形态,各结构单元的随意组合使得砖混结构具有广泛的空间应用特征。后期金属、混凝土等新型材料引入之后,也开始作为局部构件引入砖混结构之中,解决了建筑的跨度、高度难题,使得砖混结构具有极高的技术性价比,因而成为中东铁路近代建筑中应用范围最广、应用时间最长的结构形式,而这间接限制了后期对框架结构的探索。

(2)金属内框架结构仅在城镇建设初期短暂应用,且结构技术高度成熟。得益于俄国本土领先的金属结构技术,"拿来主义"式的应用使得中东铁路的金属内框架结构在室内钢柱、钢屋架等方面均达到了标准定型的地步,因技术领先,其甚至在中国近代建筑结构演变中占据了一席之地。

(3)钢筋混凝土框架结构间断、曲折发展。虽然早在 1907 年中东铁路就在其总工厂的车厢组装车间中探索性地使用了钢筋混凝土框架结构,但在诸多因素的影响乃至制约下,钢筋混凝土框架结构并没有得到大范围的应用。直至 1920 年左右,钢筋混凝土框架结构再次刺激性发展,并在平面空间、结构体系、施工工艺等方面趋于成熟,开始被应用在教堂、桥梁、工厂等建筑类型中。然而,在原材料缺乏、应用市场萎缩、建造成本较高等诸多因素的制约下,钢筋混凝土框架结构仍然无法抵御传统砖混结构的冲击,只能在狭小的应用范围中曲折发展,因而中东铁路近代建筑中,钢筋混凝土框架结构建筑的数量十分有限。

5 中东铁路近代建筑的防寒采暖技术

从建筑气候区划来看,中东铁路近代建筑多数位于严寒地区中的 IB 和 IC 区,这些地区最冷月平均气温均低于 −10 ℃,防寒、保温成为建筑设计中的重要考虑因素。为了保证舒适的室内温度,多种多样的主动、被动防寒设计贯穿于城镇的选址布局和建筑的平立面设计中。本章将主要探讨中东铁路近代建筑的各类采暖、防寒技术,并通过软件模拟衡量当时各类建筑采暖技术的水平。

5.1 综合考量的室内采暖技术

前文已述,中东铁路近代建筑的外墙材料和构造多样,厚度普遍超过 700 mm,通过提高墙体热阻降低室内与室外的热量交换。室内采暖设施以壁炉为主,俄式火炉、集中采暖为辅,共同提高室内温度水平;同时借助配套的通风设计,在提高室内空气质量的同时降低采暖设施中燃料燃烧的潜在风险,从而营造舒适的室内居住环境。

5.1.1 壁炉采暖技术

传统的俄国住宅采暖以俄式火炉为主,其体量庞大,平面尺寸一般不低于 1.5 m×2.0 m,内设一个燃烧室,可满足烹饪、烘烤、干熏、加热等多重功能。俄式火炉的热效较低,仅为 25%～30%,其中仅有 18%～23% 的热量用于室内供暖。19 世纪中期以后,随着俄国效仿西方程度的深入,热效更高并且干净整洁的荷兰式壁炉逐渐被应用,并在 20 世纪初传播至整个俄国。与传统俄式火炉简单的炉膛构造相比,荷兰式壁炉内设 6 根复杂的提升或下降的烟道,冗长的烟道设计增加了烟气与室内的热交换时间,从而极大地提高了热效(可达 40%～55%),但是由于烟道过长,烟气的冷却较快,烟囱排烟的阻力也很大,因而容易造成通风不良(图 5-1)。此外,荷兰式壁炉仅有采暖功能而没有烹饪功能,因此在实际设计中通常与俄式火炉同时存在。

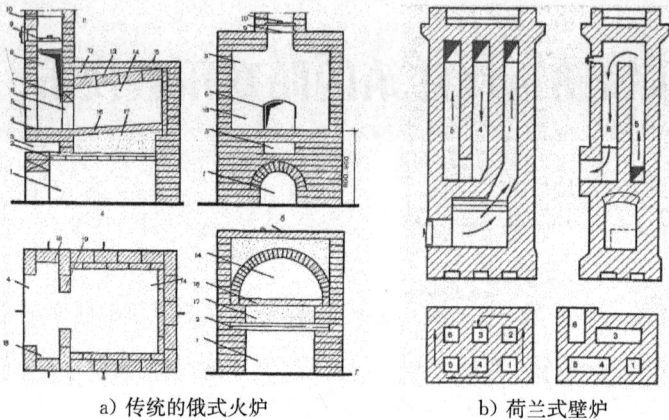

a) 传统的俄式火炉　　　　　　　　b) 荷兰式壁炉

图 5-1　俄国住宅中常用的采暖设施

中东铁路修筑之后,俄式火炉与荷兰式壁炉(以下简称壁炉)组合应用的采暖设计也被应用到了各类中东铁路住宅中,而公共、行政、办公等类型建筑由于无需考虑烹饪功能仅使用壁炉采暖。与俄国本土的采暖设计相比,中东铁路近代建筑的采暖设计具有一些明显的地域性特征,这主要表现在两个方面。其一是所用壁炉的尺寸明显偏小,俄国传统住宅的壁炉尺寸一般不会低于 1.1 m×1.2 m,而中东铁路近代建筑中的壁炉最大也未超过 1.05 m×1.5 m,并且该尺寸规格的壁炉也极少应用;其二是俄国传统住宅比较注重采暖的舒适性,一般都是每个房间布置一个壁炉,而中东铁路近代建筑则更加注重采暖的经济性,一般是 2~3 个房间共享一个壁炉,采暖的舒适性有所降低。

5.1.1.1　壁炉的构造与热效

(1) 壁炉的构造

中东铁路近代建筑所用壁炉,其构造与俄国本土所使用的壁炉基本无异,都是通过上下回环的烟道设计延长烟气的停留时间,尽最大可能提高烟气与室内空间的热量交换。根据不同的壁炉尺寸,其烟道一般在 2~6 根,数量过多则容易造成烟道排烟不畅,对室内空气质量产生影响。值得一提的是,壁炉有 2 处独特的细部设计,其一是炉膛与烟道之间设有金属隔断板,可以控制烟气的流动速度,便于根据室外风力大小调节炉膛火力和散热情况;其二是多个壁炉之间的烟囱可以组合,壁炉既可独立设置烟囱,也可多个壁炉共用一个烟囱,此时需在闷顶内部设置水平烟道,以便将多个壁炉产生的烟气汇集在一起通过烟囱排出。

从平面上来看,壁炉有圆形、矩形和角形3种形式,可以布置在室内正中、隔墙中部、房屋拐角等多个部位,占用室内面积较小(图5-2)。角形壁炉由于平面结构复杂且烟气组织繁冗,因而除了一些等级较高的住宅以外,其他建筑鲜有采用。3种形式的壁炉其平面尺寸多达16种,散热能力各有不同,因此可以根据建筑的功能和面积作出合适的选择(表5-1)。在实际应用中,R5、R7、R8、R9、R10、C16和C17这7种规格使用较广泛,其余壁炉由于散热不具经济性而较少使用。在广泛使用的7种规格中,R5尺寸较小,仅用于厕所和浴室;R7、R8、C17多用于室内隔墙,可以向两个房间同时辐射热量;R9、R10多用于室内纵横墙交角,可以向三个房间辐射热量;C16多用于卧室一隅,仅向卧室供热。

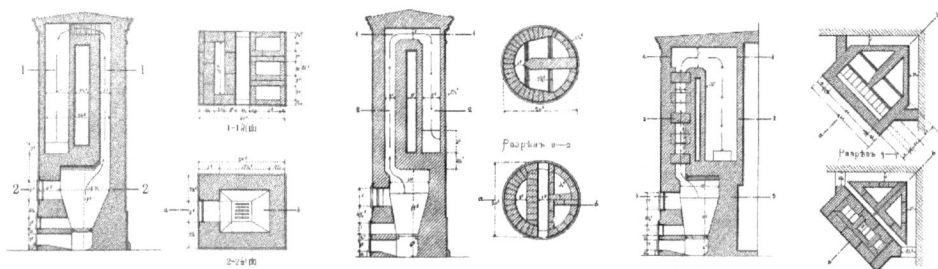

图5-2　矩形、圆形、角形壁炉的构造示意

表5-1　中东铁路近代建筑中壁炉的形式与尺寸

矩形壁炉	角形壁炉	圆形壁炉
R5:0.5 m×0.5 m	T12:0.8 m×0.8 m×0.8 m	C16:D=0.66 m
R6:0.66 m×0.66 m	T13:0.9 m×0.9 m×0.9 m	C17:D=0.8 m
R7:0.8 m×0.8 m	T14:1.05 m×1.05 m×1.05 m	C18:D=0.9 m
R8:0.9 m×0.9 m	T15:1.1 m×1.1 m×1.1 m	C19:D=1.05 m
R9:1.05 m×1.05 m		C20:D=0.66 m
R10:0.9 m×1.4 m		
R11:1.05 m×1.5 m		

值得一提的是,砌筑壁炉所用的材料也反映了当时世界范围内建筑材料的集合流动。如炉体所需的耐火砖有的来自俄国莫斯科的 M. A. C. 耐火砖厂、远东海参崴的 STARTSEFF 耐火砖厂,有的来自日本的三石、三菱、播州耐火砖厂,甚至还有唐山开滦矿务局生产的 KMA 耐火砖,虽然产地不同,但是这些耐火砖具有相同的质量标准,即所含耐热材料氧化铝比例均在35%以上,具有较低的收缩率、孔隙率和1 200 ℃的耐

热极限,这从侧面反映出当时中国民族企业的产品与国外同行不相上下(图5-3)。

a) M. A. C. 耐火砖   b) STARTSEFF 耐火砖   c) B. Y. K. 耐火砖   d) 开滦矿务局耐火砖

图5-3　壁炉中所使用的各类耐火砖

(2) 壁炉的热效

从调研来看,中东铁路近代建筑中的壁炉有铁皮、釉面、红砖3种外观材质。铁皮壁炉导热性能较高,热效也很高,是应用最多的壁炉形式;釉面壁炉表面饰以白色或黄色的釉面瓷砖,装饰效果较强,多应用在等级较高的住宅中;红砖壁炉的表面则雕刻着动植物纹样的浮雕,同样具有装饰作用(图5-4)。这3种外观材质的壁炉具有不同的热效,如表5-2所示。

图5-4　中东铁路近代建筑中的壁炉应用

表5-2　壁炉的散热强度和热效

指标	铁皮壁炉	红砖壁炉	釉面壁炉
散热强度(W/m²)	256～407	203～233	174～203
表面温度(℃)	80	70	60～70
热效(%)	82.3	68.7	73.8

根据1939年日本学者所做的壁炉散热试验,红砖壁炉在每小时消耗2 kg煤炭、外温15.9 ℃的情况下,其表面平均温度53.3 ℃,室内平均温度可达18.7 ℃;釉面壁炉在每小时消耗2 kg煤炭、外温12.8 ℃的情况下,其表面平均温度61.2 ℃,室内平均温度可达21.4 ℃。可见釉面壁炉在室外温度较低的情况下,可以凭借其较高的热效和表面温度,确保室内环境的舒适。

虽然 3 种壁炉中,铁皮壁炉热效最高,达到 82.3％,但是试验表明仍有约 21％的热量通过烟囱排烟而损耗。伪满洲国成立之后,满洲建筑协会也竭力对壁炉进行改良,最主要的措施就是将壁炉内部原来上下或左右串联的烟道改为并联烟道,并由此发明出锦户、宫崎两种日式壁炉。随后南满铁路全面接收中东铁路之后,日本在针对中东铁路附属建筑的改造中将所有的壁炉全部替换为新式的日式壁炉。改良之后的日式壁炉散热强度可达 $800\sim900$ W/m^2,较之原本的壁炉提高了一倍有余,热效最高可达 87％,烟囱的热量损失也降到 12％以下,中东铁路建筑的室内采暖水平得到了明显提高。

5.1.1.2 壁炉的平面布局特征

基于不同建筑之间功能、空间、属性的差异,壁炉也产生了不同的平面分布特征,以满足不同建筑的采暖需求。

(1) 居住建筑

中东铁路的居住建筑多样,可以分为独户型、双户型、三户型、四户型等多种。居住建筑内的起居、餐饮、就寝等空间普遍以门厅或餐厅为核心呈穿套式布局,平面布局紧凑,没有多余的交通空间,因而壁炉分布多与空间功能结合考虑,以统筹优化布局。

首先,住宅平面普遍为矩形,体形系数较好,转角部位易受室外气候影响,因而多布置厨房、厕所、佣人房、仓储等对温度需求不高的房间,空间内一般不设采暖措施;卧室、起居室、儿童室、餐厅等核心空间则置于平面正中,空间内仅有一面外墙与室外接触,内设壁炉采暖,壁炉的位置分布与空间功能有着密切的联系。

其次,壁炉多嵌于内墙之中,可以同时向两个房间辐射热量。除特殊情况外,壁炉一般不邻外墙,以避免热量对外散失。

最后,壁炉尺寸多采用 R6、R7、R9、C17 这 4 种规格,R6 多用在厕所、浴室内部,其空间面积一般不超过 2.1 m^2;R7 多位于佣人房、儿童室、次卧等房间面积不超过 5 m^2 的房间隔墙;R9、C17 则多用于餐厅、主卧等面积较大的房间(图 5-5)。

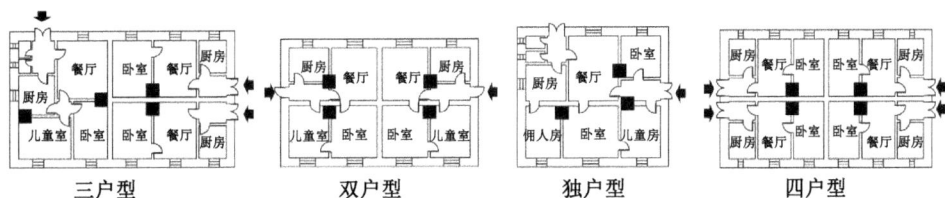

图 5-5 居住建筑中壁炉的分布

(2) 交通建筑

中东铁路中的交通建筑以各等级的火车站为主。等级较低的四、五等火车站平面以矩形为主,面积一般不超过 50 m²,一般只有候车室、站长办公室、电报室 3 个功能空间,因而平面布局比较紧凑,壁炉也多位于室内隔墙正中,向两个房间同时辐射热量。

随着车站等级的升高,室内空间趋于复杂。标准化设计的二、三等车站平面基本上可划分为候车和办公两个空间,候车区内设有一、二等旅客候车室,面积可达 30 m²,办公区设有邮件、电报、餐厅、站长室等多个功能空间,因而壁炉有着不同的平面分布:候车区由于面积较大,一般单独设置 1～2 个壁炉,以满足候车区的采暖需求;办公区则遵循一个房间配置一个壁炉的原则,更加注重采暖的舒适性。可见,交通建筑呈现出与住宅截然不同的壁炉布置特征(图 5-6)。

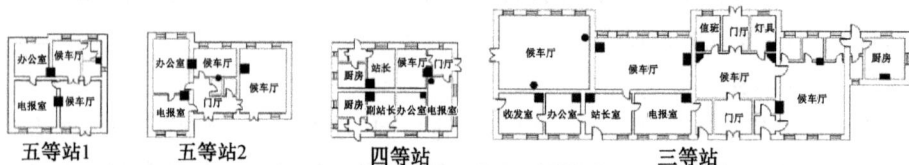

图 5-6 交通建筑的壁炉分布

(3) 公共建筑

公共建筑包括学校、医院、办公楼、宾馆等。这些建筑虽然功能各异,但是基本都使用了单面廊或双面廊的平面形态,因而其壁炉分布有着相似的特征:壁炉基本都布置在走廊内墙中,呈线性排列,同时向走廊和内部房间辐射热量;并且基于房间面积,所采用的壁炉尺寸也十分多变,R5～R11 都有采用(图 5-7)。

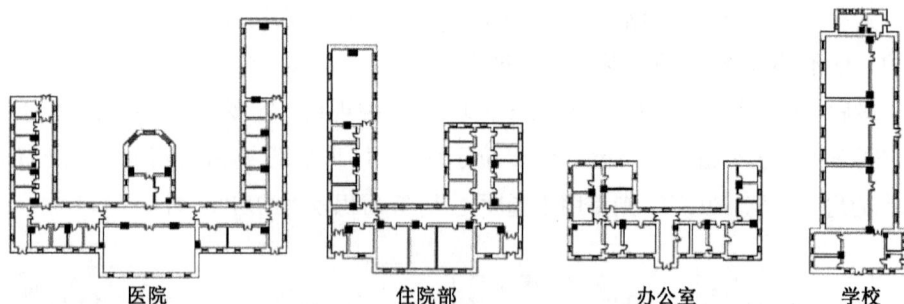

图 5-7 公共建筑中的壁炉分布

(4) 军事建筑

中东铁路的军事建筑以兵营、马厩为主。这些建筑普遍为长条状的矩形平面,以完整通透的集体居住空间为主,两侧布置一些办公、餐饮辅助用房,由于面积大体量长,外墙的热损失较高,因而壁炉多沿外墙呈周边式的布局,且以 R11、C19 这样的大尺寸壁炉为主(图 5-8)。

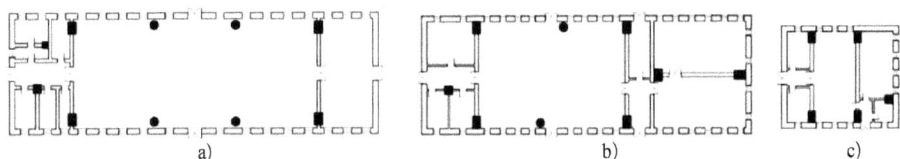

图 5-8 兵营的壁炉分布

事实上,中东铁路近代建筑对室内采暖需求的考虑十分体贴入微,除上述居住、交通、公共、军事建筑外,一些面积不足 15 m² 的小型附属设施如公共厕所、车站开水房、兵营禁闭室等建筑的室内也会布置 1~2 座壁炉以供采暖之用,壁炉采暖已经广泛应用于中东铁路建筑的方方面面。

5.1.2 其他辅助采暖设施

中东铁路近代建筑的采暖以壁炉为主,还有一些其他的辅助采暖设置如火炉、集中采暖等,这类设施的应用范围有限,也并不常见,但其对于室内热环境的营造同样不可或缺。

5.1.2.1 俄式火炉

前文已述,俄式火炉在满足炊事需求的同时也能够辐射 18%~23% 的热量,同样具备一定的采暖功能。俄式火炉一般有 3 种构造形式,具备从单一的烹饪到复杂的烘焙、保温等多种功能,可满足不同等级住宅的使用需求。

与壁炉的散热原理相同,俄式火炉也是通过延长烟气的停留时间来满足多种使用需求。其近火端放置各种炊具用于烹饪,远火端利用烟气的环绕来烘焙保温,火炉内设有多个闸门可以改变烟气走向,便于对火炉的使用功能进行调节(图 5-9)。

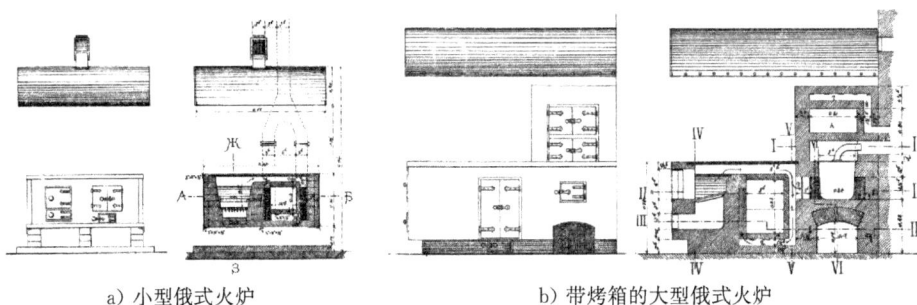

a) 小型俄式火炉　　　b) 带烤箱的大型俄式火炉

图 5-9 中东铁路近代建筑中的俄式火炉示意

俄式火炉也可与火墙连接,利用火墙进行散热。由于火墙内部已经有了横向、纵向串联的烟道,因此火炉构造应简单,避免因烟道过长造成排烟不畅。火墙与烟囱连接处必须砌两个"插板",一个用于控制热量和风力,室外风大时插进去一些以避免热量散失,风力较小时则全开以加大"抽力";另一个则是待取暖季过后,用于改变烟气走向,使之直接进入烟囱,火墙不再受热。研究表明火墙的散热能力为:单面散热的火墙每平方米可加热 8～12 m³,双面散热的火墙每平方米可加热 5～7 m³。和壁炉相比,火墙的散热能力较低,但是其装饰效果突出,主要应用于中东铁路的各类高级官员住宅中,如哈尔滨联发街 15 号住宅(图 5-10)

a) 火墙采暖   b) 开敞壁炉

图 5-10   中东铁路建筑中的火墙和开敞壁炉

除了火炉、火墙,在中东铁路住宅中还有一类简单的开敞壁炉,一般置于起居室的一隅,其炉膛外露,烟气经"S"形烟道回转之后排出,热效较低。它是家庭生活空间的核心,因此精神象征意义超过采暖功能。但其炉膛外露,火星极易崩落,有潜在的火灾风险,因此应用也不广泛。

5.1.2.2   集中采暖

壁炉、火墙、火炉等采暖设施主要应用于单层建筑中,当建筑层数超过 2 层时,壁炉、火墙采暖系统的烟道组织过于复杂,加之燃料搬运麻烦,因而新的集中采暖系统开始得到应用。公认的集中采暖系统出现在 19 世纪末,1890 年在欧洲贵族宅邸中兴起,当时采用的是铸铁浮雕单柱形式,价格极其昂贵,作为一种生活中的奢侈品流行于上流社会。1900—1920 年,随着人们对暖气片取暖的方便性、舒适性的认识和上流社会交际场所等取暖的需要,产生了散热量较大的多柱、铸铁浮雕暖气片。俄罗斯对于集中采暖的认识和应用也较早,在 1911 年出版的《建筑物设计和施工指南》中就详细描述了集中采暖系统的布置和多种细节。

中东铁路建筑中的集中供暖系统有锅炉采暖、燃气采暖、电力采暖等多种形式,在实际应用中以锅炉采暖为主,多应用于多层的大型行政、办公、军事类建筑和沿线的铁路浴池中,如中东铁路管理局、一面坡外阿穆尔军区司令部、安达铁路俱乐部等。这些建筑普遍设地下室用于安置锅炉,墙壁和地下设管道并安装铸铁回水管道,散热用的铸铁片嵌于外墙窗台之下,整个供暖系统与现代的集中采暖系统并无二致(图5-11)。

图5-11　中东铁路中央图书馆的集中采暖设施

5.1.3　辅助通风安全设计

在中东铁路近代建筑中,为避免冬季室内热量的损耗,多数建筑冬季并不开窗,但因此也会带来一定危害,如室内空气浑浊,容易造成肺炎、结核等疾病盛行,同时各类采暖措施也不能保证燃料充分燃烧,有潜在的中毒风险,这些都对居住者的安全造成一定威胁,因此必要的室内外通风十分重要。与采暖系统一样,中东铁路近代建筑的通风换气也是统筹、综合设计的独立系统,按照其换气原理可分为风压通风、热压通风两种。

5.1.3.1　风压通风技术

风压通风即借助室内和室外空气之间的压力差,实现室内外空气的自然流通,这也是中东铁路近代建筑中最常见的通风方式。

窗户是最常见的风压通风设施,为避免冬季开窗造成室内热量的瞬时大量损耗,一般在窗户上侧开圆形、矩形的通风小窗或通风格栅以实现通风换气。根据建筑体量、空间的不同,建筑的风压通风技术各异。体量较小的室内厕所、储藏地窖等一般在室内布置木板拼贴的竖向通风管,利用风压排出臭气、潮气;兵营、马厩、大型宿舍等大空间建筑多在坡屋顶上设侧窗或在屋脊处设高窗,同样具有通风的功能(图5-12)。

窗户、通风管属于简易的换气设施,应用也十分简单、普遍。在一些大型的住宅和公建中,其通风换气设施通常与外墙、闷顶结合设计,形成独立的通风换气系统。这样的风压通风系统主要由水平通风管道、垂直通风管道、通风囱3部分构成

（图 5-13）。

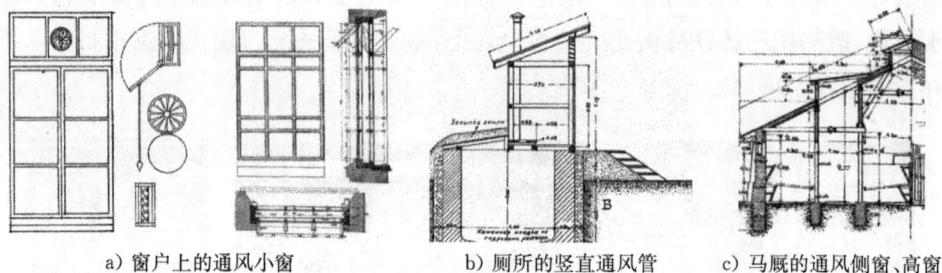

a）窗户上的通风小窗　　　b）厕所的竖直通风管　　　c）马厩的通风侧窗、高窗

图 5-12　简单的风压通风设施

a）阁顶内的水平通风管道　　　b）阁顶内的垂直通风管道　　　c）屋面换气通风囱

图 5-13　与外墙融合的风压通风系统

水平通风管道沿建筑外墙呈环形回路设计，分别位于外墙的底部和顶部。底部的通风管道布置一定的通风篦与室内连接，顶部的通风管道则通过通风囱与室外连接，顶部和底部的通风管道之间由若干垂直通风管道连接，由此室内空气经通风篦—水平通风管道—垂直通风管道—通风囱实现了与室外空气的交换。需要说明的是，冬季室内外气压差较大，通风管道内空气流速很快，容易带走室内热量，因此风压通风多数关闭，室内外通风主要由热压通风系统解决。

5.1.3.2　热压通风技术

热压通风技术主要借助壁炉、火炉散热产生的室内外温差促进空气流动，以带动空气交换，因此热压通风系统主要布置在壁炉、火炉等采暖设施附近，使中东铁路近代建筑形成了外墙风压通风、内墙热压通风的双重通风系统。

根据田中良太郎的壁炉采暖试验，矩形 R9 壁炉在燃烧单位燃料时，所产生的热量中有 21.8% 经烟道排出而损耗，烟道内烟气温度高达 146.6～154.7 ℃。为充分利用烟道的烟气高温，通风管道多毗邻壁炉烟道而设或者直接将壁炉烟道包裹在内，由此壁炉烟道内的高温烟气可加热毗邻通风管道内的空气，使得通风管道内空气上下之间产生温差，从而促进空气流动实现换气功能（图 5-14）。正因壁炉烟道与换气烟道毗邻而设,因此多数建筑的室外烟囱庞大高耸,最大可达0.7 m×1.6 m,内设烟道、通风管道多达6根。

借助风压通风和热压通风,中东铁路近代建筑形成了相对独立完善的通风换气系统,外墙通过内部的水平、垂直换气管道借助风压通风,内墙则借助壁炉烟气产生的内外温差实现热压通风,能够在避免室内热量瞬时大量损耗的前提下提供新鲜干净的空气补充,弥补了壁炉燃烧造成空气质量低下的不足。

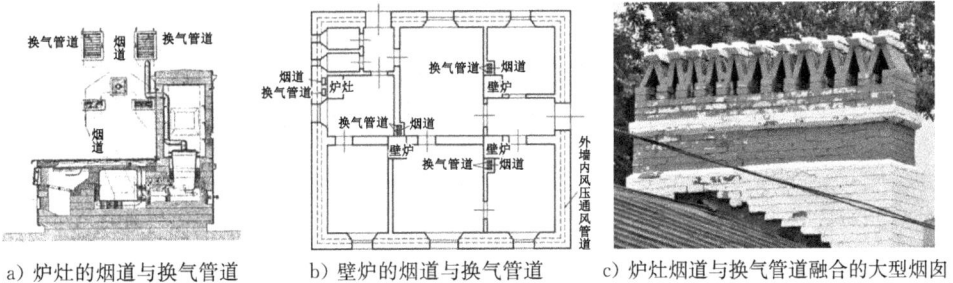

a) 炉灶的烟道与换气管道　　b) 壁炉的烟道与换气管道　　c) 炉灶烟道与换气管道融合的大型烟囱

图 5-14　中东铁路近代建筑的热压通风设计

5.2　围护界面的防寒设计

多样的采暖措施确保了室内热源的供给,如何降低室内外之间的热量交换,减少热量的损耗也成为建筑防寒设计的重要考虑,中东铁路近代建筑采取了多样而科学的防寒设计。

5.2.1　契合地域的外墙构造

前文已述,中东铁路近代建筑的外墙围护材料以砖、石、木3种材料为主,考虑到砖、石材料较高的导热系数,一般通过增加墙厚来提高热阻,多采用700 mm(两砖半厚)或840 mm(三砖厚),西部大兴安岭、呼伦贝尔高原由于气候更加严寒,墙厚甚至达到960 mm(三砖半厚)。厚重的墙体造成了建筑体量的敦实和材料的浪费,为了更加有效地提高外墙的防寒能力,构造复杂、契合地域环境的复合外墙开始出现,并得到广泛的应用。

复合外墙采用锯末、木材、毛毡等导热系数较低的材料,通过拼贴、叠累、组合而成,形成了木筑墙体、板夹墙体、砖木墙体3类共计9种构造形式(表5-3)。

表5-3　中东铁路近代建筑中的复合墙体构造

木筑墙体	200 mm圆木 木板 毛毡隔汽层 45°斜交木板条网 表面抹灰 木刻楞墙体	木板企口相接 200 mm半圆木 木板 毛毡隔汽层 45°斜交木板条网 表面抹灰 板材木刻楞墙体	表面抹灰 45°斜交木板条网 木板 200 mm圆木 木板 毛毡隔汽层 45°斜交木板条网 表面抹灰 抹灰木刻楞墙体
板夹墙体	木板企口相接 130 mm锯末保温层 木板 毛毡隔汽层 45°斜交木板条网 表面抹灰 板条饰面墙体	雨淋板搭接 木板企口相接 130 mm锯末保温层 木板 毛毡隔汽层 45°斜交木板条网 表面抹灰 雨淋板饰面墙体	表面抹灰 45°斜交木板条网 木板 130 mm锯末保温层 木板 毛毡隔汽层 45°斜交木板条网 表面抹灰 抹灰饰面墙体
砖木墙体	砖材砌筑 200 mm半圆木 木板 毛毡隔汽层 45°斜交木板条网 表面抹灰 砖材半圆木墙体	砖材砌筑 毛毡隔汽层 130 mm锯末保温层 毛毡隔汽层 砖材砌筑 表面抹灰 砖夹锯末墙体	砖材砌筑 木板 130 mm锯末保温层 木板 45°斜交木板条网 毛毡隔汽层 表面抹灰 砖材板夹墙体

　　在复合墙体中,除木刻楞墙体、板材木刻楞墙体、板条饰面墙体、雨淋板饰面墙体形式源自俄国本土外,其余均是基于防寒需求而产生的东北地域性结构形式。如抹灰木刻楞墙体和抹灰饰面墙体,分别在板材木刻楞墙体和板条饰面墙体的基础上增加了一层木板条网和灰泥组成的饰面层,由于内部木材不可见,因此选材标准较低,可以在降低造价的同时提高防寒性能;砖材半圆木墙体、砖夹锯末墙体和砖材板夹墙体,外侧使用砖材满足审美装饰需求,内部使用木材、锯末增加墙体的防寒效果,但是由于内外两种材料的沉降程度不同,后期会出现外墙坍塌的现象。与传统的砖、石外墙相比,复合外墙构造可以明显地提升墙体热工特性。墙体的热工特性不仅体现在以其热阻降低室内外热量传播,还在于对室外温度波动向室内传播过程的衰减和延迟作用。前者体现了围护结构的防寒性能,可以通过传热系数 K 来评价;后者反映了围护结构的热稳定性,可以通过衰减倍数 v_0 和延迟时间 ξ 来评价。

通过统计中东铁路建筑遗产中常见的围护结构构造形式以及材料厚度、热阻、蓄热系数等指标,依据什克洛维尔的周期性不稳定传热原理,可以计算围护结构的传热系数 K、衰减倍数 v_0 和延迟时间 ξ。

$$K = \frac{1}{R_0} ; \quad R_0 = R_i + \Sigma R + R_e \tag{5-1}$$

$$v_0 = 0.9 e^{\frac{\Sigma D}{\sqrt{2}}} \cdot \frac{S_1 + \alpha_i}{S_1 + Y_{1,e}} \cdot \frac{S_2 + Y_{1,e}}{S_2 + Y_{2,e}} \cdot \cdots \frac{S_n + Y_{n-1,e}}{S_n + Y_{n,e}} \cdot \frac{\alpha_e + Y_{n,e}}{\alpha_e} \tag{5-2}$$

$$\xi = \frac{Z}{360} \left(40.5 \Sigma D + \arctan \frac{Y_e}{Y_e + \alpha_e \sqrt{2}} - \arctan \frac{\alpha_i}{\alpha_i + Y_{ei} \sqrt{2}} \right) \tag{5-3}$$

式(5-1)中,R_0 为传热阻,R_i 为内表面换热阻,R_e 为外表面换热阻,R 为各材料层热阻;式(5-2)(5-3)中,α_i 和 α_e 分别为围护结构内、外表面换热系数,D 为围护结构的热惰性指标,S_1、S_2、$\cdots$、S_n 为由内向外各材料层的蓄热系数,$Y_{1,e}$,$Y_{2,e}$,$\cdots$,$Y_{n,e}$ 为由内向外各材料层外表面的蓄热系数,Z 为采暖期天数。

假设在室外温度波幅 10 ℃的情况下,依据上述公式计算中东铁路近代建筑中各类外墙结构的热工特性指标如表 5-4 所示。

对比表中砌筑墙体组合墙体的热稳定性,可以看出,在室外温度波幅 10 ℃的情况下,2 类墙体内表面温度波幅基本都能控制在 0.1 ℃以内,延迟时间都能达到 10 h 以上,表明室外温度变化对外墙内表面的影响较小,墙体的热稳定性能优良。在防寒性能上,由于砖、石墙体的材料导热系数较高,因此即使增加了厚度,墙体的传热系数仍为 0.79～1.96 W/(m² · K),失热较多;而组合墙体由于采用导热系数较低的锯末、木材和复杂构造形式,因此传热系数较低,为 0.30～0.53 W/(m² · K)。可见,砖石墙体和组合墙体都能有效应对室外温度变化对室内温度的影响,但是组合墙体的防寒性能明显优于传统的砖石墙体。

基于组合墙体优秀的热工特性,中东铁路近代建筑形成了不同的墙体应用策略:砖石墙体施工快速、热工性能相对较低,较多地应用在交通运输便利、气候相对温和的松嫩平原地区;而组合墙体由于热工性能相对较好,则较多地应用在气候更加严寒的大兴安岭、呼伦贝尔高原和长白山余脉山区。以现存建筑遗产数量较多的昂昂溪、安达、一面坡、博克图、满洲里、免渡河 6 个城镇为例,分析现存遗产中组合墙体建筑所占地区遗产总量的比例,可以看出组合墙体建筑的占比明显随着地区最冷月平均温度的降低而增高,表明地域越冷,所采用的组合墙体建筑的比例越高,墙体构造应用明显具有因地制宜的属性,这对室内热环境的营造也产生了积极有效的作用(表5-5)。

表5-4　中东铁路建筑遗产中常见墙体结构的热工性能评价

墙体结构		构造及厚度(mm)	$K[\mathrm{W}/(\mathrm{m}^2 \cdot \mathrm{K})]$	v_0	波幅(℃)	ξ (h)
砌筑墙体	砖材墙体	墙厚700	0.97	853.75	0.012	24.63
		墙厚840	0.83	3 092.10	0.003	29.55
	石材墙体	墙厚700	1.96	109.36	0.091	17.50
		墙厚840	1.72	257.32	0.039	20.85
		墙厚980	1.54	636.16	0.016	24.22
	砖石墙体	墙厚700	0.79	548.70	0.018	23.47
组合墙体	木筑墙体	木刻楞墙体,厚250	0.52	142.20	0.070	14.49
		抹灰木刻楞墙体,厚280	0.48	218.71	0.046	16.50
		板材木刻楞墙体,厚280	0.47	241.68	0.041	15.51
	板夹墙体	板条饰面墙体,厚235	0.33	81.59	0.122	10.72
		雨淋板饰面墙体,厚300	0.30	131.82	0.076	12.82
		抹灰饰面墙体,厚270	0.31	123.04	0.081	12.84
	砖木墙体	砖材半圆木墙体,厚550	0.53	3 452.20	0.003	27.80
		砖夹锯末墙体,厚450	0.31	383.14	0.026	17.18
		砖材板夹墙体,厚370	0.32	245.95	0.041	16.23

表5-5　不同地区组合墙体建筑所占比例与室外平均温度的关系

	昂昂溪	安达	一面坡	博克图	满洲里	免渡河
最冷月室外平均温度	−18.6 ℃	−19 ℃	−20 ℃	−21.5 ℃	−23.3 ℃	−27 ℃
遗产中组合墙体建筑占比	3%	7%	30%	43%	50%	65%

5.2.2　围合过渡的缓冲空间

中东铁路近代建筑通过构造多样、契合地域的围护结构降低了室外环境从墙体维度对室内热环境的影响,在剩下的上下维度则通过设置闷顶、架空地板的缓冲空间作为室内外之间的过渡。

闷顶是坡屋顶和室内吊顶所围合成的三角形空间,可以起到良好的保温隔热作用,几乎应用在了所有的中东铁路近代建筑中。架空地板层则是将一层地板架高,距地面约 50 cm,地板和地面之间产生空气层,可以阻碍室内热量向外部耗散,同时也能够防止地面潮气侵入室内。

闷顶、架空地板层作为室外与室内的过渡空间,有效地降低了室外温度变化对室内热环境的直接影响,而作为过渡空间与室内空间的界面的地板和顶棚,则成为保温设计的重点,构造形式也比较多样。与室内楼面一样,地板也多为简单的密肋梁板结构,一些等级较高的建筑如官员住宅、医院、办公楼还会在密肋梁之间增加一层锯末保温层以提高其防寒性能。顶棚的构造与地面相似,区别在于顶棚会在木板上铺撒一层约 10 cm 厚的锯末保温,锯末和木板之间还铺有一层毛毡,以避免湿气侵入锯末内部影响防寒性能。一些注重美观的屋面还会在木梁之下钉一层由木板条网和抹灰形成的吊顶,使得屋架内部形成密闭的空气夹层,进一步提升屋面的防寒性能。架空地板层多应用在居住建筑当中,公共建筑则会建造地下室,起到和架空地板层相同的作用。

锯末保温材料、空气夹层的构造设计卓有成效,根据南满铁路时期哈尔滨铁路管理局建筑科的试验研究,梁板结构地面传热系数最低仅为 0.46 W/(m² · K),保温性能远远高于各类砌筑墙体;而融合了密闭空气层、锯末保温材料的楼面传热系数最低也达到了 0.23 W/(m² · K)。地板、楼面的复杂构造设计都对提高室内温度、避免热量流失大有裨益(表 5-6)。

表 5-6　地板、顶棚的构造形式及传热系数

[单位:W/(m² · K)]

地板构造	传热系数	顶棚构造	传热系数
方梁　木地板	1.6	锯末保温层　油毡隔汽层　木板　木吊顶　木板条网　抹灰	0.7
木地板　方梁　锯末填充　木搁板	0.56	锯末保温层　油毡隔汽层　木板　锯末填充　木搁板　木吊顶　木板条网　抹灰	0.3
木地板　花篮梁　锯末填充　木搁板	0.46	锯末保温层　油毡隔汽层　木板　花篮梁　木吊顶	0.23

除上下过渡的闷顶、架空地板层外,门斗也是阻碍室内外热量交换的重要设施。铁路建设初期的标准住宅方案普遍使用内门斗,其功能类似于封闭的门厅,作为室外与室内之间的过渡空间。后期铁路职工入住之后,内门斗空间狭窄、采光昏暗、流线交叉的问题日益突出,人们又开始于入户门外侧设置外门斗。由于系住户自行设计,因而外门斗没有固定的设计标准,可以与花房、阳光房等房间统筹设置,不仅具备防风、保温、纳阳等诸多功能,而且与建筑主体产生体量、材质、通透、审美等多方面的对比,使建筑具有了更加灵活的属性特征。这些外门斗都由砖材或木材构成,几乎应用到了所有的中东铁路近代建筑中(表5-7)。

表 5-7 门斗的形式及应用

门斗形式	图示	应用实例		
木质门斗				
	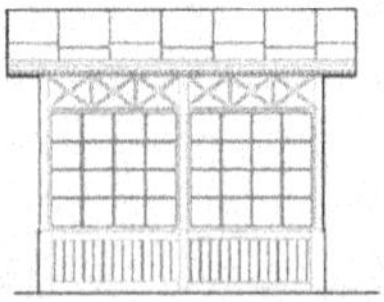			
砖材门斗				

除了以门斗作为室内外缓冲空间外,解决室内外高差的台阶也通常置于门斗内部,这样的设计处理一方面有着防灾减灾的考虑,因为在冬季室外积存冰雪的情况下,室外台阶极易结冰打滑,将台阶移入门斗内部可避免人们进出时不慎摔倒;另一方面则是对防寒的重视,室内的高差可阻挡室外寒风的直接侵袭,同时也可使寒气在门斗内沉积,减轻其对室内空间的直接影响(图5-15)。

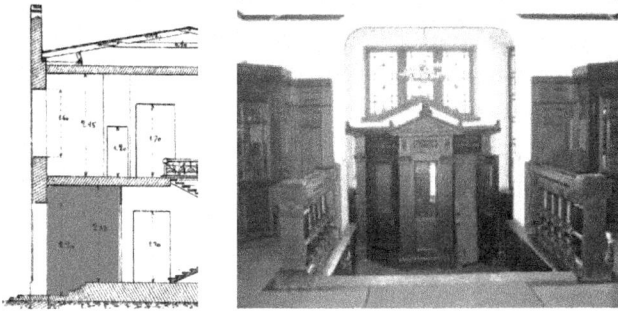

图 5-15　门斗处的高差处理

5.2.3　被动采暖的窗口设计

被动采暖,即通过建筑朝向和周围环境的合理布置、内部空间与外部形体的巧妙处理,无须使用机械动力,利用太阳能使建筑物具有一定采暖能效的技术。中东铁路沿线地区的太阳能资源丰富,以哈尔滨为例,冬季天空云量较少,晴天日数较多,日照百分率可达 67%,因此充分利用窗户采光、被动提高室内温度成为重要的采暖措施。

中东铁路近代建筑的窗户普遍采用外小内大的喇叭形窗口,这样的设计一方面可降低墙体的厚重之感,另一方面与传统的矩形窗口相比,能够有效提升太阳的入射时间和室内热辐射面积,从而被动提高室内温度。同时,屋檐的出挑长度也与窗口的竖向位置巧妙结合,既能在夏季有效遮挡阳光,也能保证冬至日阳光能够不受遮挡地照入室内(表 5-8)。

被动采暖的窗户在有效提升室内热辐射面积的同时,其较高的传热系数也会造成室内热量的大量流失。为了在被动采暖和热量损耗之间权衡,中东铁路近代建筑采用了合理的窗户设计策略。首先,采用了标准化的窗户设计尺寸,除一些特殊功能建筑外,多数的居住、公共建筑的窗户立面尺寸只有 0.4 m×1.7 m、0.9 m×1.7 m 和 1.3 m×1.7 m 的 3 种规格,较小的窗户尺寸有效地降低了建筑立面的窗墙比,根据统计,多数建筑南北向窗墙比为 0.1~0.13,满足《严寒和寒冷地区居住建筑节能设计标准》(JGJ 26—2018)中严寒地区窗墙面积比限值南向≤0.45、北向≤0.25 的规定。另外,在细节构造上,这些窗户的横竖边木均采用燕尾榫卯结合,整体结构性优良;横框设"滴水"构造,以防雨雪通过墙缝侵入室内;玻璃和窗框间用碳酸钙和氧化锌搅拌而成的黏合剂来镶嵌;窗框和窗口之间设有 1 cm 左右的毛毡麻丝嵌缝,同样有效阻挡了室外冷风的渗透(图 5-16)。

表 5-8　中东铁路近代建筑的窗户洞口与竖向位置设计

喇叭洞口与矩形洞口的阳光入射分析(冬至日)				窗高与挑檐结合设计
尺寸	最早太阳入射角度	日照时间增加量	热辐射面积增加量	
0.4 m×1.7 m		约 90 min	约 4.4 m²	
0.9 m×1.7 m		约 60 min	约 3.4 m²	
1.3 m×1.7 m		—	约 0.6 m²	

　　需要指出的是,虽然中东铁路近代建筑中的窗户通过合理的窗墙比例、复杂的结构嵌缝来提高其保温防寒性能,但是这些窗户仍然是室内热量损失的重要部位。这些窗户普遍为间距 0.12 m 的双层木窗,由于构件之间缝隙严重,双层窗户传热系数为 2.7 W/(m²·K),单层窗户的传热系数更是高达 5.0 W/(m²·K),不满足《严寒和寒冷地区居住建筑节能设计标准》(JGJ 26—2018)中严寒地区应≤2.0 W/(m²·K)的规定,窗户成为室内热量损失的薄弱环节。根据作者的相关实验模拟,窗户的热量损耗占全屋热量损耗的 33%,仅次于外墙的 36%,是造成室内热量流失的重要部位。

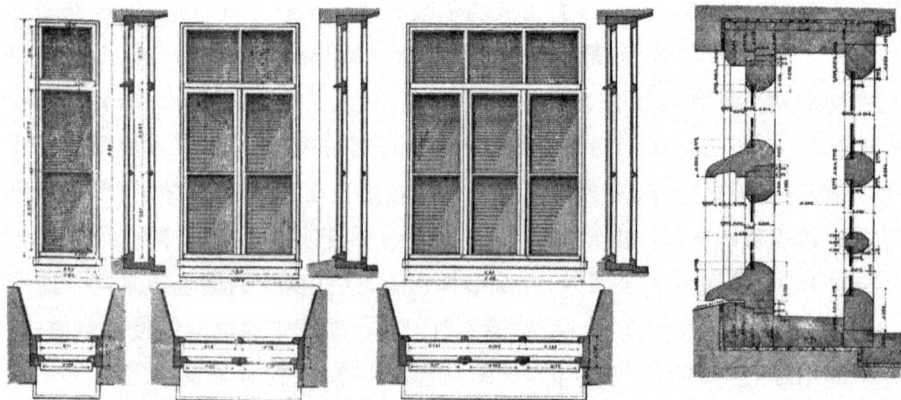

图 5-16　中东铁路近代遗产窗户的设计示意

5.3 室内热环境的模拟分析

在采暖、围护、通风等多重设施的围合构造之下,中东铁路近代建筑形成了综合复杂的室内热环境营造系统。为了衡量多重构造设置下室内热环境的技术水平,本节引入流体力学计算软件 Airpak 3.0,验证不同建筑遗产在典型冬季气候条件下的室内热环境状态,并对特定历史时期的中东铁路近代建筑室内热环境进行评估。

5.3.1 Airpak 概述与理论基础

近年来,随着计算机技术的不断发展,室内环境的数值模拟技术得到广泛应用,特别是室内热环境数值模拟的计算流体动力学(Computational Fluid Dynamics, CFD)技术,已进入实用阶段。1974 年丹麦学者 P. V. Nilsen 首次将 CFD 技术用于计算室内空气流动,由此数值模拟技术开始受到关注与应用。Chen Qingyan 则在 1988 年利用 CFD 技术对建筑物能耗分析、室内空气流动以及室内空气品质等问题进行了分析和研究。我国学者也于 1970 年代末开始从事此方向的研究。经过多年的应用研究,如今,该技术已得到长足的发展和广泛的应用。与传统的建筑室内环境设计方法相比,CFD 模拟技术具有不受房间复杂程度限制、预测周期较长、结果完备性与可靠性均较好等一系列优势。

本节对中东铁路近代建筑室内热环境的分析模拟采用的是现在常见的商用CFD 软件——Airpak 3.0。Airpak 是面向工程师、建筑师和设计师的专业应用于供热、通风与空气调节(Heating, Ventilation and Air Conditioning,HVAC)领域的软件,它可以准确地模拟通风系统的空气流动、空气品质、传热、污染和舒适度等问题。Airpak 的使用能够丰富设计手段、降低设计风险、降低成本,该软件的应用领域涵盖了建筑、汽车、楼房、化学、环境、HVAC、加工、采矿、造纸、石油、制药、电站、打印、半导体、通讯、运输等。

Airpak 软件具有如下优点:① 建模快速。Airpak 是基于"object"的建模方式,这些"object"包括房间、人体、块、风扇、通风孔、墙壁、隔板、热负荷源、阻尼板、排烟罩等模型。② 自动的网格划分功能。③ 广泛的模型能力。④ 强大的解算功能。其求解器——FLUENT,是全球最强大的 CFD 求解器,通过有限体积方法(Finite Volume Method)对结构化与非结构化网格进行求解,并采用并行算法,能够实现 UNIX 或 NT 的网络并行。⑤ 强大的可视化后置处理。⑥ 强大的报告和可视化工具。⑦ 设计性能评估。后处理还包括产品设计性能的评估,以及气流、温度、湿度分布、舒适度、压力等参数(图5-17)。

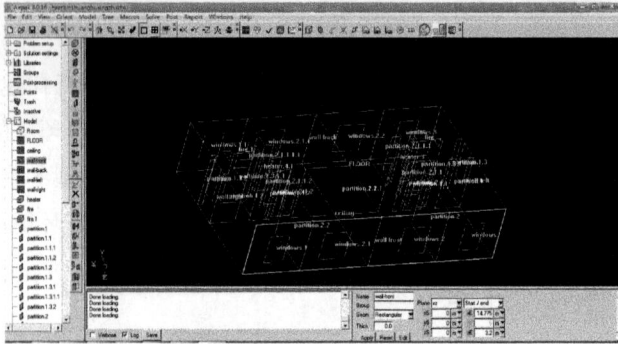

图5-17　Airpak 3.0 操作界面

5.3.2　案例的选择及相关参数的设定

5.3.2.1　案例选择

本次模拟共选择案例11个,分别是满洲里四户型住宅、满洲里双户型住宅、哈尔滨双层集合住宅、哈尔滨华人职工宿舍、俄人职工宿舍、红花岭车站、博克图车站、富拉尔基护路军兵营、巴林兵营办公室、绥阳铁路医院隔离病房、哈尔滨铁路医院外科病房,面积从 99 m² 到 745 m²,功能涵盖居住、公共、军事、医疗 4 种建筑类型,尽量做到客观真实地反映中东铁路近代建筑室内热环境情况,案例的建筑信息如表5-9所示,建筑平面如图5-18所示。

表5-9　所选案例的建筑信息

功能类型	案例名称	建筑面积（m²）	外墙构造及传热系数[W/(m²·K)]		室内采暖措施	
			外墙构造	K	壁炉	炉灶
居住建筑	满洲里四户型住宅	151	200 mm 木墙	0.52	R9 型 4 个,R6 型 2 个	Ⅱ型 2 个
	满洲里双户型住宅	99	700 mm 砖墙	0.97	R10 型 2 个	Ⅱ型 2 个
	哈尔滨双层集合住宅	268	700 mm 砖墙	0.97	R9 型 2 个,R7 型 4 个,C17 型 1 个	Ⅱ型 3 个
	华人职工宿舍	745	500 mm 土坯墙	2.45	—	Ⅱ型 30 个
	俄人职工宿舍	174	700 mm 土坯墙	1.1	R8 型 5 个,R7 型 2 个	Ⅱ型 1 个

续表

功能 类型	案例名称	建筑 面积 (m²)	外墙构造及传热 系数[W/(m²·K)]		室内采暖措施	
			外墙构造	K	壁炉	炉灶
公共 建筑	红花岭车站	162	700 mm 砖墙	0.97	R9 型 3 个,R6 型 1 个, C16 型 1 个	Ⅱ型 2 个
	博克图车站	550	700 mm 砖墙	0.97	R6 型 1 个, R8 型 10 个,R10 型 2 个,C17 型 2 个	Ⅱ型 1 个
军事 建筑	富拉尔基护路 军兵营	706	700 mm 砖墙	0.97	R11 型 4 个, R9 型 1 个,R71 个,C19 型 4 个	—
	巴林兵营办公室	308	700 mm 砖石复 合墙	0.79	R8 型 3 个,R7 型 4 个	Ⅱ型 1 个
医疗 建筑	绥阳铁路医院 隔离病房	118	200 mm 木材墙体	0.52	R11 型 3 个	—
	哈尔滨铁路医 院外科病房	590	700 mm 砖石复 合墙	0.79	R6 型 3 个,R7 型 6 个, R8 型 3 个,R9 型 6 个, C13、C16、C17 各 1 个	—

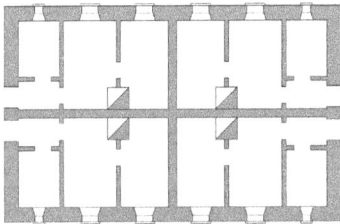

a) 满洲里四户型住宅   b) 满洲里双户型住宅

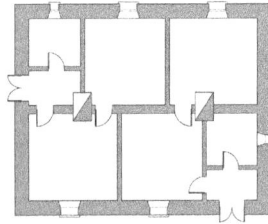

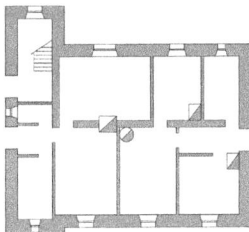

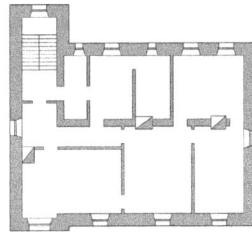

c) 哈尔滨双层集合住宅一、二层平面

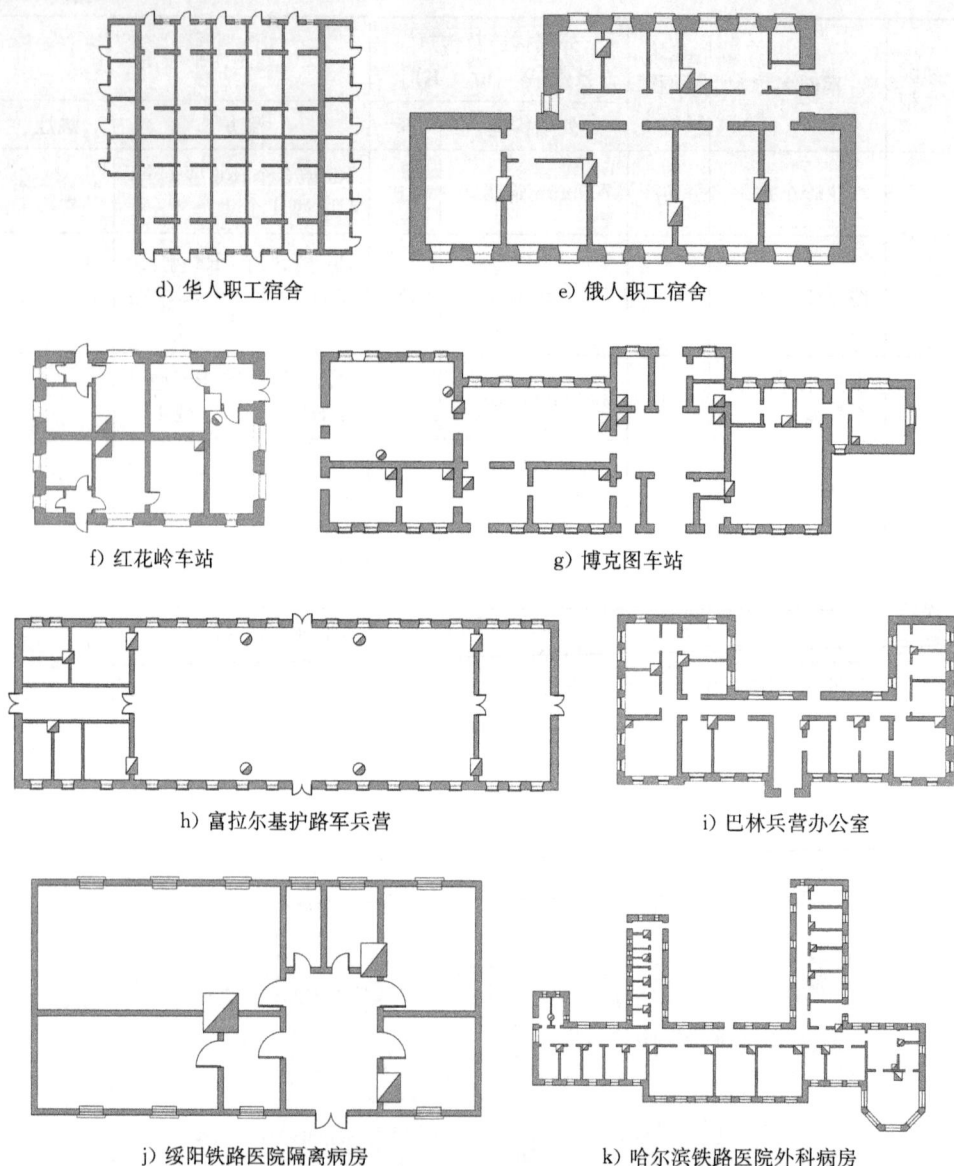

d) 华人职工宿舍　　　　　　　　　e) 俄人职工宿舍

f) 红花岭车站　　　　　　　　　　g) 博克图车站

h) 富拉尔基护路军兵营　　　　　　i) 巴林兵营办公室

j) 绥阳铁路医院隔离病房　　　　　k) 哈尔滨铁路医院外科病房

图 5-18　所选案例的建筑平面

5.3.2.2　边界条件及参数设定

室外温度、太阳辐射及房间内部因素使热得失量处于不停变化之中,导致室内温度也在不停变化,不可能进行完全精确的模拟,为了保证模拟的可行性和准确性,需要对边界条件及模型作出合理假设和简化。

（1）模拟日期及时间

从 Ecotect 软件中提取案例所在城市的月平均温度（表 5-10），可知最冷月为每年的一月。为了使模拟结果更具代表性，本研究选择 1 月 11 日作为模拟的日期。

表 5-10　案例所在城市的月平均温度

（单位：℃）

时间	满洲里	哈尔滨	绥芬河	富拉尔基	牡丹江
一月	−22.4	−18.8	−15.6	−17.4	−17.4
二月	−16.8	−14.5	−10.4	−12.2	−11.6
三月	−10.6	−2.6	−4.6	−3.2	−2.5
四月	3.2	7.8	4.7	7.4	7.4
五月	12.2	14.3	11.0	14.5	15.2
六月	17.9	20.0	15.9	21.3	19.6
七月	20.3	22.9	20.4	23.5	22.6
八月	17.5	21.0	19.8	21.2	20.8
九月	9.9	14.7	12.5	14.1	13.9
十月	−0.7	5.1	4.3	3.9	5.6
十一月	−10.0	−6.7	−4.2	−5.5	−3.7
十二月	−19.5	−14.8	−12.7	−15.9	−12.8

在模拟的时间上，共选取两个时间段，其一为 1 月 11 日 14：00，此时太阳辐射较强，室内可获得较多的太阳热量；其二为 1 月 11 日 18：00，此时太阳辐射已经消失，室内温度仅凭各类采暖措施维系，据此综合对比分析白天和晚上的室内热环境状况。

（2）室外温度

同样从 Ecotect 软件中提取模拟日期和时间的室外温度参数，如表 5-11 所示。

表 5-11　模拟时间案例的室外温度

（单位：℃）

时间	居住建筑					公共建筑		军事建筑		医疗建筑	
	a	b	c	d	e	f	g	h	i	j	k
14：00	−18.9			−6.9		−5.0	−21.4	−6.7	−21.4	−5.0	−6.9
18：00	−23.2			−18.3		−18.3	−27.3	−8.4	−27.3	−18.3	−18.3

(3) 太阳辐射量

Airpak 3.0软件中提供了太阳辐射模型,通过输入案例所在地点的经度、纬度及模拟时间,软件可以自动计算太阳辐射量(包括直射和散射)。需要说明的是,墙体及窗户需要设置太阳辐射对其影响,对于窗户要在"Solar Behavior"下采用"Transparent(透明)"类型,对于墙面要采用"Opaque(不透光)"类型。

(4) 冷风渗透

由于建筑门、窗存在缝隙,且需经常开启和关闭,所以冷风渗透对室内的温度影响较大。为了确保模拟结果的准确性,在模拟中将门、窗的室外温度设置为略低于其他环境温度,以弥补缝隙对室内温度的影响。

(5) 网格划分

Airpak 3.0能够自动划分各种形式(结构化、非结构化)的高质量的网格,还能对网格进行检查,从而可以发现网格中存在的问题,减少对模拟结果的影响。此外,Airpak 3.0还提供两种缺省的划分方式(Coarse、Normal),网格的大小和疏密可以通过参数的设置自由调整,同时还可以实现局部网格的加密。本研究采取缺省的 Normal 设置划分网格。

(6) 散热

忽略室内灯光散热、人体散热、散湿等因素的影响。人体散热对案例华人职工宿舍和富拉尔基护路军兵营影响较大,前者室内人数 90 人,后者 109 人。

(7) 相对湿度、二氧化碳浓度等因素

模拟分析的主要为室内温度场分布,所以对相对湿度、二氧化碳浓度等因素未作考虑。

(8) 内墙、隔墙

内墙、隔墙视为完全绝热材料。

5.3.2.3 壁炉的热辐射参数

1939 年 4 月 13 日,供职于哈尔滨铁路管理局工务科建筑系的田中良太郎曾对哈尔滨地区的 R11 矩形釉面壁炉、红砖壁炉进行了为期一天的燃烧实验。使用的燃料为抚顺产块煤,用量为 20.25 kg。他在壁炉内部和表面分别设置了 6 个和 21 个温度监测点,逐时记录了壁炉一天的温度变化情况。结果显示,壁炉在 8:00 点燃之后,于 12:00 达到最高表面温度,然后一直维系着缓慢的散热,室内温度全天基本都保持在 20 ℃以上,说明壁炉有着极强的蓄热性能。

壁炉表面温度受材料、燃料、燃烧时间、室外温度、风速、湿度等多重因素影响,本次模拟的壁炉参数借鉴田中良太郎的检测记录,取 14:00 和 18:00 壁炉表面 21 个监测点的平均温度作为壁炉表面温度,如表 5-12 所示。

表 5-12 14:00 和 18:00 壁炉表面各监测点的温度

（单位:℃）

测点	0	1	2	3	4	5	6	7	8	9	10	11
14:00	71.3	64.4	57.6	57.6	55.8	56.1	55.8	59.8	58.7	61.6	61.2	60.9
18:00	70.6	61.6	52.5	52.5	55.0	55.4	54.3	57.6	59.8	61.2	59.4	60.5
测点	12	13	14	15	16	17	18	19	20	平均值		
14:00	63.7	45.5	45.9	72.3	92.3	91.3	68.5	77.1	76.4	64.8		
18:00	65.4	47.0	48.5	67.1	82.0	80.9	65.4	68.8	71.3	61.8		

壁炉的热辐射面积取决于所用壁炉形式,案例中所用壁炉表面散热面积如表 5-13 所示。

表 5-13 案例所用壁炉的散热面积

（单位:m²）

壁炉形式	R6	R7	R8	R9	R10	R11	C16	C19
散热面积	0.53	1.34	1.70	2.32	2.65	3.31	4.35	6.92

5.3.3 模拟结果及分析

5.3.3.1 模拟结果

Airpak 3.0 可模拟计算整个室内三维空间的温度分布,本研究只针对温度的平面分布状况进行研究,因此于距地平面 1.5 m 处截取平面温度分布云图。在截取温度云图之后,Airpak 3.0 可自行计算平面内的最高温度、最低温度、平均温度、温度标准差等多项指标,将各案例的平均温度与当时俄国的室内采暖温度标准(表 5-14)进行对比,可以分析其是否满足温度采暖需求。案例的室内各项温度指标如表 5-15 所示。

表 5-14 中东铁路建设时期俄国的室内采暖温度标准

房间功能	温度(℃)	房间功能	温度(℃)
卧室、客厅	16	浴室	22~25
走廊、门厅、厕所	12~16	宿舍、兵营	16
病房	20	工厂、车站	12~15
手术室、分娩室	25~30	办公室、教室	16

表5-15 模拟结果的各项室内温度指标

(单位:℃)

所选案例	14:00					18:00				
	最低温度	最高温度	平均温度	标准差	是否满足	最低温度	最高温度	平均温度	标准差	是否满足
满一四住宅	3.8	60.1	18.7	7.3	√	0.5	53.5	16.3	7.3	√
满一双住宅	3.9	58.4	16.4	4.9	√	2.1	54.2	14.7	4.8	×
哈一双层	6.4	59.7	23.1	6.0	√	-0.3	59.5	18.0	6.1	√
	6.3	57.7	18.5	3.0	√	-0.3	55.2	13.4	3.1	×
华一宿舍	3.2	10.3	9.7	2.0	×	-3.7	4.3	4.0	2.4	×
俄一宿舍	8.1	60.1	20.1	4.8	√	1.7	56.3	14.7	5.1	×
红一车站	9.4	53.4	21.1	3.6	√	1.9	48.9	15.2	3.9	√
博一车站	-0.1	52.3	13.4	5.3	√	-2.4	55.4	10.2	5.3	×
富一兵营	9.3	51.9	17.6	5.1	√	8.3	55.1	17.7	4.6	√
巴一办公室	0.8	57.1	15.0	5.2	×	-2.7	53.8	11.9	5.1	×
绥一病房	8.1	50.1	20.3	6.0	√	0.1	54.8	13.9	6.4	×
哈一病房	9.3	62.3	22.3	4.1	√	2.6	54.4	17.3	4.5	×

5.3.3.2 分析及讨论

(1) 室内平均温度的分析

在所选的11个案例中,除哈尔滨华人职工宿舍、巴林兵营办公室两个案例外,其余案例均在"部分时间、部分区域"能够达到温度标准,具体表现在14:00太阳辐射最强、壁炉表面温度最高的时候,室内平均温度达到最高值,符合温度标准的规定;而18:00之后,太阳辐射消失、壁炉表面温度下降、室外温度也开始下降,导致室内平均温度降低,多数建筑开始无法达到温度标准。但是,在18:00时仍有部分空间区域可以满足温度需求,如住宅的卧室、医院的病房、车站的办公室等核心使用空间,只是由于墙体、走廊的温度较低,加之本模拟将内墙视为完全绝热墙体,造成了转角房间温度的极低,从而拉低了室内的平均温度值。

在哈尔滨华人职工宿舍中,采用500 mm厚的土坯墙体,其传热系数$K=2.45$,为所有案例最高,加之室内采暖措施(炉灶)配置严重不足(下述),共同导致了较低的室内平均温度,在14:00和18:00分别为9.7℃和4.0℃,为所有案例最低,但是若考虑到其中 90 个居住者的人体散热散失情况,其平均温度值可能会有所升高。巴林兵营办公室则位于西线大兴安岭迎风一侧,室外温度在 14:00 和 18:00 分别为 -21.4 ℃ 和 -27.3 ℃,为所有案例最低,加之其壁炉也配置不足(下述),均造成了其室内平均温度的降低,在 14:00 时平均温度为 15.0 ℃,几乎快要达到 16 ℃ 的规定标准,在 18:00 的平均温度为 11.9 ℃,仍高于华人职工宿舍的温度水平。

最后需要特别指出的是红花岭车站和富拉尔基护路军兵营,二者在 14:00 和 18:00 室内平均温度均符合采暖温度标准的规定。前者在 162 m² 的室内空间中布置了 5 处壁炉和 2 处炉灶,每个房间均有单独的采暖设施,从而为室内温度提供了绝对充足的保证;后者在 18:00 的室外温度仅为 -8.4 ℃,为所有案例最高,室外温度对室内温度的影响较小,从而使其达到了平均温度的标准。

(2) 壁炉分布及数量对室内平均温度的影响

在俄国传统住宅和西伯利亚铁路的大量附属建筑中,其壁炉平面尺寸很少超过 0.8 m×0.8 m,并且每个房间都单独配置壁炉,形成了"小尺寸、独立设"的壁炉分布特征。中东铁路修筑之后,考虑到时间紧任务重的建设要求,"大尺寸、共享用"的分布特征开始采用,即壁炉尺寸增加,在所选的 11 个案例中,壁炉尺寸小则 0.66 m×0.66 m,大则 1.05 m×1.5 m,并且壁炉多设于房间隔墙或走廊两侧,以便同时向 2~3 个房间辐射热量,由此在尽量满足采暖需求的同时降低了壁炉的数量,并对室内温度的分布和质量产生了相关的影响。

平均温度标准差反映了壁炉位置分布对室内平均温度的影响,其数值越小表明壁炉的分布越均匀,室内各处的温差也越低。在模拟的 11 个案例中,由于采用了"大尺寸、共享用"的壁炉设置策略,原本应均匀布置的壁炉实际上相距较远,彼此散发的热量无法形成有效的辐射交换,因而无法形成面积较大的恒温区域,造成了室内温度分布的差异。从温度分布云图中可以看出,高温区域集中在壁炉周围 1.6 m 的范围内,温度可达 16 ℃ 以上,低温区域则集中在外墙周边、转角房间,最低可达 -3.7 ℃。各案例的平均温度标准差集中在 5~7,表明室内各处温度差异较大,"火烤前胸暖,风吹背后寒",温度分布不均,居住的舒适性不足。标准差最低的是哈尔滨华人职工宿舍,其采暖措施(30 个炉灶)呈线性连续均匀分布,因此虽然室内平均温度较低,但是各房间的温度差异较小,温度分布也比较均匀。

伪满洲国成立后,南满铁路局哈尔滨工务科建筑系曾对住宅的壁炉散热空间进行过相关实验分析,认为在室外温度 -25 ℃、室内高 3.5 m、砖外墙厚度 700 mm 的情况下,若要保证 18 ℃ 的室内平均温度,壁炉每平方米的散热面最大负荷的室内面积应在 20~30 m²,其中北向转角房间温度较低,每平方米壁炉散热面可负荷的室内面积不应超过 20 m²,南向房间可被动接受太阳辐射,每平方米壁炉散热面可负荷的室内面积不应超过 30 m²。以此为参考标准,分析 5 个住宅案例中每平方米壁炉散热面需要负荷的室内面积,可间接了解壁炉数量对住宅平均温度的影响情况,其结果如表 5-16 所示。

表 5-16　住宅案例中每平方米壁炉表面需负荷的平面面积

指标	满洲里四户型住宅	满洲里双户型住宅	哈尔滨双层集合住宅		华人职工宿舍	俄人职工宿舍
			一层	二层		
建筑面积(m²)	151	99	121	121	745	174
壁炉面积(m²)	4.4	2.6	4.2	2.7	10.3	4.7
比值	34.3	38.1	29	44.8	72.3	37
采暖标准	部分满足	部分满足	满足	部分满足	不满足	部分满足

从表中可以看出,在所选的 5 个住宅案例中,只有哈尔滨双层集合住宅一层能够符合不超过 30 m² 的壁炉负荷面积规定,因而该层在 14:00 和 18:00 均能达到温度标准;其余案例的壁炉负荷面积虽然均超过了 30 m²,但是增加幅度均在 30% 以内(华人职工宿舍例外),尚属可控,因此能够在"部分时间、部分区域"符合温度规定。比较特殊的是哈尔滨双层集合住宅二层,其壁炉负荷面积高达44.8 m²,但是归功于一层高温区域的热辐射作用,原本处于温度薄弱环节的楼梯间、转角房间等也可以获得一定的辐射热量,因而也能基本满足采暖温度需求。5 个案例中华人职工宿舍的壁炉负荷面积高达 72.3 m²,为所有案例最高,表明其室内采暖措施的配置严重不足,这也是造成其平均温度较低的重要原因。

在其余的 6 个案例中,虽然不同功能建筑的采暖温度标准各异,但是比较其绝对平均温度高低也能窥探壁炉荷载的相关影响。从表 5-17 中可以看出,其基本仍然遵守壁炉负荷面积与平均温度高低负相关的规律,尤其是红花岭车站,基本采用了与俄国本土相同的"小尺寸、独立设"布置规律,壁炉负荷面积仅为 26 m²,为所有案例最低,因而能在 14:00 和 18:00 都满足温度需求。

(3) 围护结构对平均温度的影响

建筑的室内平均温度是多个变量综合影响的结果。单独分析满洲里的四户型住宅和双户型住宅,二者的室外气候状况相同,窗户、地板、顶棚的散热参数相同,每平方米壁炉需负载的室内面积也比较接近(分别为 34.3 m² 和 38.1 m²),因此可以在保证其余变量不变的情况下单独对其外围护结构进行定量分析。

表 5-17 其他案例中每平方米壁炉表面需负荷的平面面积

指标	红花岭车站	博克图车站	富拉尔基兵营	巴林兵营办公室	绥芬河医院病房	哈尔滨医院病房
建筑面积(m^2)	147	550	701	309	122	590
壁炉面积(m^2)	5.6	13.3	12	6.6	3.5	16.3
比值	26	41.3	58.4	46.8	35	36.2
采暖标准	满足	部分满足	满足	不满足	部分满足	满足

满洲里四户型住宅使用 200 mm 厚木材外墙,传热系数为 0.52 W/(m^2·K),双户型住宅则使用 700 mm 厚砖材外墙,传热系数为 0.97 W/(m^2·K),二者在 14:00 的室内平均温度分别为 18.7 ℃ 和 16.4 ℃,18:00 的室内平均温度分别为 16.3 ℃ 和 14.7 ℃,外墙传热系数较小的四户型住宅在两个时间点均比传热系数较高的双户型住宅高 2 ℃ 左右。同时由于外墙传热系数较低,四户型住宅在 14:00 和 18:00 均能满足室内采暖需求,也表明了围护结构的选择使用能够对室内温度产生直接有效的作用。

再对比同样采用土坯外墙的哈尔滨华人职工宿舍和俄人职工宿舍,后者在墙体厚度、采暖设施配置 2 方面均优于前者,室内平均温度也更高。这表明中东铁路建筑在外墙和采暖之间已经产生了明确的调试策略,当外墙传热系数较高时,会通过设置更多的采暖措施来弥补墙体失热的劣势,遗憾的是这种调适策略只应用到了供俄国工人居住的建筑中,并没有应用在中国工人宿舍中,带有一定的歧视特点。

综上所述,所选的 11 个案例中,尽管地理区位、太阳辐射、围护结构、采暖设施、气候温度等诸多变量会对室内平均温度产生综合全面的影响,但是其结果却是多数建筑都能在"部分时间、部分区域"达到采暖温度标准,有些壁炉配置充足、外墙传热更低的建筑甚至能全时段达到温度标准,这都表明在地域性的热工技术营造加持下,中东铁路近代建筑的室内温度水平虽然较之俄国本土存在一定的差距,但是在当时的历史条件下也满足了基本的使用需求,具有积极的历史意义。此外,本模拟的边界选择都是极端气候条件,忽略了人体的散热散湿,并且将内墙视为完全绝热墙体,其"部分时间、部分区域"达到采暖温度标准这一结果尚可以接受,若是在实际的非极端气候条件下,相信室内平均温度、温度分布状况会有更好的表现。

1932 年伪满洲国成立之后,日本接收中东铁路资产,开始了浩浩荡荡的建筑改造活动,包括平面、采暖、通风、洗浴等多个方面。其中针对壁炉的改造主要是将原有的竖向串联烟道更改为散射并联烟道,衍生出与传统俄式壁炉不同的锦户、宫崎等多种壁炉形式,从而提高了壁炉的散热性能,将原本最高 407 W/m² 的散热强度提升至 1 046 W/m²。同时,积极改善壁炉的平面位置、室内的通风系统,从而将室内居住环境提升到更舒适的水平。

本章针对中东铁路近代建筑的防寒采暖技术进行分析模拟,得出以下结论:

(1) 中东铁路近代建筑的室内采暖系统以壁炉为主,火炉、集中采暖为辅,同时注重采暖与通风系统的统筹融合,提高室内环境舒适度。壁炉共计 3 种材质、16 种尺寸,并针对不同的建筑平面进行相应的平面布置。同时为防止壁炉燃烧造成的潜在危险,中东铁路近代建筑采用了融合风压、热压在内的双重通风体系,前者与外墙结合,充分利用厚重的外墙来设置各种通风管道;后者则与壁炉结合,充分利用烟道的烟气温度,二者在保证室内温度的情况下满足了通风换气的需求。

(2) 基于建筑不同的围护界面,应用不同的防寒策略。对于四周的外墙,不仅通过增加厚度提高热阻,还加入锯末、木材、毛毡等传热系数较低的材料,产生了全新的复合外墙构造,并且其应用具有鲜明的地域性气候特征。而对于上下的围护界面,则通过坡屋顶、架空地板的构造产生了闷顶、架空层两个过渡空间,使室外的温度变化无法对室内产生直接的影响。此外,对于保温的薄弱节点——窗户的设计更是细致入微,在通过尺寸比例控制热量散失的同时,其喇叭形的窗口形态更有利于被动吸热,有效增加了太阳的辐射时间和入射角度。

(3) 案例的模拟结果表明多数中东铁路近代建筑只能基本满足采暖温度需求。以 Airpak 3.0 为技术手段模拟分析室内热环境状况,11 个不同区位、外墙、采暖、功能、面积的案例的模拟结果表明,除歧视性的中国工人宿舍和极端气候的建筑案例外,多数建筑均能在"部分时间、部分区域"达到室内温度标准,但温度分布状况较为不均,一些壁炉配置充足、外墙防寒更强的建筑甚至能够完全符合温度标准规定,这都表明在防寒、采暖等多方面举措之下,中东铁路近代建筑所营造的室内温度状况在当时的历史条件下满足了人们的居住使用需求,具有积极的意义。

6 中东铁路近代建筑的建筑技术观

中东铁路近代建筑的技术体系涵盖材料、结构、采暖等多个层面,产生了多样的技术形态和技术表现,在这些技术体系的背后,蕴含着更为深层的问题需要阐释,这就是中东铁路近代建筑的技术观。本章将从 3 个层面进行讨论,以展示这些建筑遗产的技术成就和内涵。

6.1 突破极限、优劣并存的建筑技术成就

中东铁路近代建筑技术,作为一种全息宏远的技术转移现象,其技术的应用和表现不仅受到技术源头——俄国的直接影响,更受到东北地域气候、人文语境、资源条件等一系列潜在语境的限制,材料、结构技术的表现和水平也参差不齐。一方面,砖、石、木等传统建筑材料不断突破自身性能极限,以应对工业、军事建筑的跨度、高度挑战;另一方面,新型建筑材料不断优化配置,探索最佳的应用状态,传统、新型两种不同的建筑材料各自走向不同的材料探索应用之路。

6.1.1 突破极限——传统材料结构的技术追求

6.1.1.1 建筑领域的空间跨度追求

中东铁路途经的东北地区,石材资源丰富、森林木材充盈,加之西式砖混结构技术简单,传统的中国工匠亦可胜任,这都为传统材料技术的应用奠定了坚实的基础。同时面对新材料属性优势带来的技术挑战,传统建筑材料并没有甘于落后以至技术消亡,而是不断地探索甚至压榨,以求突破材料的性能极限,在与新型建筑材料的竞争中争得了一席之地。

（1）木桁架的结构探索

木材作为俄国传统的建筑材料，有着亲切宜人的自然属性和易于加工的便利条件，加之铁路沿线丰富的资源储备和火锯加工工厂的均匀分布，一时间中东铁路近代建筑对木材表现出天然独特的喜爱。这些木材作为屋架、立柱、墙体、横梁、地板等结构构件用材而应用广泛，同时面对各类工业建筑的技术挑战和新型建筑材料（钢材、混凝土）的属性碾压，木质结构应对从容，在满足工业建筑建造需求的同时甚至达到了与新型建筑材料相匹敌的技术水平。

木质桁架是比较常见的结构形式，主要作为建筑的屋架使用，从 4.1.3 节的分析已知，木质桁架结构有包括单柱桁架、双柱桁架、系梁桁架、复合桁架在内的多种桁架形态，可针对建筑跨度做出合适的桁架结构选择。木质桁架的结构探索主要表现在两个方面，其一是构造组成的简化，其二是桁架跨度的增长。

在构造组成上，中东铁路近代建筑木质桁架的典型构造特点就是"用材粗壮、结构简单"。作为稳定科学的三角受力体系，桁架结构的各组成构件如上弦、下弦、立柱、斜撑一般会针对自身的压拉受力特征作出合适的截面、尺寸选择，立柱、斜撑也会根据桁架的跨度需求而作出数量、比例的调整。而在中东铁路近代建筑中，多数的屋架桁架都摒弃了这些看似合理的结构原则，以"用材粗壮、结构简单"为基本特征，即无论各构件的压拉受力如何，均使用直径 170 mm 左右的圆木；无论桁架的跨度多长，基本都使用了"1 根立柱＋2 根斜撑"的单柱桁架。粗壮结实的圆木虽然有浪费木材之嫌，但是对压拉受力却是绰绰有余，并且粗糙圆木经简单去皮修整之后即可迅速投入使用，圆木之间的连接甚至省略了精巧的榫卯，转而以扒钉固定，如此的连接形式也与当时追求速度的社会背景相契合。再者，从跨度经济性与结构合理性的角度来看，"1 根立柱＋2 根斜撑"桁架结构的合理跨度范围应在4.5～8.1 m，若跨度增加则桁架内部需布置更多的立柱和斜撑，以保证结构受力的安全。中东铁路近代建筑的木质桁架显然抛弃了这条原则，在粗壮结实的圆木保障下，其跨度最低 7.5 m，最高可达 12.8 m（中东铁路商务学堂、中东铁路中央医院厨房），仅使用 1 根立柱和 2 根斜撑，就实现了 7 根立柱和 6 根斜撑才能满足的跨度需求，简单的构造设计下无疑蕴含了极高的技术内涵。

在对木质桁架跨度的追求上，中东铁路近代建筑也竭尽所能。从应用科学性的角度来看，双柱桁架跨度为 10～15 m，系梁桁架跨度应低于 5 m，这些适用性与经济性的原则显然未能束缚住能工巧匠对跨度的追求，在材料与构造的双重保证下，中东铁路近代建筑的双柱桁架跨度最高达到 17.4 m（哈尔滨道里监狱），系梁桁架跨度也达到了 14.9 m（中东铁路商务学堂）。而在多样的复合桁架中，其跨度更是达到了前所未有的水平,如双柱、系梁组合桁架的跨度达到 18.6 m(中东铁路商务宾馆),双柱、单柱组合桁架的跨度达到 16.4 m(哈尔滨火车站),单柱、系梁组合桁架的跨度达到 17.7 m(华俄工业技术学校)。由此可见,在多种桁架组合辅助下,大型木质桁架结构的跨度基本都超过了 15 m,有些甚至已经开始挑战 18 m 的材料极限。而在广泛使用豪氏、芬克式、剪式钢屋架的中东铁路总工厂车间中,其钢桁架的跨度普遍在 13~17 m,最大也不过 21.3 m。对比木质桁架与钢桁架的跨度应用可见,二者有着极高的跨度重叠,木质桁架已经对钢桁架的跨度优势产生冲击,尤其是前者构造简单、施工快速、价格低廉的性能优势使得钢桁架的综合优势不再突出,木质桁架 18.6 m 的跨度与钢桁架 21.3 m 的跨度已是不相上下,也正因如此,钢桁架只是少量地应用在了公共、工业建筑中,远不及木质桁架应用时空广泛(表 6-1)。

表 6-1　木质桁架、钢桁架跨度对比

木质桁架			钢桁架		
种类	应用	跨度	种类	应用	跨度
单柱桁架	中东铁路中央医院厨房	12.8 m	剪式/豪氏复合桁架	总工厂螺栓车间	16.1 m
双柱桁架	哈尔滨道里监狱	17.4 m	豪氏桁架	总工厂铸造车间	14.5 m
复合桁架	中东铁路商务宾馆	18.6 m	剪式桁架	总工厂锅炉车间	13.8 m
	哈尔滨火车站	16.4 m	芬克/豪氏复合桁架	总工厂机车组装车间	21.3 m
	华俄工业技术学校	17.7 m	豪氏桁架	哈尔滨火车站	14.1 m

（2）木排架结构的空间追求

排架结构以柱和桁架组成的排架为基本结构特征。中东铁路近代建筑中的排架结构以木材为主，以解决大体量建筑对全面、通透空间的使用需求。木质排架结构的出现有其历史必然性。首先，它以木柱为主要受力构件，承担梁板荷载或直接承担屋架荷载，其力学传递与现代的钢排架结构已经十分类似，能够满足大体量建筑的空间使用需求；其次，它以传统的砖、木为基本材料，虽然在极限荷载、最大跨度等方面存在先天劣势，但是具有技术简单、造价低廉等优势，尤其是对于一些临时性建筑而言有着较强的适应性；最后，木质内框架结构的构造非常简单，只需相应增加排架数量即可如模数般增加建筑面积，尤其适合不同面积、等级的兵营、马厩等军事建筑。作为传统砖混结构的空间探索结果，木排架结构在经济、技术、空间诸多方面做到了平衡，因此应用非常广泛，技术也比较突出，如沿线标准设计的兵营，木排架跨度 15.1 m；标准设计的马厩，木排架跨度 15.4 m；东部边境的一些临时车站，木排架跨度更是达到了 17.4 m。作为大空间、大跨度的解决措施，木排架结构在 19 世纪末 20 世纪初曾被广泛应用，如胶济铁路的坊子机车库，其建筑采用扇形平面，室内木排架支柱 4 根，排架跨度达到了惊人的 29.8 m，远超中东铁路采用相同排架结构的车站，具有更高的技术水平（图 6-1）。

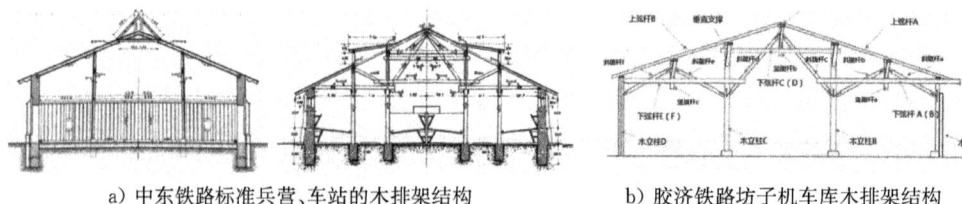

a）中东铁路标准兵营、车站的木排架结构   b）胶济铁路坊子机车库木排架结构

图 6-1　木排架结构示意

从技术的发展演进过程来看，木排架的结构探索是值得肯定的，它使用传统的建筑材料与结构，通过彼此之间的组合联系去最大化地发挥材料结构的力学属性，满足并实现了一些现代钢结构乃至钢筋混凝土结构才能塑造的空间形态与功能。另一方面，木排架结构的使用条件、应用对象等没有过高的技术需求，因而多数的木排架结构存留至今，如采用排架结构的东部线横道河子某大型兵营至今依然存在，只有一些标准的兵营建筑由于木排架内部没有形成稳定的三角体系而发生了坍塌。

6.1.1.2　工程领域的拱券结构应用

从欧洲罗马时期开始，拱券结构已经传承沿袭千年。虽然历史上基于经验主义的设计分析已经能够满足跨度与荷载的基本使用需求,但是到了19世纪末,积分的分解计算和力学分析的进步使拱券的厚度、曲线、荷载设计更加科学合理,拱券结构也在工业时代来临之时展现了最后的辉煌。

(1)拱券桥梁的应用

拱券技术的集大成者当属中东铁路沿线的拱券桥梁。一些跨度较小的石拱桥自然不必多说,单跨超过10.7 m的大型石拱桥就有33座,其中单跨最高为21.3 m,全线共计4座,总长超过100 m的桥梁有2座,分别是穆棱的穆棱河铁路桥(128 m)和绥阳的细鳞河铁路桥(106.7 m),这些桥梁长桥卧波、凌空飞跃,极具连续韵律和视觉冲击(表6-2)。同时为了展现拱券结构技术水平,中东铁路工程局甚至设计了单跨25.6 m的巨型石拱桥设计方案,只是囿于跨度过大施工难度较高,且如此跨度下钢桁架桥更具选择优势,因而实际并未建造。

中东铁路中石拱桥的拱券结构设计十分科学,拱券普遍采用三圆心乃至五圆心的拱形,拱顶与拱脚为不等厚度设计,含坦拱、尖拱两种形态,高跨比在1/4至2/3,桥堤两侧护坡呈45°,甚至每块券石都有具体的尺寸形状,细节设计面面俱到。中东铁路石拱桥不仅设计水平高超,施工建造也是一流,后期除铁路改线、废弃拆除等原因外,绝大多数的石拱桥仍在正常使用,足见当初设计建造水平之高(图6-2)。

拱券在石拱桥中的应用,还有两种隐匿在桥身结构当中,其一是桥身两端分流孔下的反向拱券,其作用是防止桥身不均匀沉降时反向荷载对桥身的冲切破坏;其二是桥墩中的正反拱券,由于石拱桥桥墩尺寸普遍在5.3 m×10.9 m以上,因而多为两个沉井连接构造而成,沉井之间砌筑正反两道拱券,上部反拱抵消冲切荷载,下部正拱承担桥墩用石荷载,正反两道拱券的设计使得桥墩坚若磐石,即使桥身坍塌,桥墩仍然屹立不倒(图6-3)。

(2)拱券桥梁的技术水平

将中东铁路中的石拱桥与国内同一时期其他铁路中的石拱桥进行对比,可管窥其技术水平。以国际古迹遗址理事会(International Council on Monuments and Sites,ICOMOS)"时序—区域"为框架,依据铁路总长、遗产遗存、是否运行等选择标准,选择滇越铁路、京张铁路作为比较对象,两条铁路的建设信息如表6-3所示。

滇越铁路是法国在1901—1910年修筑的一条连接云南昆明与越南海防的铁路,它以云南河口为界分为北段和南段,北段又被称为昆河铁路。由于铁路沿线沟壑纵横,滇越铁路的桥梁密度极高,全线共设桥梁425座,隧道155座,平均每3公里就要修筑1条隧道,每1公里就要修筑1座桥梁,因而工程建设难度极高。在其所有的桥梁中，石拱桥共计108座，占桥梁总数25.4%，单跨有5 m、10 m和15 m 3种规格，最具代表性的是玉林山七孔桥，单跨10 m，总长70 m，是滇越铁路中最长的石拱桥（图6-4）。

表6-2　中东铁路中大型石拱桥实例

单跨长度	实际应用	照片
10.7 m	满洲里边境铁路桥（85.4 m） 免渡河铁路桥（74.7 m） 哈拉苏雅鲁河铁路桥（32.1 m） 扎兰屯雅鲁河铁路桥（42.7 m） 阿什河铁路桥（21.3 m）	
12.8 m	马桥河铁路桥（12.8 m） 绥芬河铁路桥（51.2 m） 穆棱河铁路桥（128 m）	
14.9 m	马桥河铁路桥（74.7 m）	
21.3 m	细鳞河铁路桥（106.7 m） 一面坡铁路桥（93.6 m） 细鳞河铁路桥（21.3 m） 马桥河铁路桥（21.3 m）	

图6-2　仍在正常使用的小型石拱桥

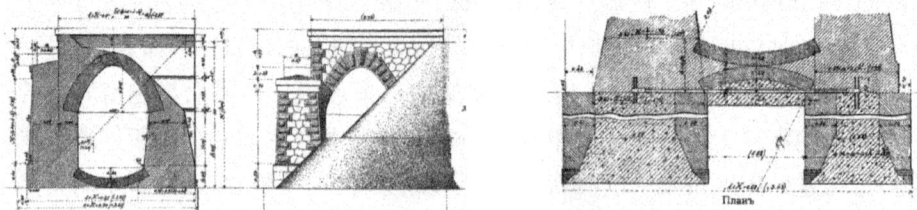

图6-3　石拱桥中拱券结构的应用示意

表 6-3   与中东铁路对比的中国近代铁路

铁路名称	连接区域	修筑时间	铁路总长	说明
滇越铁路(北段)	昆明—河口	1903—1908 年	469 km	为法属滇越铁路(昆明—越南海防)的北段
京张铁路	北京—张家口	1905—1909 年	201 km	清朝官办铁路

a) 35 m 跨度石拱桥   b) 30 m 跨度石拱桥   c) 20 m 跨度石拱桥

d) 玉林山七孔桥,跨度 70 m

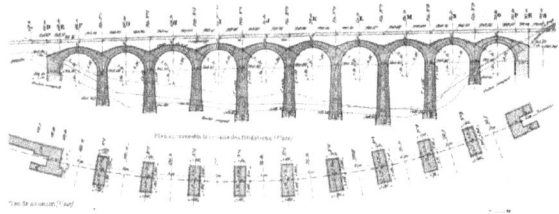

图 6-4   滇越铁路的石拱桥

对比中东铁路石拱桥与滇越铁路石拱桥的桥梁设计,可知其技术差异。首先,在拱券跨度规格上,中东铁路有 4.3 m、6.4 m、8.5 m、10.7 m、12.8 m、14.9 m、21.3 m 共 7 种跨度规格,远超滇越铁路 5 m、10 m、15 m 的 3 种规格,无论是跨度规格还是单跨长度,中东铁路均明显处于更高的水平。其次,在最为重要的拱券设计上,二者也有明显的技术差异:滇越铁路的桥梁拱券,无论跨度如何,均为半圆形拱券,拱券内径略小于外径,以保证荷载传递的安全;中东铁路的桥梁拱券则以多圆心拱券为主,跨度低于 21.3 m 的采用三圆心拱券,跨度 21.3 m 的采用更复杂的五圆心拱券,从而形成更加圆润平滑的拱券曲线,同时拱券的多圆心化设计也使其可以形成坦拱、尖拱的不同形态,可适用于不同江河跨度、路堤高度的复杂地况(图 6-5)。

综合对比可以看出,中东铁路石拱桥与滇越铁路石拱桥相比,具有更加流畅优雅的视觉外观、合理均衡的荷载传递、多样丰富的构造选择,因而技术水平明显更高。但是赞誉中东铁路石拱桥的同时,也不能否定滇越铁路桥梁的拱券技术,后者也是针对当地特殊地貌的合理选择,滇越地区普遍沟壑纵横、落差较大,多数石拱桥高度都在 10 m 以上,半圆形的桥梁拱券显然更加适用;再者滇越铁路为米轨铁路,荷载小且建造易,因而无需复杂的拱券构造设计。

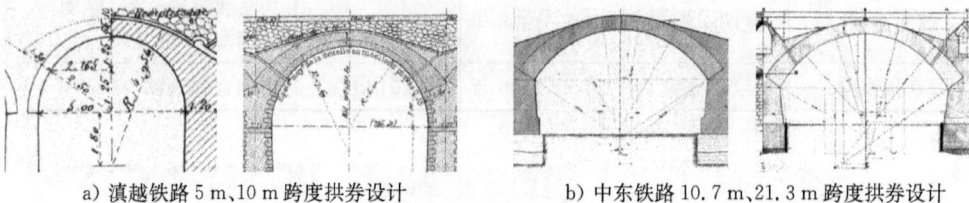

a) 滇越铁路 5 m、10 m 跨度拱券设计　　　b) 中东铁路 10.7 m、21.3 m 跨度拱券设计

图 6-5　滇越铁路与中东铁路的拱券设计对比

京张铁路是近代中国第一条自行设计建造的铁路,总工程师为詹天佑,自北京丰台至张家口,全长 201 km,共设 4 条隧道、125 座桥梁,其中含石拱桥 40 座。这些桥梁单跨一般只有 3.3 m、6.6 m 两种尺寸规格,桥梁跨度总长最大为 12.2 m,并且与滇越铁路一样,京张铁路的石拱桥也普遍采用半圆拱券(图 6-6)。与中东铁路石拱桥相比,京张铁路的石拱桥略带厚重拙朴气质,并且由于单跨很小,因而无法与中东铁路中轻盈、飞跃的石拱桥形象相提并论,其较小的拱券单跨也无法与中东铁路石拱桥长达 21.3 m 的单跨尺寸相匹敌。但是京张铁路的石拱桥仍具有一定优势,由于其建造时间稍晚并且毗邻传统政治中心,多数石拱桥采用的是水泥、沙子、碎石组成的钢筋混凝土材料,所用水泥产自唐山的启新洋灰厂,在材料应用的时代性方面可以称得上更高一筹。

a) 窑顶沟 24 号桥　　　　b) 战沟 26 号桥　　　　c) 居庸上关 30 号桥

图 6-6　京张铁路中的石拱桥

综合对比滇越铁路、京张铁路与中东铁路的石拱桥可以看出,无论是拱券单跨、桥梁总长,还是拱券设计、应用选择,中东铁路石拱桥都明显处于领先地位,多样丰富的设计形式也使其拱券具有更加灵活的选择空间,因而技术水平明显较高。同时由于其连续统一的外观韵律和轻盈灵活的桥身比例,中东铁路石拱桥更容易塑造灵越飞霄的桥梁形象,也与其余二者简单拙朴的形象形成了鲜明的对比。

6.1.2　适时选择——新型材料与结构的技术成就

与传统材料结构为追求空间、跨度而突破自身极限的做法不同,新型材料的选择使用则更具在地性的应用特征,即根据实际使用情况作出合理的最优选择,在考虑满足功能使用要求的同时实现一定的技术成就。但是由于时代的局限,多样的新型材料也存在一些工艺上的缺陷特征,形成了优劣共存、水平参差的应用技术特征。

6.1.2.1　金属结构的技术水平

(1) 交通和工业建筑——展现工业时代文明

19 世纪中期,俄国已经全面掌握各类钢结构技术形式,并在图书馆、剧院、银行等大型公共建筑中展现了成熟的应用。在技术积累完成和材料供给充足的双重保证下,钢结构技术应用至中东铁路也就不足为奇了。从实际应用来看,中东铁路近代建筑中的钢结构应用以屋架为主,并且仅应用在了车站交通建筑和工业建筑两种类型中。

车站交通建筑中的钢结构屋面主要有两种结构形式。其一是已经成熟且常见的桁架结构,其应用对象以等级较高的一、二等车站为主,如哈尔滨车站、绥芬河车站和满洲里车站。这些车站虽然等级、规模不同,但是均采用了直径 14 m 的拱形豪氏桁架,跨度 14.9 m,矢高 3.1 m,高跨比 1/4.7,具有明显的标准化建造特征。其二则是比较罕见的金属拉杆屋面,从调研来看仅应用在满洲里站北仓库一个案例中,建筑采用跨度 10.8 m 拱形钢板屋面,屋面两端采用金属拉杆连接,同时金属拉杆通过竖向杆件与屋面连接,从而形成稳定的屋面结构。

虽然钢结构在交通建筑中的应用仅有上述有限的 4 例,但是却彰显出了中东铁路近代建筑中独特的工业技术审美,甚至可以称得上与欧洲共同展现了工业时代的技术文明。在整个 19 世纪欧洲的铁路车站设计中,中央拱架高耸、两翼水平延伸的横竖对比构图都是极为常见的做法,无论是采用拱形桁架屋面的德国法兰克福中央车站(1888)、法国奥尔良车站(1902)、匈牙利布达佩斯车站(1891),还是采用金属拉杆屋面的法国斯特拉斯堡车站(1883)、德国莱比锡车站(1915),其屋面结构都显示出与中东铁路近代建筑极为相似的技术特征。由此可见,中东铁路近代建筑技术与世界范围内的技术应用发生了融合,虽然在尺度规模、屋架跨度方面无法与欧洲同类车站相比,但是却在近代中国展现出了工业时代的技术文明,具有鲜明的时代属性特征(图 6-7)。

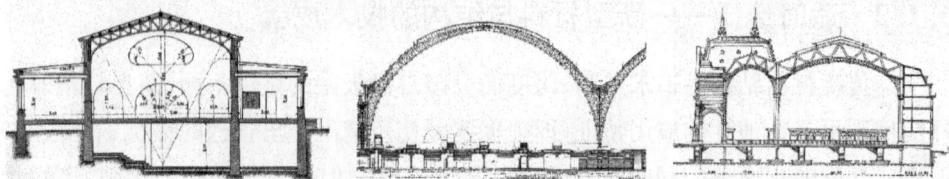

a) 中东铁路哈尔滨站(左)、法兰克福中央车站(中)、奥尔良车站(右)的桁架屋架

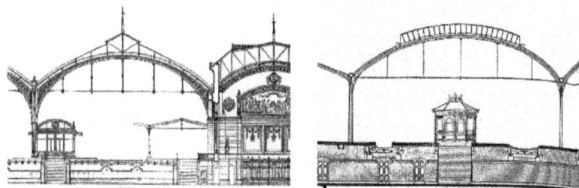

b) 满洲里站北仓库(左)、斯特拉斯堡车站(中)、莱比锡车站(右)的金属拉杆屋架

图6-7　中东铁路交通建筑与欧洲近代车站的金属屋架对比

除车站交通建筑外,更能反映中东铁路工业技术文明和成就的则是众多的铁路工厂车间,其中又以哈尔滨中东铁路总工厂最为突出。在4.2.2.2小节中已经对中东铁路总工厂各车间的桁架结构进行了分析,若将其与俄国本土同一时期的钢桁架应用进行对比,则可管窥其中技术应用的差异。首先在钢桁架结构形式上,中东铁路总工厂屋架结构以复合桁架(芬克式/豪氏复合、剪式/豪氏复合)为主,12个车间中共有8个,应用最少的是豪氏桁架和芬克式桁架,均为两个;而在几乎同一时期修筑的莫斯科环城铁路中,其机车库、厂房、车间所使用的钢桁架则主要以简单的普拉特式、豪氏、芬克式为主,从未使用复合的桁架结构。其次是在桁架的跨度水平上,中东铁路总工厂桁架跨度最长的是机车组装车间和锻造车间,其钢桁架都是芬克式/豪氏复合,跨度21.3 m;莫斯科环城铁路建筑中桁架跨度最大的是利霍玻瑞车站货场,采用了普拉特桁架,跨度22.2 m。综合对比可以看出,二者在桁架结构上有着显著差异,中东铁路近代建筑中从未使用普拉特桁架,而莫斯科环城铁路建筑则以普拉特桁架为主,造成这一现象的原因极有可能是在先前尼古拉耶夫铁路建设中,俄国已经积攒了木质豪氏桁架性能不及普拉特桁架优秀的经验,详情可见2.1.1.2小节,因而在后期的铁路建设中使用普拉特桁架也就不足为奇。再者两条铁路的钢桁架创造了几乎相同的极限跨度,区别在于中东铁路使用的是复杂的芬克式/豪氏复合桁架,而莫斯科环城铁路使用的是简单的普拉特桁架。但这并不能说明二者技术水平的高低,前者由于需要考虑通风采光需求,因而不得不使用复合桁架来设置屋顶

天窗;后者则不需要考虑这方面的需求,因而造成了桁架结构上的差异。可以说在俄国本土和中东铁路的建筑中,技术源头和技术受众在钢结构上呈现出高度一致的应用和水平特征(图6-8)。

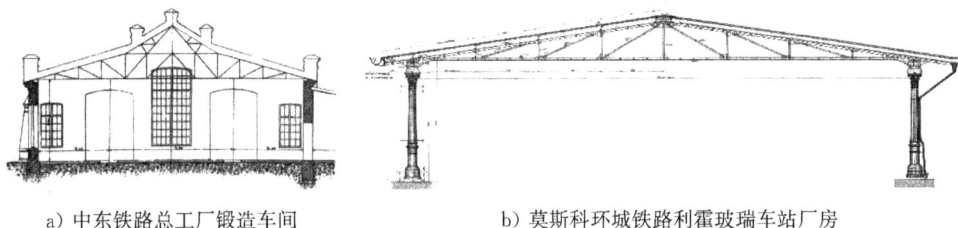

a) 中东铁路总工厂锻造车间　　　　b) 莫斯科环城铁路利霍玻瑞车站厂房

图6-8　中东铁路与莫斯科环城铁路建筑钢桁架对比

若将中东铁路近代建筑的钢桁架结构与国内其他近代城市建筑进行对比,也能发现一定的技术应用差异。关于国内近代城市建筑中钢屋架的研究只有只言片语的文字介绍,鲜有关于跨度、结构等方面的技术分析,因此该对比研究只能选择有限的地区和案例,以窥探其技术水平差异。从表6-4中可以看出,首先,中东铁路、青岛、上海、武汉、广州都是近代中国较早应用钢桁架结构屋面的地区,在新材料结构的应用时间方面,中东铁路建筑处于国内第一梯队,较之南京、北京、天津等地有着十年左右的技术应用领先优势,至于镇江、宁波、福州等沿海开埠地区以及大量内陆自开城市甚至还没有应用钢结构屋架;其次,从已有资料可知,近代中国建筑采用的钢结构屋架以芬克式桁架为主,中东铁路建筑则使用了比较少见的芬克式/豪氏复合桁架,具有鲜明的技术独特性,这类复合桁架结构直至1935年的武汉大学图书馆建设中才再次出现;最后,在钢桁架的跨度上,在20世纪初期中东铁路近代建筑中就已经达到了21.3 m,为当时中国钢桁架单跨之最,该纪录一直保持20余年,直到20世纪20～30年代才被广东中山纪念堂、天津意租界回力球场等建筑所超越。因而,在钢桁架的应用时间、结构形式、结构跨度等诸多方面,中东铁路近代建筑都在近代中国占据绝对领先的地位。

(2)铁路工程设施——突出工业技术成就

与中东铁路交通工业建筑浓厚的工业时代气息相得益彰的,是铁路工程设施中的各类金属桥梁,它们在因地制宜建造的同时也取得了辉煌的技术成就。

长期以来,铁路沿线桥梁的调查研究统计结果似乎一直在告诉我们一个所谓的结论,即基于就地取材、技术简单、施工方便等优势特征,采用传统材料建设的石拱桥在数量上明显多于金属桥,为应用最多的桥梁形式。但是《中东铁路沿革史

(1896—1923)》一书推翻了这一结论,根据中东铁路全线桥梁的统计分析,钢结构的桥梁(包括工字钢桥和钢桁架桥)在数量上(391座)对石拱桥(203座)呈碾压态势,几乎是后者数量的2倍(表6-5)。钢铁桥梁在中东铁路中的超大范围应用反映了材料应用鲜明的时代属性,只不过后期大量的工字钢桥被拆毁重建,因而造成了石拱桥数量较多的假象。

表6-4 中东铁路与国内近代开埠城市建筑中钢屋架的应用对比

城市	建筑	时间	跨度	备注说明
哈尔滨	机车组装车间	1907年	21.3 m	芬克式/豪氏复合桁架
青岛	四方铁路工厂	1904年	6 m	连续多跨屋架,10跨共计60 m
南京	金陵机器局正厂	1887年	16 m	钢—木复合的三角桁架
	浦镇机厂	1913年	12.6 m	芬克式屋架
上海	上海电光公司	1882年	—	上海最早采用钢结构的厂房
	上海中国菜场	1898年	玻璃穹顶跨度12 m	连续多跨的钢框架结构,总跨43 m
	杨浦发电站透平间	1913年	20 m	芬克式屋架,钢排架结构
广州	美孚仓	1900年	—	芬克式屋架
	培正中学白课堂	1908年	6.5 m	芬克式屋架
	中山纪念堂	1926年	30 m	芬克式屋架
香港	卜公码头	1907年	—	金属三角拱,香港最早钢框架建筑
	旧上环街市	1906年	—	芬克式屋架
武汉	湖北织布官局	1890年		钢结构屋架
	武汉大学图书馆	1935年		芬克式/豪氏复合桁架
	武汉大学工学馆	1936年		普拉特式屋架
北京	清陆军部衙署南楼	1909年	12.3 m	钢—木复合的三角桁架
	劝业场南北厅	1918年	7.5 m	豪氏钢桁架
天津	西开教堂	1913年		圆顶使用钢结构
	意租界回力球场	1932年	28 m	钢屋架
	中国大剧院	1934年	24.9 m	钢屋架

表 6-5　中东铁路沿线各跨度桥梁的数量统计

桥梁类型	单跨									
	2.1 m	4.2 m	5.3 m	6.3 m	8.4 m	10.5 m	12.6 m	21 m	31.5 m	73.5 m
石拱桥	16	123	—	23	1	32	4	4	—	—
工字钢桥	71	109	36	69	4	85	1	2	—	—
钢桁架桥	—	—	—	—	—	—	—	10	2	2

众多桥梁中技术水平最高的当属 1901 年完工的哈尔滨松花江铁路大桥。考虑到俄国早在 1884 年就已经在别列柳斯基、普罗斯基里亚科夫等人的推动下完成了桥梁桁架跨度和应用设计标准，并在西伯利亚铁路的各类桁架桥梁中进行了建造实践，因而松花江铁路大桥的设计与建造极为成熟与标准。桥梁所用钢材产自波兰华沙铁路局下属的维斯瓦机械车辆厂，全部采用热铆接而成，由 8 个跨度 74.7 m 的下承多边形桁架和 11 个跨度 32 m 的上承华伦桁架组合而成，桥长 1 003.6 m，已经迈进千米级别，同时桥梁采用了先进的沉箱建造技术，无论是结构技术还是施工技术都处于国内领先水平。

以桥梁遗存较多的滇越铁路、京张铁路与中东铁路作对比分析。在滇越铁路中，几乎所有的钢桁架桥采用的都是格栅桁架，如小龙潭铁路桥、五家寨人字桥等。而事实上，格栅桁架作为木桁架与钢桁架之间的过渡结构，俄国早在 19 世纪 60 年代就已经弃之不用，后期有所使用也普遍跨度不大，在中东铁路的建筑和桥梁中更是从未出现，因而从桁架结构的合理性与时代性来看，中东铁路已经大幅领先于滇越铁路。再者，滇越铁路中的格栅桁架桥最大单跨为 50 m，远小于中东铁路哈尔滨松花江铁路大桥的单跨 74.7 m，同时，其最长的桥梁为白寨大桥，长 134.7 m，采用的却是钢桁架柱支撑的简支梁结构，可见无论是桥梁单跨还是总长，滇越铁路都难以企及中东铁路。但是该项对比并非否定滇越铁路桥梁的相关成就，其桥梁价值并不在于结构水平，而在于其施工难度，尤其是著名的五家寨人字桥，虽然跨度只有 67.1 m，但是却是在两山之间峡谷之上凌空架起"人"字形支架，再由其支撑格栅桁架桥梁，其前卫的建造理念和极高的施工难度都丰富了桥梁的价值(图 6-9)。

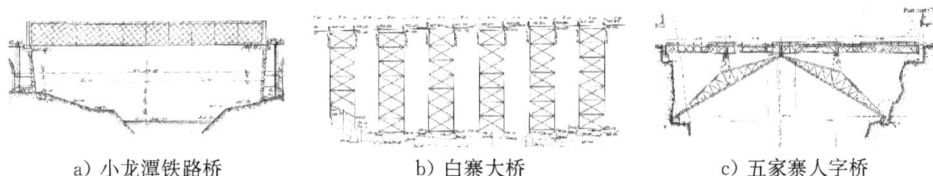

a) 小龙潭铁路桥　　　　　b) 白寨大桥　　　　　c) 五家寨人字桥

图 6-9　滇越铁路中的钢桁架桥

再与 1909 年完工的京张铁路对比。京张铁路中桁架桥梁仅有 4 座,分别是永定河 12 号桥、南沙河 15 号桥、岫泥坑 23 号桥和怀来河 56 号桥,这些桥梁所用桁架单跨均为 33.3 m,并且在结构上呈现出与中东铁路桁架桥梁相似的特征,即上承式桥梁(永定河 12 号桥、岫泥坑 23 号桥、怀来河 56 号桥)使用华伦桁架,下承式桥梁(南沙河 15 号桥)则使用普拉特桁架,并且与中东铁路桥梁的桁架一样都通过杆件的“双腹化”构造来提高抗压性能(图 6-10)。其中最长的是怀来河大桥,单跨 33.3 m,总长 213.5 m,但是仍无法与中东铁路的桁架桥梁跨度相匹敌。

| a) 岫泥坑 23 号桥 | b) 南沙河 15 号桥 | c) 怀来河 56 号桥 |
| (上承华伦桁架) | (下承双腹化普拉特桁架) | |

图 6-10 京张铁路中的钢桁架桥

除滇越铁路、京张铁路外,使用桁架建造桥梁在当时的中国已经成为极为普遍的现象,如在京汉铁路、津浦铁路、胶济铁路中均有所应用。但是通过对比可以发现(表 6-6),在 20 世纪 10 年代以前,中东铁路的哈尔滨松花江铁路大桥无论是单跨还是总长在国内始终居于领先地位,直至 1912 年才被采用钢桁架悬臂结构的津浦铁路济南泺口黄河铁路大桥(单跨 164.7 m)所超越。而事实上,1902 年俄国就已经建造了钢桁架悬臂结构的桥梁(圣彼得堡基罗夫斯基桥,单跨 97 m),只是并未将其应用在中东铁路桥梁建设中,为一技术遗憾。

6.1.2.2 混凝土的应用演进

本章第 3.3 和 4.3 节的分析阐释已经向我们展示了一个事实:在内因(俄国本土影响)和外因(东北地域条件限制)的双重影响下,中东铁路沿线的混凝土和钢筋混凝土技术的发展应用是十分有限且缓慢的,在这种背景之下,钢筋混凝土结构的应用也变得极为保守谨慎。

(1) 应用——绝对安全下的谨慎保守

与中东铁路近代建筑中砖混结构、钢桁架结构探索的渐进发展、追求结构极限的应用特征不同,混凝土和钢筋混凝土结构则是在保证结构绝对安全的前提下进行保守慎微的应用:配筋绝对充足、跨度绝对保守。

表6-6 松花江铁路大桥与近代中国铁路桥对比

名称	竣工时间	单跨	总长	结构	备注
京奉铁路滦河大桥	1894 年	61 m	670.6 m	华伦桁架	最早使用气压沉箱建造的桥梁
中东铁路松花江大桥	1901 年	74.7 m	1 003.6 m	复合普拉特桁架＋复合华伦桁架	—
胶济铁路淄河大桥	1902 年	40 m	470 m	华伦桁架	—
京汉铁路黄河大桥	1905 年	31.5 m	3 010 m	华伦桁架	19 世纪到 20 世纪中期跨度最长的桥梁
滇越铁路白寨大桥	1908 年	8 m	134.7 m	简支桥	采用钢桁架结构
京张铁路怀来河大桥	1908 年	33.3 m	213.5 m	华伦桁架	完全由中国人设计建造
安东铁路鸭绿江铁桥	1911 年	91.4 m	941.8 m	华伦桁架	—
津浦铁路黄河大桥	1912 年	164.7 m	1 255 m	悬臂钢桁架	—

中东铁路中钢筋混凝土结构的保守应用表现在两个方面,一个是各类铁路桥梁,另一个就是建筑中的承重梁。钢筋混凝土桥梁在中东铁路全线共计6座,跨度3.2～6.1 m不等,另有3座石拱桥采用了钢筋混凝土结构的拱券。与众多的石拱桥、金属桥相比,钢筋混凝土桥梁数量占比极低,其应用的罕见表明了俄国对这类新型材料的谨慎态度。同时钢筋混凝土桥梁的配筋设计可谓慎之又慎,采用经典莫尼埃式配筋的桥梁跨度绝不超过4 m;而采用新型梅兰式配筋的钢筋混凝土桥,跨度6.3 m时内部所配铁轨的间距仅为0.35 m,同样采用梅兰式配筋的洛瓦河桥(1894 年),跨度9 m,所配铁轨间距为1 m,将受力铁轨紧密排布以保证结构绝对安全,设计极为谨慎。同样保守的技术观念还应用到了采用钢筋混凝土拱券的大型石拱桥中,由于俄国在1902 年建造的昆达卡萨利河石拱桥中就采用了21.3 m的钢筋混凝土拱券,这一成熟的技术也直接复制到了中东铁路桥梁建设中,其大型石拱桥的钢筋混凝土拱券跨度同样为21.3 m,并未出现更大的探索突破。

桥梁中钢筋混凝土保守的应用观念也贯彻到了中东铁路沿线建筑的建设中。虽然中东铁路管理局、德惠教会学校等一些建筑已经采用了钢筋混凝土梁,但是其跨度普遍不超过2 m,无法与同时期俄国本土建筑比肩(俄国在1902 年建造的北部铁路布依车站机车库中使用了跨度达7 m的钢筋混凝土梁)。再如中东铁路近代建筑中较早采用钢筋混凝土框架结构的中东铁路总工厂车厢组装车间,它与其他车间相比没有吊装使用要求,室内不设吊车梁,对梁柱结构的要求较低,因而也保守地使用了钢筋混凝土结构。但是结构的保守并不意味着技术的落后,将中东铁路近代建筑中钢筋混凝土结构的应用与其他地区相比也能发现一定的技术差异(表6-7)。

表6-7　中东铁路与其他近代城市钢筋混凝土结构应用对比

城市	局部采用钢筋混凝土构件		整体采用钢筋混凝土框架结构	
	建筑名称	时间	建筑名称	时间
中东铁路	横道河子铁路浴池	1906	总工厂车厢组装车间	1907
镇江	英国领事馆	1890	贻成面粉厂	1934
首尔	德寿宫石造殿	1890	—	—
南京	马林诊所病房楼	1892	和记洋行篮筐车间	1915
台湾	台湾总督府	1901	台湾电话局	1909
上海	惠罗公司大楼	1904	德律风公司大楼	1908
武汉	大智门火车站	1905	平和打包厂	1905
广州	岭南大学马丁堂	1905	粤海关大楼	1916
东京/横滨	东京仓库株式会社神户仓库	1906	三井物产横滨支店办公楼	1911
北京	外务部迎宾馆东大门	1910	第一实验小学	1930
青岛	吉利洋行	1911	青岛劝业场	1918
大连	—	—	圣德会集体宿舍	1920
天津	—	—	中原公司	1927

通过上表对比可以看出,伴随着欧洲国家的殖民入侵,近代中国城市几乎都在19世纪末20世纪初完成了钢筋混凝土结构的尝试应用,只是囿于开埠的早晚而在具体的应用时间上略有差异。而在钢筋混凝土框架结构出现的时间上,各地区存在着明显的差异,中东铁路沿线、武汉、台湾、上海都属于近代中国较早使用钢筋混凝土框架结构的地区,远远领先于镇江、北京、天津、大连等其他地区。在钢筋混凝土框架结构的后期发展上,近代上海、广州等地区在德律风公司大楼、粤海关大楼之后迎风而上,借助资本的扶持和近代城市化的推动又兴建了电报局大楼(1919年,8层)、培文公寓(1921年,9层)、武康大楼(1924年,8层)等大批建筑,钢筋混凝土框架结构逐渐开始向高层建筑发展;而中东铁路的钢筋混凝土框架结构的发展应用则在总工厂车厢组装车间这一建筑之后逐渐显现后劲不足,陷入停滞,直至

1922年才凭借天兴福第二制粉厂火磨大楼的建造而再次探索应用,结构技术的发展出现了明显的断层。这种间断式的发展状况也同样出现在近代的南京,自1915年完成和记洋行篮筐车间之后直至1949年,南京始终没有出现过钢筋混凝土框架结构的建筑。

(2) 配比——材料稀缺主导的配比演进

与中东铁路近代建筑中素混凝土—钢骨混凝土—钢筋混凝土结构的渐进演变相一致的是混凝土材料配比的逐渐变化。通过3个不同时期的案例可剖析中东铁路近代建筑中混凝土配比的演进过程。

铁路建设初期,混凝土的应用以铁路工程设施、军事设施为主。由于铁路初建,俄国远东及西伯利亚地区的水泥工业尚未投产,军事工程设施所用的水泥材料不得不向遥远的欧俄地区采购,长途运输造成价格攀升,因而早期的混凝土结构多通过增加骨料的配比以节约水泥用量,如建于1900年的旅顺东鸡冠山堡垒,不仅混合物中沙子、卵石骨料所占比例极高,同时掺杂了中国传统的三合土,以进一步节约水泥用量,其外观呈明显的土黄色。

铁路通车之后,大范围的城镇建设活动兴起,水泥运输更加便利,产自欧俄的水泥逐渐退出市场,远东工厂生产的水泥后来居上,并凭借区位运输优势被应用在中东铁路东部线的大量建筑中。此时混凝土的配比较之早期已经有了明显的优化,首先是传统的三合土不再作为混凝土混合物使用,水泥、沙子、卵石成为基本的构成材料;其次是材料配比臻于科学,在1929年建造的穆棱煤矿钢筋混凝土高架桥中,水泥、沙子、卵石的比例调整为1:2.5:4,虽然抗压性能较低,甚至不如现行的C20混凝土,但是从时代背景来看已经符合当时主流——20世纪初期中国钢筋混凝土结构的梁、柱、地板、楼板中水泥、沙子、石子比例通常为1:2:4,只有墙体、基础部位的水泥比重较低,其水泥、沙子、石子的比例为1:3:6,可见中东铁路混凝土材料的配比与当时中国的普遍做法几乎相同。此外,20世纪20年代中东铁路的混凝土施工中已经采用了机械浇筑振捣、水泥喷枪等先进技术与设备,与上海、广州等近代城市已然无异。

中东铁路建筑在混凝土的配比、施工方面与近代国内其他城市建筑趋同甚至居于领先地位,但是其粗骨料的使用选择却一直在碎石与卵石之间摇摆不定。从配置合理性来看,卵石骨料不及碎石,其表面光滑,容易与混凝土之间产生空腔,影响结构稳定。1906年建造的横道河子铁路浴池中,钢筋混凝土楼板以卵石为骨料,而入口处雨棚却以碎石为骨料;1926年重建的哈尔滨霁虹桥,其钢筋混凝土门式悬臂使用碎石骨料,而几乎同一时期修筑的德惠教会学校则使用了卵石骨料,可见混凝土配置中对粗骨料的选择使用没有固定的原则,更多的是针对周围状况的适时选择。

而事实上,关于粗骨料的选择在近代中国也从未有过具体的指导规范,如在京张铁路施工中,混凝土结构的石拱桥普遍使用水泥、沙子、碎石组成的"洋灰混合土";而1918年重建的北京劝业场,其楼板使用的则是卵石粗骨料。如此相似的粗骨料使用状况表明中东铁路建设施工中,对粗骨料的选择应用与国内其他城市无异。

通过上述6.1.1和6.1.2节的分析已知,中东铁路近代建筑的技术成就,在传统材料和结构如拱券、桁架等方面达到了极高的技术水平,与国内同时期其他地区的遗产相比具有较高的技术领先性;而新兴的材料结构无论是钢筋、水泥还是钢结构、钢筋混凝土结构则更具"适时选择"的特征,虽然在应用时间上与国内其他地区趋于同步,但是在技术的水平和成就方面则不占优。材料与结构水平出现的差异性现象,主要是由技术的传播和应用过程决定的,主要表现在两个方面,其一是中东铁路的技术传播更多地表现为"间接性"特征,其二是技术的发展具有"垄断性"特点。

起源、探索并发展于欧洲的钢筋、混凝土等新型材料和结构,在19世纪末20世纪初随着近代中国的半殖民地化,经由英、法、美等欧美国家而率先应用到了上海、广东、南京等近代开埠城市的建设中,结构的应用发展与欧美保持了更多的同步性,具有典型的"一手"特征。与此截然相反的,是这些新型材料结构,经由本身就不发达的俄国转到中东铁路沿线地区,其在俄国本土就处于缓慢的探索状态,传播至中东铁路沿线之后则更具滞后特征,因此在技术水平成就上稍显落后于同时期国内其他地区。

另一方面,与国内其他城市的"竞争性"租界发展格局不同,中东铁路沿线地区长期处于俄国一家独揽的"垄断性"租借地状态,其建筑材料和结构的发展丧失内部的竞争性发展动力,因而在水平成就上也无法与其他城市相匹敌。

6.1.3　优劣并存——材料结构中的不合理应用逻辑

传统材料结构通过对材料属性的"压榨"满足建筑的空间、跨度使用需求,新型材料结构则通过适时的选择应用契合鲜明的时代背景,两种材料结构都从不同的进路达到了一定的技术水平。但是在实际的建造施工中,一些不合理的技术逻辑也层出不穷,形成了优劣并存的技术应用局面。

6.1.3.1　传统材料结构中的不合理技术逻辑

与本身属性占据优势的钢材、钢筋混凝土等新型材料相比,传统建筑材料都是通过构件的拼贴、连接去满足一定的使用要求,因而更容易在组合过程中产生不合理的构造逻辑,这些不合理的应用主要体现在屋架和墙体两个方面。

(1) 不合理的屋架组成逻辑

前文已述,中东铁路近代建筑通过"用材粗壮、结构简单"的屋架构造逻辑实现了极高的跨度水准,有些甚至开始挑战钢屋架的跨度极限。但是隐藏在如此盛名之下的却是屋架受力的失调,主要表现在内部杆件配置和桁架组合应用两个方面。

从杆件受力情况来看,在除地基简支的情况下均可运用二元体规则分析其几何稳定性,即"在一个体系上增加或减去一个二元体,体系的几何稳定性不变"。由此可对桁架的平面体系进行机动分析,确定其是否为几何不变体系。

桁架结构的平面受力分析需进行 2 方面简化,其一是将所有的外力作用在桁架节点上,其二是桁架的所有节点均为铰接,即每根杆件都可以围绕节点自由转动。在该简化条件下,每根杆件均只受拉压力,不受弯矩作用,也没有弯曲。

桁架结构的平面机动性可以通过计算其自由度 w 来衡量,若 $w>0$,表明结构缺少足够联系,为几何可变体系;若 $w=0$,表明结构具备成为几何不变体系所要求的最少联系数目;若 $w<0$,表明结构内部具有多余的联系。自由度 w 的计算公式如下:

$$w=3m-2h-r$$

式中,m 为桁架刚片(平面刚体)数量,h 为单铰数量,r 为支杆数。

以最常见的单柱桁架为例,刚片数量 m 为 5,单铰数量 h 为 6(含两个单铰和两个复铰),支杆数 r 为 3,由此 $w=3\times5-2\times6-3=0$,说明单柱桁架在最少的杆件数量下实现了几何不变体系。再如复杂的公主岭站职工住宅屋架,内含 1 根中柱和 4 对腹杆斜撑,其自由度 $w=3\times21-2\times30-3=0$,即在单柱桁架中,增加或删去一个三角稳定体系其自由度不变。中东铁路近代建筑中常见的双柱桁架、系梁桁架、中式桁架、复合桁架的自由度计算结果如表 6-8 所示。

从表中对建筑的自由度分析可以看出,除单柱桁架外,双柱、中式、系梁、复合等众多桁架的自由度 w 均大于 0,桁架均为几何可变体系,主要原因在于腹杆、斜撑的位置不够准确,因而只能形成局部的稳定无法保证整体结构的不变性,存在安全隐患。这也从侧面证实,单柱桁架之所以能够实现高达 12.8 m 的跨度极限,也是其几何不变体系带来的合理的必然结果。另一方面,大量的几何可变桁架也并非全然不合理,虽然桁架内部存在不合理的杆件连接,但是腹杆、斜撑的大量使用使屋架下弦受力均匀,抗弯性能得以提高,从而可以实现更大的屋架跨度。

屋架结构不合逻辑的另外一个表现就是"化楹为体"的屋架连接。在中东铁路近代建筑中,除货场、兵营、马厩、机车修理库等一些平面规整、内部空间单一的建筑使用了成楹出现的屋架桁架外,其余多数建筑都会基于平面特点而对屋架进行适当调整,最典型的就是原本规则连续的椽式屋架消失,而通过多种构件单元将横向的椽架组合在一起,形成了更具整体特征的屋架结构(图6-11)。从图中可以看出,大量屋架已经没有了稳定的三角受力结构,转而以檩木将众多屋架组合在一起来提高整体受力,庆幸的是由于屋架受力较小且用材结实粗壮,即使这些建筑受力不合理也依然幸存到了今天。

表6-8　中东铁路近代建筑中常见屋架受力简图及自由度分析

单柱桁架			
机车修理库,$w＝0$,不变体系	哈尔滨铁路住宅,$w＝0$,不变体系	三道桥车站,$w＝5$,可变体系	—
双柱桁架			
哈尔滨双层住宅,$w＝2$,可变体系	铁路医院病房,$w＝1$,可变体系	中东铁路宾馆,$w＝2$,可变体系	哈尔滨官员住宅,$w＝1$,可变体系
中式桁架			
一面坡配电站,$w＝1$,可变体系	铁路工区配房,$w＝5$,可变体系	昂昂溪车站,$w＝5$,可变体系	博克图铁路学校,$w＝2$,可变体系
复合桁架			
哈尔滨铁路住宅,$w＝1$,可变体系	一面坡粮仓,$w＝3$,可变体系	中东铁路学堂,$w＝3$,可变体系	华俄工业学校,$w＝1$,可变体系

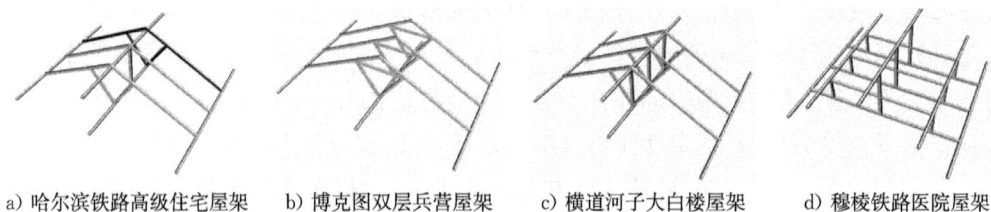

a) 哈尔滨铁路高级住宅屋架　b) 博克图双层兵营屋架　c) 横道河子大白楼屋架　d) 穆棱铁路医院屋架

图6-11　化椽为体的屋架整体结构

（2）基础构造埋深造成的墙体冻融破坏

在经历一百余年的超长使用及日晒风吹雨淋之后，如今多数的中东铁路近代建筑都面临着墙体开裂、表面返潮、砌块酥碱、沉降过大等技术问题。除了建筑使用日久造成的结构衰减，设计建造之初的基础缺陷也是造成这些问题的重要原因。

从土壤冻胀的合理性来看，建筑基础应超过当地冻土线深度，以防止土壤冻融造成的不均匀沉降。中东铁路沿线主要城镇中冻土线最浅的为哈尔滨 1.9 m，其余城市如齐齐哈尔为 2.2 m，满洲里达 2.8 m。

但是，中东铁路近代建筑的基础埋深似乎与地域气候并没有直接的联系，而是与建筑层数、功能呈现较强的相关性，如普通住宅、公共建筑的基础埋深在 1.2~1.6 m，车站、多层住宅、机车库、水塔的基础埋深则为 1.6~2.1 m。由此可以看出除少数建筑因功能、层高考虑而设置了 2.1 m 深的基础外，多数建筑都无法满足最低 1.9 m 的基础埋深要求，其造成的后果就是建筑基础极易因土壤的反复冻融而出现整体不均匀沉降，使得多数建筑的室内外标高几乎完全相同，影响了日常使用，同时也极易在门窗洞口、檐下等部位造成贯穿性的墙身裂缝，进一步影响建筑寿命。

从构造形式来看，建筑基础宜处理成阶梯状逐级加宽的大放脚形状，以满足地基承载力要求并避免冲切破坏。中东铁路近代建筑除铁路宾馆、办公楼等个别建筑采用大放脚基础构造外，其余多数建筑均为简单的矩形条状砖材、石材基础，其宽度普遍在 0.9~1.2 m，略大于外墙厚度，虽然基础承载面较小，但是考虑到整体较小的荷载，其也能满足一定的承载要求。在一些重要的建筑基础中还存在着额外的加固处理，如基础垫层夯实、基础下垫横木或基础下打入木材桩基等，也在一定程度上弥补了因埋深、构造造成的基础不均匀沉降（图 6-12）。

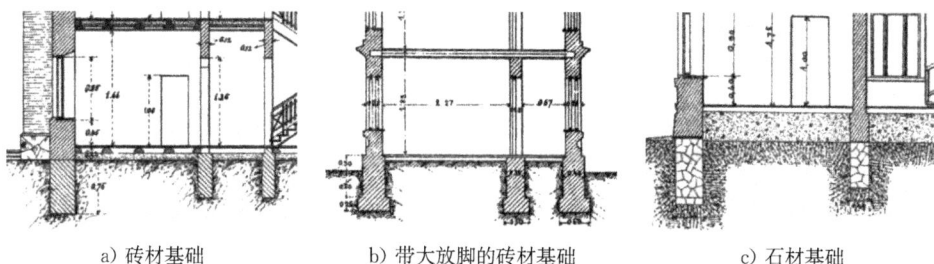

a) 砖材基础　　　　b) 带大放脚的砖材基础　　　　c) 石材基础

图 6-12　中东铁路近代建筑中的基础形式

另一方面，墙身的防潮一直是中东铁路近代建筑未能解决的技术难题。前文已述，中东铁路近代建筑有石材、砖材两种基础材料，石材基础一般砌至地面以上 60~70 cm，以不透水的石材阻挡地面湿气对墙身的侵入，但是采用石材基础的建筑数量不多,多数建筑采用的都是红砖砌筑的砖材基础。根据《中东铁路标准化施工图集》的规定,砖材基础应在地面以上 20 cm 的墙身内设计一道水泥砂浆防潮层,但是在实际的施工建造中,鉴于水泥原材料的稀缺,这层防潮构造却鲜有应用,墙身难以抵挡地下水分的入侵,加之反复的冻融循环,从而对墙身造成了极强的酥碱破坏,龟裂、粉化、崩落成为常见的酥碱形态。如今沿线的中东铁路建筑中,其水线/泛碱高度低至墙脚、窗台下侧,高则至门窗洞口上皮,尤以墙体转角为甚,几乎所有的砖材基础建筑都存在这个问题(图 6-13)。

a) 墙身设计中的防潮构造   b) 酥碱破坏的墙体(南木、雅鲁)

图 6-13 基础防潮及酥碱破坏

再者,砖材工艺的缺陷也是造成墙身难以抵挡水分入侵的重要原因。从 3.1.1 节的分析已经得知位于哈尔滨的顾乡屯砖厂成立之后就成为中东铁路的唯一砖材供应商,其砖材土坯取自附近的淤泥河道,土壤成分以黑土、沼泽土、草甸土为主,根据崔玉军的分析,除黑土钙元素含量为 1.49% 外,沼泽土、草甸土的含钙量分别为 4.22% 和 3.95%,属于高钙含量。土壤中的钙元素主要来源于黏土矿物石灰石($CaCO_3$),用钙元素含量高的土壤制作的砖坯在烧制过程中,石灰石分解释放出大量 CO_2,使得砖材中产生大量气孔,降低了砖材的品质。在砖材的后期使用中,由石灰石粉末产生的生石灰(CaO)不断吸收空气中的水分,逐步水化成为消石灰[$Ca(OH)_2$],这是个体积膨胀的过程,随着 CaO 不断水化成为 $Ca(OH)_2$,砖材内部膨胀产生的拉应力也越来越大,进而对砖材产生破坏,降低了砖材的质量。由此可见,以沼泽土、草甸土制坯烧制成的砖材不仅容易产生较大的孔隙率,而且寿命较短;同时较大的孔隙率加之冻融作用又造成了进一步的破坏,防潮层的缺失和土坯原材料的选择共同导致了如今砖墙的水线攀升和酥碱破坏。

另外,中东铁路近代建筑中的砖石墙体,无论是纵横墙之间的连接,还是墙体与扶壁的连接,普遍都会通过砌块之间的拼贴咬合强化构件之间的构造联系,以提高整体稳定性。但是在一些特定建筑的局部构造中,这种砌块间的咬合构造有时并不会被采用,这就导致了后期构件连接的失调。这种失去咬合的构造连接主要表现在两个部位,其一是转角禺石与墙体的连接,其二是扶壁与墙体的连接。

中东铁路沿线的砖石建筑普遍采用 700 mm 厚的砖墙或石墙,转角采用 800 mm×800 mm 的禺石,禺石凸出墙面约 100 mm,以起到装饰和部分结构作用。在一些砖材墙体建筑中,原本通过砖材丁顺搭接咬合的墙身、禺石成为了相对独立的构件单元,因而在后期的使用中极易受到沉降、冻胀等因素的影响而彼此脱离,对结构产生较大的破坏。如昂昂溪 49 号俄式建筑,采用砖砌的转角和墙身没有砌块的丁顺连接,如今二者之间已经产生了较大的裂缝;西线三道桥站的石砌工区,转角禺石为规整的块石砌筑,而墙身为碎石浇筑,二者之间没有形成咬合连接,在经历了洪水造成的地基沉降后,二者已经产生了极大的裂缝,威胁着结构使用的安全。

另外,铁路沿线的机车修理库、兵营等大体量建筑,其外墙可长达数十米,通常需要沿外墙布置若干扶壁以防止墙体侧倾。但是,有些建筑的外墙与扶壁之间也没有稳妥的构造搭接,从而造成了如今裂缝的出现,同样影响着结构的稳定(图 6-14)。

a) 昂昂溪 49 号俄式建筑　　　　b) 三道桥铁路工区　　　　c) 满洲里站南机车修理库

图 6-14　无构造咬合造成的建筑裂缝

6.1.3.2　新型材料结构中的不合理组合

(1) 金属材料的工艺失衡与材料浪费

金属材料的工艺演进,基本遵循着铸铁—熟铁—钢铁的发展过程。基于本土矿石储备丰富、农奴劳动低廉、运河运输便利等条件,俄国的金属产量曾长期领先欧洲并一直稳居出口领先地位。工业革命之后,贝塞麦炼铁法及高炉生产的出现促使金属工艺材料从铸铁向熟铁、钢铁演变,但是这一演变在俄国却颇为缓慢,并最终促使俄国走向了与欧洲不同的金属应用方向:欧洲因铸铁桥梁造成的大量事故而在 1840 年代逐渐取消了铸铁金属桥的使用,熟铁、钢铁开始成为金属桥梁材料主流;而俄国则在 1890 年代禁止在大型桥梁中使用熟铁,加之钢铁复杂的工艺和高昂的售价,铸铁成为金属桥梁材料主流。

铸铁虽然因冶炼工艺简单而造价低廉,但是其材质硬脆、杂质较多、易受温度影响,因此其结构性能远不及钢铁。中东铁路沿线的金属桁架桥都采用铸铁建造,其维修保养、定期检查成为建成之后的重要难题,如哈尔滨的松花江铁路大桥在建成之后第二年就出现裂缝问题,工程人员检查之后认定铸铁含磷杂质过多、铆接工艺不良是造成裂缝的重要原因;而南线老少沟附近的第二松花江大桥更是在建成 15 年后就因为裂缝问题而不得不整体更换了铸铁桁架,铸铁材料的性能不佳和工艺的不够成熟成为中东铁路沿线金属桁架桥普遍存在的问题。

另外,金属材料的浪费也是中东铁路近代建筑中普遍存在的问题,尤其是过渡时期的波形拱板结构。波形拱板结构具有较强的抗压性能并可实现较大的跨度,但其过于浪费钢材也是普遍存在的问题,虽然在近代的广东、镇江等城市以及日本、韩国等东亚地区也有应用,但是这些地区普遍以工字钢作为金属承重材料;而中东铁路近代建筑使用的多为铁轨,与工字钢相比,虽然铁轨取料便利,但是铁轨受力不及工字钢合理也是不争的事实。此外,中东铁路的波形拱板结构中钢轨间距不足 1 m,并大范围地应用于地下式屋顶、楼梯平台、阳台、外廊等部位,尤其是在满洲里机车库中,其 1 218 m² 的庞大屋面全部采用波形拱板结构,使用钢轨 96 根,总长达 1 353 m,浪费了大量的钢材。另外,混凝土结构不合理也是造成钢材浪费的重要原因,在哈尔滨松花江铁路大桥两侧碉堡的暗道中,屋顶使用的是"铁轨+混凝土板"的承重结构,混凝土板不含钢筋导致结构层较厚,且钢轨间距也较低小,仅在 30 cm 左右,因此造成了大量钢材的浪费。

(2) 模仿传统外观的混凝土结构

在材料结构的演进中,新的结构表现初期模仿传统技术外观是普遍的做法,中东铁路中的钢筋混凝土结构也不例外。

采用莫尼埃配筋的小型钢筋混凝土桥,虽然受力主体为钢筋混凝土平板,但是仍在板外以剁斧拱石装饰,拱心石硕大突出,以模仿传统石材拱券外观。跨度更大的梅兰式钢筋混凝土桥,其标准做法应该是在钢筋混凝土拱形板上立门式立柱,然后承托桥板,俄国国内在这一时期建成的卡斯拉格河大桥就采用了这种结构形式。而在中东铁路中却完全模仿传统石拱桥样式:钢筋混凝土拱券外侧贴拱石装饰,桥身以石材砌筑,与传统石拱桥无异,若不是工程说明中特意标识采用了钢筋混凝土拱券,根本无法辨识其桥梁结构。这种结构与表现之间的失调最终在伪满时期得以解决,1938 年建造的新南沟公路桥完全遵守钢筋混凝土的结构逻辑,外观也与卡斯拉格河大桥几乎无异(图 6-15)。

图 6-15　钢筋混凝土桥梁外观演进

6.2　经世致用、求同存异的技术伦理思想

中东铁路近代建筑的技术伦理思想表现为两个方面,即经世致用和求同存异。经世致用是指作为一场全面的技术转移,俄国将本土已经高度成熟的技术形式复制转移至中国东北地区,并进行适宜的灵活调整,以满足结构安全要求;求同存异则是指在转移的过程中考虑地域的语境影响而做出相应的调整,从而塑造了中东铁路近代建筑的技术全貌。

6.2.1　经世致用——务实经济的技术伦理思想

19 世纪末,中国东北还处于社会生产力落后、各类材料缺乏的农耕文明时期,除哈尔滨及边境城市因资本注入、人口涌入带动了建筑技术革新发展外,铁路沿线多数城镇远离工业文明,社会生产的落后和自然环境的严苛使建筑形成了"经世致用"的技术工艺思想,即较之美观方面的精神追求,建筑更加侧重营建的经济性和实用性,这主要表现在两个方面,其一是对传统砖混结构的极致时空应用,其二是对俄国成熟技术图式的适应选择。

6.2.1.1　砖混结构的极致时空应用

(1) 空间——应用至中东铁路全线

黄仁宇曾以抽象的社会上层和下层构成的潜水艇式三明治来解释中国传统社会的低效管理方式,这与欧洲围绕金融体系形成一整套可以通过数字测量管理的机构来作为社会中层黏合剂完全不同,即没有数字化整合的传统社会一直是中国管理层面临的问题,在作为匠人行业的营建行业中同样如此。与中国传统建筑通过构件、颜色、材料来强化建筑的等级观念不同,俄国更加偏重的是通过数字、概念、规范来约束建筑的建造过程。

19、20 世纪之交,材料的进步开始孕育结构的转型,传统的材料结构也因高度成熟而迎来最后的辉煌。在俄国,砖、石、木等传统材料和结构不但形成了标准化的设计建造模式,并且形成了一套固定的"技术图式语言"。所谓图式语言,指的是一套基于空间基本构成(要素、单元)、空间组合(水平、垂直维度)在单一尺度拼接和多尺度转换中所形成的内在语言逻辑。俄国本土的建筑技术图式语言,也遵循着"字"(技术要素)、"词"(技术单元)、"词组"(技术组合)的基本构成体系,其中的"字"包含砖、石、木等基本建筑材料;"词"是"字"的相互组合方式,包括墙体、屋架、楼层等;"词组"则是各"词"所组成的建筑整体结构。虽然图式语言概念彼时尚未出现,但是对 19 世纪俄国建筑文献《19 世纪建筑百科全书》《建筑设计及建造指南》《砖石建筑细部装饰》等的梳理表明建筑结构的"字""词"和"词组"已经达到了标准定型化的设计程度,例如在《19 世纪建筑百科全书》中,不仅包含砌筑、墙体、屋架、结构的分门别类介绍,甚至囊括街道、广场、城市等宏观尺度,而《建筑设计及建造指南》更是从建造的角度对多种建筑结构跨度、应用进行了具体的规范说明,从而为这一场宏观的建筑技术转移奠定了坚实的基础。

作为技术靶地的中东铁路沿线地区,其适宜的社会环境条件也促进了砖混结构的应用扩展。首先,中东铁路沿线山脉、森林密布,提供了丰富的建筑材料资源,早在中东铁路施工之时俄国就凭借《东省铁路公司合同》在铁路沿线建造了 22 座林场、9 座木材加工场和 4 座采石场,为各类材料的采伐运输提供便利条件;其次,砖混结构建造技术简单,无论是砌块的组合砌筑、木材的榫卯连接,还是拱券、梁板、桁架的结构处理,都没有太高的技术难度,中国工匠均可迅速学会并掌握;最后,中东铁路管理局对各类材料的运输提供了鼓励优惠政策,"自 1918 年 1 月 1 日开始,中东铁路管理局对某些建筑材料如脚石料、毛石、砖、沙子、石灰、木料等材料的运输实行了比较优惠的税收政策"。成熟的技术理论指导和适宜的地域建造条件都为砖混结构的大范围应用奠定了基础,中东铁路全线除一些特殊功能建筑(工业建筑)和具有特殊要求(防潮、防火)的结构部位采用钢结构或钢筋混凝土结构外,多数建筑采用的都是传统的砖混结构,并且现存最多的结构类型也是砖混结构。

砖混结构技术在俄国源地和中东铁路靶地的转移扩散是综合全面的,在带动东北实现建筑技术转型的同时,一些本身具有不合理性的技术形式也随之传来,最为典型的就是桁架结构。在 6.1.3.1 小节的分析中已经指出中东铁路近代建筑的桁架结构存在没有形成三角稳定体系、没有"榫"的结构概念等诸多问题,但事实上这些不合理的结构处理同样源自俄国,而非中东铁路工匠的主观创造。从结构上看,这些桁架不符合结构理性,但是却在易建性、经济性、实用性等方面寻得均衡,也不失为一种经世致用的技术处理方式。

(2) 时间——贯穿整个中东铁路时期

如果说铁路建设初期砖混结构的选择与使用是受技术传播和地域环境双重影响的话,那么后期城镇建设乃至 1917 年第二次城市发展高潮中砖混结构仍被大量应用则是其结构本身经世致用的真实反馈。

在哈尔滨多年的城市建设活动中,"埠头区街道上陆续建造了许多大型建筑,如豪华舒适的宾馆、气派的银行、影剧院及大型商场,仅 1921 年一年的时间,埠头区就建起了 139 座砖石混合结构的房屋,其中 28 栋为三层或三层以上的楼房",从这段话语的描述中可以看出两个现象,其一是砖混结构建筑在 1921 年仍是建筑的主要结构形式,其二是砖混结构开始向多层方向发展应用,可见砖混结构在哈尔滨乃至中东铁路全线仍显示出了强大的生命力。造成这种超长时间跨度应用的原因主要有两个,一是砖混结构本身就在结构技术上积极探索以顺应时代潮流,二是砖混结构以其强大的包容内敛性融合了新的材料结构。

一直以来,砖混结构的应用对象以普通住宅、公共建筑为主,这些建筑没有过高的技术使用需求,因此砖混结构有着普适的应用特征。中东铁路修筑之后,商场、工厂、交通等新型建筑的高度、跨度、承重要求对传统砖混结构提出新的挑战,砖混结构也适应时代潮流,不断进行结构创新调整。在屋架上,通过多样复合的构件连接和扒钉榫卯的双重加固,即使是简单的单柱桁架跨度也已达 12.8 m,复合桁架跨度更是达到惊人的 17.7 m,不仅突破了传统木桁架结构的极限,甚至向新型的钢桁架发起了挑战;在外墙承重上,自下而上的墙厚逐层收分,同时配合扶壁的侧面支撑,砖混结构得以向多层化、体量化方向发展;在空间使用上,并列布置的木排架结构不仅可以塑造全面通透的室内空间,通过对排架的增减也可对建筑空间面积进行调整。多方面的技术改良使砖混结构的适应性进一步增强,虽然在荷载、抗震、整体性等方面无法与新型的钢结构、钢筋混凝土结构媲美,但是已经能够满足多数建筑的跨度、高度等基本使用需求。

另一方面,由于本身结构技术的高度成熟,砖混结构开始展现出包容内敛的结构特征,其表现就是外墙承重主导下其余结构单元的可替换特征,地面、楼层、屋架、拱券等结构单元基于防火、防潮、承重等使用需求可以替换为钢材或混凝土结构,从而产生了多样的过渡时期结构。工字钢梁板楼面、钢骨混凝土梁板、波形拱板、钢桁架自然不必多说,砖混内框架结构几乎成为 20 世纪 20～30 年代哈尔滨乃至中东铁路全线最主流的工业建筑结构形式,砖混结构以及过渡时期的砖混结构显示出极致的时空应用特征。

　　砖混结构极致的时空应用也成为中东铁路区别于其他近代城市建筑结构发展的重要特征。在近代的上海、广州、南京等一些城市中，各国租界呈竞争的发展格局，租界的不断拓展促使城市建设此起彼伏，租界的窗口效应促使大量欧美先进技术持续导入，城市和建筑的发展如火如荼，在建筑结构上钢筋混凝土结构及框架结构早已大范围展开应用，并且已经完成从工程工业领域向民用建筑领域的转移，大量层数超过6层并采用钢筋混凝土框架建造的办公楼、洋行、住宅不断出现，一些国人开办的营造厂如陈明记、余洪记、姚新记等也已经掌握新结构的施工建造方法。与之形成鲜明对比的是，中东铁路全线附属地建设由俄国一家独揽，城市建设虽然经历了铁路建设和白俄涌入的2次高潮，但是建设对象以住宅、教堂为主，且层数鲜有超过3层，在混凝土结构的使用上俄国只是"媒介"而非源头，应用对象也基本停留在早期的工程工业领域，由此可见中东铁路沿线基本没有滋养出适合钢筋混凝土结构和框架结构发展的沃土，反而是传统的砖混结构在实际应用与发展潜力上前景广阔。砖混、钢筋混凝土结构鲜明的应用对比其实也是中东铁路近代建筑基于社会现状的适时选择，同样具备经世致用的伦理特征。

6.2.1.2　俄国成熟技术图式的适应选择

　　前文已述，19世纪末20世纪初的俄国由于砖混结构的高度成熟，在建筑的室内装饰、家具组成、结构构件、砌筑组合、工艺处理等诸多方面已经形成了标准乃至定型化的"图式语言"，自然成为中东铁路近代建筑的重要参照。在图式语言的应用处理上，中东铁路近代建筑结合自身的特殊地域情况，有时简化处理，有时全盘应用，从而做出了因地制宜的选择。

（1）俄国图式语言的简化应用

　　俄国本土图式语言在中东铁路近代建筑中的应用，更多地表现在建筑的檐下装饰、山墙落影、入口门斗等"软性"装饰层面，同时这些装饰图式语言并没有像俄国本土一样走向繁文缛节的极端，反而具有明显的"适度"控制原则，更多的只是"点到为止"的处理应用。

　　传统俄国的砖石建筑，一般都会通过砌块的凹凸、横竖、立卧、平错、叠合组合形成多样的线脚、拱券、壁柱、肌理变化，建筑具有明显的装饰化特征。与之截然相反的是，中东铁路沿线的建筑更像是铁路工业的附属产品，它们没有过多的装饰需求，只有简单的功能考虑。因此，这些"铁路产品"对俄式技术图式语言的选择使用变得更加简洁，仅保留了山墙落影、门窗贴脸、转角禹石等核心图式语言，并在这些核心图式语言下进行大同小异的组合变化,既能够保证建筑的多样化外观审美,也能够减少施工工序,在审美与实用之间取得平衡。再如沿线的木刻楞,作为俄罗斯民族宗教信仰和自然崇拜的典型代表,一般都会通过门斗山花的复杂雕刻、木板墙身的拼贴组合、木柱横梁的端头砍斫、护板封檐的镂空雕刻等加工处理使建筑整体装饰极为繁复;而在中东铁路沿线的木刻楞中,这类复杂的木构处理仅应用在了沿线的教堂中,以彰显纯粹的宗教建筑信仰,并且多数的木刻楞建筑其木构工艺繁复程度明显降低,木材的艺术加工处理也十分简洁(表6-9)。

表6-9 中东铁路近代建筑中俄本土图式语言的简化应用

砖石建筑	俄国本土			
	中东铁路			
木刻楞建筑	俄国本土			
	中东铁路			

(2) 俄国建筑形式的直接复制

如果说铁路建设初期俄国本土技术图式"点到为止"的控制应用是当时地域社会经济条件落后而产生的必然结果的话,后期城镇建设中对俄本土建筑形式的直接复制应用则是当时城市急剧发展的集中反馈。造成哈尔滨与俄国本土建筑形式趋同的原因有着政治、殖民、历史等多方面的背景,但其主要原因还是大批俄籍建筑师的跨境流动将俄国已经构造完成的建筑形式直接复制进来,其结果是显而易见的,在"东方莫斯科"建立采用源自俄国本土的纯粹结构形式的建筑不仅可以满足当权者的利益需求,对于建筑师来说也节约了设计过程中的诸多成本,同样具有经济适用的技术特征。但是需要指出的是,俄国本土建筑形式的直接复制应用是罕见、小众的处理做法,独创、融合的建筑形式仍然是城市建设发展的主流。

在哈尔滨,采用源自俄国本土的结构形式的建筑有 2 处比较典型。其一是绥芬河公园的凉亭,约建于 1903 年,由 8 根桅杆支撑木质屋顶,极具张拉动态特征,是一座典型的俄罗斯风格建筑小品。该亭与 1882 年莫斯科全俄工业博览会中的音乐亭完全相同。其原因就是 2 所建筑都由同一个建筑师——В. П. 蔡德勒(Владимир Петрович Цейдлер)设计建造,但是蔡德勒却从未踏足哈尔滨,极有可能是中东铁路管理局直接使用了蔡德勒的早期设计图纸(图 6-16)。

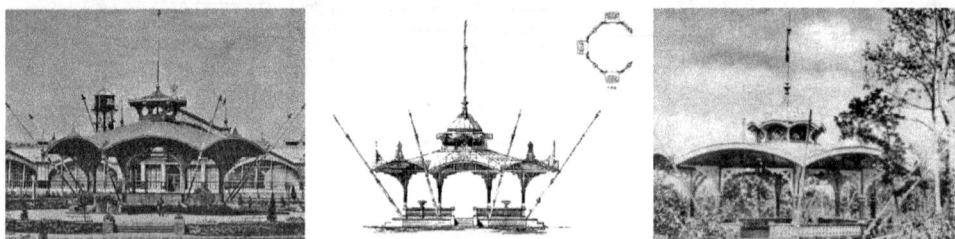

a) 莫斯科全俄工业博览 b) 绥芬河公园凉亭,1903 年
会中的音乐亭,1882 年

图 6-16　В. П. 蔡德勒设计的两处相同的音乐亭

另外一个典型的案例则是哈尔滨的圣索菲亚教堂,虽然普遍认为其建筑师为大名鼎鼎的 Ю. П. 日丹诺夫,但是克拉金在考察之后认为其建筑师应为 М. М. 奥斯科尔科夫。1901 年,奥斯科尔科夫在原圣彼得堡古图耶夫斯基大教堂的基础上,设计建造了位于布拉戈维申斯克的圣三一教堂。1923 年奥斯科尔科夫从哈巴罗夫斯克来到哈尔滨,他将设计图纸稍作改动,在略微调整高度、比例的基础上,建造了与圣三一教堂几乎完全相同的圣索菲亚教堂(图 6-17)。两个地区相同的建筑形式反映了建筑师(或设计图纸)的跨地区流动情况,将已有的建筑进行二次建造,也蕴含了经世致用的技术思想。

a) 古图耶夫斯基大教堂，
圣彼得堡，1892 年

b) 圣三一教堂，布拉戈
维申斯克，1901 年

c) 圣索菲亚教堂，
哈尔滨，1923 年

图 6-17　相同图纸设计建造的教堂

6.2.2　多变灵活——结构单元的因地制宜应用

中东铁路近代建筑以标准化设计为基本特征，遵循着定型、秩序的设计原则，即桥梁、隧道等铁路设施以及住宅、公建、车站、兵营等附属建筑都有着标准的设计规范和不同等级的设计要求。在这些定型、秩序的建筑形式之下，技术仍具备适宜性灵活调整、因地制宜的特征，主要体现在设计和建造两个方面。

6.2.2.1　建筑设计中的灵活可变潜力

在众多中东铁路近代建筑的设计图纸中，多数只有基本的平面、立面、剖面规则，而未对材料、布局、空间进行精细的划分，加之建筑本身特殊的体量、形式，这都为建筑的后续发展改造提供了一定的潜力，也是众多建筑遗存至今的重要原因。

（1）平面空间的灵活调整

中东铁路的近代建筑，在平面上多为规整的矩形平面，没有过多的凹凸变化；在结构上普遍为南北的纵墙承重，少数为南北纵墙和室内通长纵墙共同承重；在室内空间划分上，除受力隔墙采用砖材砌筑外，其余均为简易的木板隔墙，由此带来的潜在影响就是平面的灵活调整潜力极大。

事实上，早在 1932 年日本侵占中东铁路并进行住宅改造运动之时，住宅平面可灵活调整的特质就已经表现出来，这主要表现在 3 个方面。首先，由于住宅平面多为规整的矩形，由此可以在平面的山墙两侧新增浴室功能空间，浴室与建筑主体形成体量、高度上的对比，并没有破坏其乡村田园的视觉感受；其次，室内空间以简易木质隔墙划分，可以方便拆除后重新以"帖"为单位划分空间，也方便了从俄式起居向日式榻榻米起居的生活方式转变;最后,室内空间高度普遍在 4.2 m 左右,日本的改造在桁架之下增设了一层架空吊顶,在降低室内高度同时也使空间更加温馨(图 6-18)。

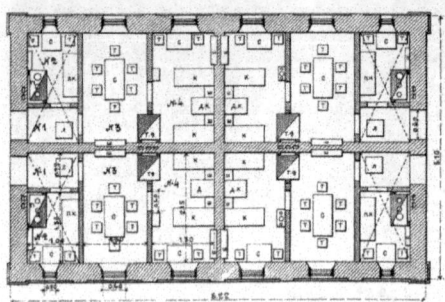

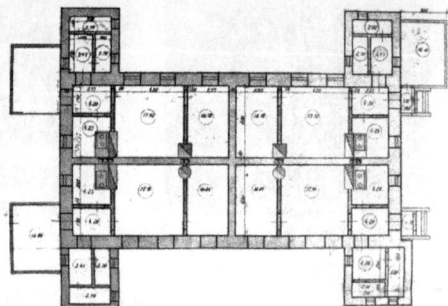

a) 平面四角增加浴室使用空间

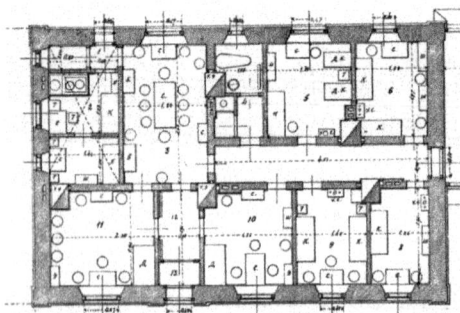

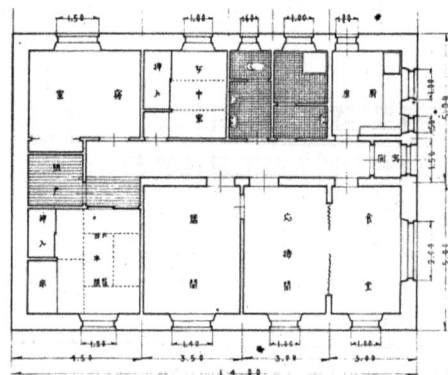

b) 重新划分平面空间

图 6-18 1932 年后日本对中东铁路近代建筑平面空间调整示意图

另外,马厩、兵营、货场等建筑由于采用规整的排架结构,所塑造的空间形态颇具密斯"通用空间"的理性意蕴,使用者也可根据需求进行适当的调整。尤其是新中国成立后铁路遗产收归国有,人们使用简易的木板灰泥墙体将原本的通用空间分隔成双面廊形态的"二十八家住宅"(一栋住宅居住二十八户)或学校——以中间走廊为交通要道,在两侧均分使用空间。这在东线的玉泉、一面坡、横道河子、穆棱等地非常多见(图 6-19),从而彰显了平面形态的多样化利用特征。

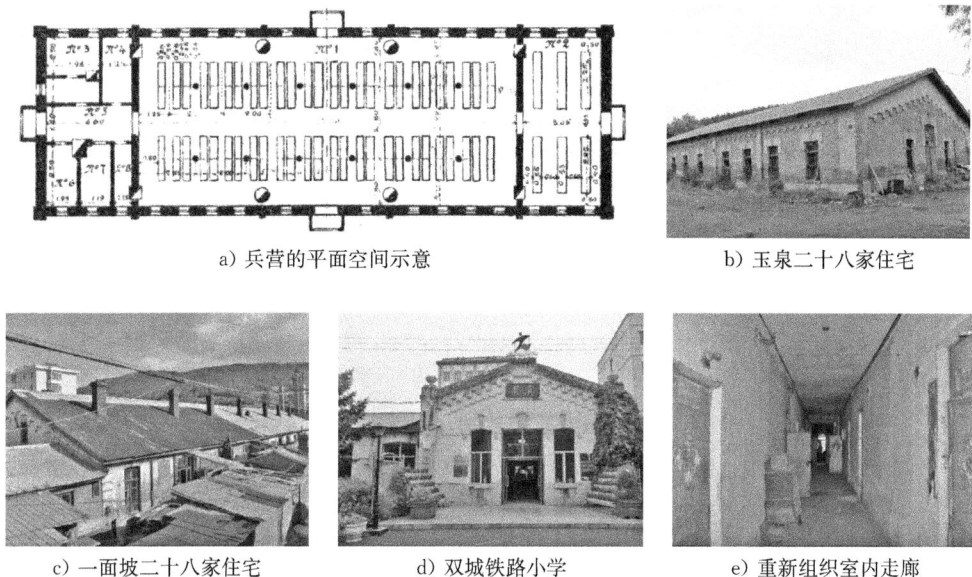

a) 兵营的平面空间示意

b) 玉泉二十八家住宅

c) 一面坡二十八家住宅

d) 双城铁路小学

e) 重新组织室内走廊

图 6-19　"通用空间"的平面调整

（2）建筑体量的可变增加

建筑体量的可变增加，虽然反映了人们对中东铁路近代建筑的可拓改造利用，但是早期建筑中的空间层次变化、砖混桁架结构的使用才是体量可变增加的潜在基础，这些变化体现在竖向的层数增加和横向的面积增加两个方面。

层数的增加主要是应用在带有局部二层的建筑中。在后期的使用中，将原本处于局部的二层拓展为与一层完全相同的平面，从而增加了建筑的使用面积，这类建筑以医院、车站为主。由于局部二层的建筑并不多，因此竖向的层数增加也不多见，更多的是以水平的横向增加为主。

日本侵占中东铁路之后，伴随着第二次工业革命中火车动力从蒸汽机向内燃机方向的转变，原有的机车库已经无法容纳长度增加的内燃机火车头，增加机车库长度成为必然的选择。由于多数的机车库采用的都是"桁架柱＋工字钢梁＋拱形钢筋混凝土屋面"的受力结构，空间长度的扩展变得极为简单——只需沿进深方向增加工字钢梁和钢筋混凝土柱即可。这种体量可变的潜在影响虽然在设计之初可能并未考虑，但是却能灵活多变地满足使用需求。再如沿线大量的五等车站，设计之初由于附属地内人口稀少，车站体量很小，面积也仅有 120 m^2，采用的是两侧纵墙承重配合木桁架的砖混体系，这就为后期面积的扩展提供了潜力，只需相应地延长纵墙长度和增加木屋架榀数即可，新增加的空间与原建筑在材料、高度、装饰、门窗等方面保持高度一致。如今铁路沿线的玉泉、细鳞河、碛岗、赫尔洪德等地的车站都采用了这种增加方式(表6-10)。

表6-10　建筑体量的可变增加方式

增加方式	建筑名称	设计图	完成照片	当前照片
竖向增加	中东铁路中央医院病房			
	扎兰屯火车站			
横向增加	马桥河火车站			

6.2.2.2　施工建造中的因地制宜选择

(1) 基于功能的材料选择

中东铁路沿线建筑的材料选择使用,除受结构、运输、产地等因素的影响外,还比较注重建筑功能与建筑材料的契合,以形成建筑独特的性格特征。

以铁路工业、军事建筑为例,如机车修理库、铁路仓库、小型营地等,其主要功能是维护与守备铁路正常运营,防止人为蓄意破坏,这类建筑本身就具备性格冰冷、不易近人的功能属性,因而普遍采用极为厚重的石材或混凝土材料。尤其是石材质地坚硬、触感冰冷、表面凹凸不平,其劈裂所形成的尖锐形态更是给人以原始粗糙的感觉;加之凌乱粗细的灰缝连接和冰裂破坏的灰缝形态,无时无刻不在向世人传递着洪水猛兽般的工业文明;同时石材本身就具备较强的抗压性能,与工业、军事建筑达成了彼此的双赢。

再如沿线的一些行政、公共建筑,既要求庄重威严的视觉形象,还要兼顾一定的人文情怀,其材料选择同样为石材,但是工艺处理较之工业与军事建筑更加细腻,以降低冰冷原始之感。加工处理之后的石材表面更加光滑,石材之间的灰缝连接均衡统一,石材使用浅灰、褐色等暖色来调和质感,如此的工艺处理使石材达到自然气质和浪漫人文的均衡。石材在军事、工业和行政、公共建筑中的应用表明,这类建筑材料多数情况下并不是因地制宜的材料选择,而是基于建筑功能的考虑。

与石材在大型建筑中广泛应用形成鲜明对比的是木材的选择应用。该类住宅以木刻楞为主,并形成原木叠垒和板材拼贴两种外观形态。满洲里、海拉尔的木刻楞住宅以原木叠垒为主,没有任何门窗装饰,直截了当的木筑形体与当地高原风貌、寒风凛冽的建筑地景融为一体;而伊列克得、横道河子地区的木刻楞住宅则以板材拼贴为主,这些木刻楞带有明显的上中下分层装饰,也更加具备俄国乡村建筑气息,与地区周围的青山、绿水、牛羊等人文环境同样相得益彰。木材的两种应用逻辑不仅塑造了不同的住宅性格,而且与更大范围的城镇地貌相辅相成,材料选择使用明显具有浪漫的人文特征。

（2）施工建造的灵活变通

与铁路沿线建筑设计中的定型秩序的严谨性相比,建筑的施工具有更强的灵活特征,它更关注在确保结构稳定的前提下如何使建筑工程快速实现,简化构件连接处理、降低加工工艺难度成为比较常见的措施。

在屋架的施工上,虽然《中东铁路标准化施工图集》制定了单柱、双柱、系梁等多种桁架设计标准,但是在实际施工中能够完全遵守屋架设计标准的建筑少之又少。小型建筑屋架构造和施工均较为简单,尚能遵循原始的屋架设计,一些大型的公共、行政建筑则截然不同,尤其是在远离枢纽城市哈尔滨的二、三等城镇地区,在施工中对屋架结构的灵活调整非常多见。以一面坡的外阿穆尔军区司令部和铁路疗养院为例,其桁架没有形成"槫"的结构逻辑,而是对结构构件（如斜撑、下弦、中柱）进行了灵活删减以降低施工难度,增加"脊木""垫木"（与外墙通长,位于外墙顶部）确保结构稳定,如此灵活的施工调整虽然致使结构不再严谨规范,但是并没有降低结构强度,反而提升了施工速度,降低了构件的加工处理难度。而一些建筑屋架甚至完全抛弃原有的结构设计,如扎兰屯避暑旅馆,原设计采用的是双柱桁架,施工中则更改为系梁桁架配合钢拉杆的复合桁架,这种桁架较之原始设计受力更合理,并且也成为扎兰屯地区普遍采用的屋架结构。

在墙体施工中,灵活变通也比较常见。以砖材砌筑墙体为例,之前的分析已经表明交替砌法、英式砌法、美式砌法、弗兰芒田园砌法是比较常见的墙体砌筑形式,然而同一面墙体经常会出现不同的砌筑方式,尤其是在山墙的砌筑施工中——底部使用标准的交替砌法,上部的三角山花部分则因宽度的缩减而采用美式砌法或弗兰芒田园砌法。建筑的窗间墙也常因为宽度过小，无法施展标准砌筑模式而随意砌筑，甚至在博克图还有同一个建筑的山墙和纵墙使用不同砌筑方式的实例。

在石材建筑中，基于施工方便的灵活调整则更为多见，尤其是对于建筑的门窗拱券、墙体转角等细节部位，材料的相互搭接咬合要求工艺尺度的严谨处理，石材的细致化加工势必影响施工建造速度和工程难度，砖材拱券、转角融入石材建筑成为通用的做法，而事实上中东铁路沿线几乎没有完全采用石材砌筑的建筑。局部砖材构件的融入降低了建筑施工难度，同时砖材、石材的"图底转换"有时也会产生意想不到的装饰结果，如东部线的大量石质住宅，其窗口密集排布造成砖材拱券间距极近，对原本的石材底图形成冲击，实现了镶嵌的图底关系。石材和砖材的融合除拱券、转角等结构部位外，山墙的山花部分也可用砖材、木材更迭，这在东部线的穆棱一带较为常见，同样是基于施工便捷、成本降低的考虑。

6.2.3　求同存异——异质语境的技术创新探索

在经历了技术传播初期单向的"黑箱模型"之后，技术的社会型塑（Social shaping of technology）作用愈发明显，技术向"多向模式"维度演进发展，原本独立的西式建筑技术开始越来越多地受到地域建筑文化的影响，异质语境的技术创新探索成为中东铁路近代建筑技术发展融合的重要方向，技术体现出求同存异的工艺特征。

6.2.3.1　地域建筑文化的吸纳融合

（1）传统建筑结构的融合应用

中东铁路修筑之时，除双城、海拉尔、呼兰、阿城等一些地区因军事屯边、人口发展而略具城镇规模外，多数的沿线地区都处于社会生产极度落后的状态，采用土坯、茅草、树枝建造"马架子"简易临时住宅和"木骨泥墙"的构造做法极为常见，并显示出极强的生命力，这种"低技术"的营造策略被中东铁路管理局吸收借鉴，体现出对地域建筑技术的尊重与融合。

"马架子"其实是一种介于窝棚和正房之间的过渡形态，早在金上京时期就已经出现，它以土坯砌墙、草苫屋顶，形似一匹趴着的马而得名，或者是以简易的原木搭接成"人"字形屋架，表面糊上土坯茅草混合物。马架子在东北有着较长的建造历史，至今哈尔滨还有一些诸如杨马架子、李马架子的地名。马架子曾在中东铁路修筑初期广泛建造，作为中国工人的临时居所。1902 年哈尔滨疫病暴发之时，中东铁路管理局曾在道里、南岗的中央医院附近快速建造了大量马架子形态的临时隔离病房,但其较之中国工人居住的马架子工艺有所考究,如室内有时会使用双柱以扩大空间面积,"人"字形屋架上用木板拼贴之后再覆盖茅草泥土等。马架子的构筑形态非常符合临时性建筑的特征,取材自然、工艺简单,可以快速施工建造,疫病结束之后方便拆除而不浪费材料,极具经济特征,彰显出对低技术的适应策略。

与马架子的临时形态相比,"木骨泥墙"则具备更高的工艺水平。它以木材为墙体骨架,两侧支撑模板,中间填充生土、秸秆混合物后夯实而成,有着更坚固的结构特征和更长的使用寿命,因而也更为中东铁路管理局所接受。中东铁路管理局就曾为中国工人设计建造了家庭住宅、集体宿舍2类居住用房,家庭住宅有意增加了火炕和跨海烟囱这一典型东北文化元素,而集合宿舍考虑室内空间封闭、通风不畅而特意设计了连续多跨高达3 m的屋面侧窗,反映出对中国建筑文化的尊重和对中国工人的关注(图6-20)。同时作为地域性的技术做法,中东铁路管理局对木骨泥墙并没有歧视或贬低,反而将其视作俭省、朴素、廉价的技术工艺,即使在重要建筑中也积极应用,如为俄国工人设计的公寓大楼和一些临时的机车修理库,也采用了木骨泥墙,同时门窗洞口、墙体转角等薄弱部位采用砖砌包边,以提高使用寿命。

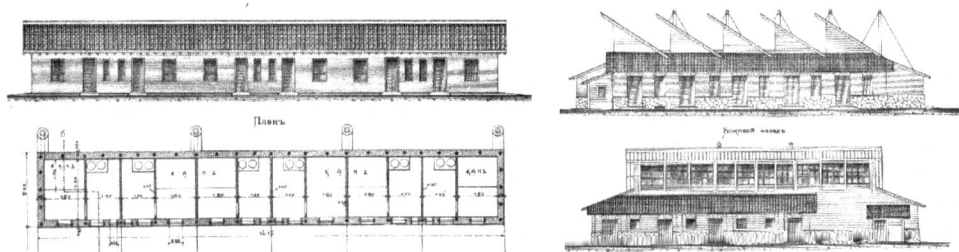

图6-20　为中国工人设计的家庭住宅和集体宿舍

除马架子、木骨泥墙外,作为中国传统建筑大屋顶结构的抬梁式屋架也被中东铁路管理局所吸收创新,但只是在西式桁架结构的外衣下局部使用抬梁构件,比较常见的是西式双柱桁架与中式三架梁的融合,双柱顶部以三架梁连接,三架梁中间立"脊柱"承托"脊木"。从实际应用来看,中东铁路管理局最初对融合的中式屋架的使用较为谨慎,屋架的跨度普遍不大,并且应用也极为有限;随后对这些融合的桁架进行了结构调整,如直接将"脊柱"落在屋架的下弦之上,或者是屋架内部增加西式斜撑来加强固定,改良之后的融合桁架应用比较广泛,跨度也相应有所提高(图6-21)。

图 6-21　融合中式抬梁构件的屋架结构

（2）传统建筑语言的借用

与建筑结构技术的"硬性"融合相比，建筑装饰符号更具"软性"特征，因而也更容易被中东铁路近代建筑所吸收使用，形成整合、混搭的对话机制。从装饰借用的早期实践结果来看，这显然是一种停留在文化形式表层的对话，但是却不失为一种直接有效的方法，比较常见的措施就是在俄式建筑中冠盖中国本土化的装饰主题。

大屋顶可以说是最具中国特色的建筑部位，这一点显然已经被中东铁路的工程师察觉乃至熟知，如在二、三等车站的站内一侧，屋顶从外墙处出挑多达 4 m，以营造廊下的候车空间，如此庞大的坡屋顶产生较强的视觉对比冲击，同期屋面有意向上反卷以形成"反宇"的形态效果。另外在屋面的装饰上，由于东北远离传统中国文化核心区，加之清廷对东北控制力日衰，传统中国建筑中严苛的等级装饰观念被彻底打乱，一些只有皇家建筑才能采用的鸱吻、仙人、走兽、行龙等装饰元素被中东铁路近代建筑随意使用，甚至一些面积不足 60 m² 的五等车站也敢于装饰以正脊行龙和鸱吻，印刻中国百年的等级装饰语言沦为建筑师讨巧的装饰符号。同时，屋面有意突出正脊、垂脊的层次变化和檐口的轻微起翘，无一不是对中国传统建筑审美的浅层模仿。此外，一些车站也在入口上方施重檐的庑殿披檐来强化入口位置。尺寸硕大、装饰繁复的中式大屋顶与线脚、禺石、花饰、落影点缀的西式墙体产生了极大的视觉审美反差，虽然反映了设计师为融合中式文化所做的努力，但是如此表层的肤浅混搭反而造成了"不伦不类"的立面效果。

除了屋顶的中式符号借用外，传统的梅兰竹菊君子情趣也成为中东铁路近代建筑中冠盖装饰的重要素材，如在哈尔滨车站的一个工区当中，其凌乱的石材砌筑墙体上于拱券处闪现出一些菊花、牡丹、回纹装饰。同时，传统中国园林的亭台楼阁景观单元也成为单体讨巧的重要载体，在哈尔滨的铁路职工住宅中就曾设计过西式建筑主体外附加一重檐中式凉亭的做法。但是，设计者有可能意识到了不同文化混搭会造成较差的审美，因而在实际中应用不多。西式建筑主体融合中式装饰符号的混搭做法经中东铁路近代建筑探索成功之后，又被中国工匠所学习掌握，最终产生了被称为"中华巴洛克"文明的道外建筑样式（图 6-22）。

图 6-22　冠盖中式主题的建筑装饰

　　休伯特·德雷福斯（Hubert Dreyfus）基于科学技术史提出的"语境技能获得模型"，将科学技术的获得分为"初学者—高级初学者—胜任—精通—专长—驾驭—实践智慧"7 个步骤，显然中东铁路建设初期对传统建筑的融合处于肤浅的"初学者"阶段，但是在经历时间熏陶和实践探索之后，最终达到"实践智慧"，这体现在阿城、双城的 2 座火车站中。

　　阿城火车站建于 1923 年，系在 1903 年建造的火车站上改建而成。阿城原名"阿勒楚喀城"，原为金上京会宁府，清朝时期为协领衙门驻地，在这样的历史背景下阿城火车站融合中式建筑文化成为必然选择。阿城火车站原来采用的是四等车站标准设计方案——平面"一"字型，悬山屋顶冠以屋脊、吻兽、行龙装饰，入口处施重檐屋面装饰。在 1923 年的改建中，虽然主体结构未变，但是融合的中式建筑文化明显标准合理——新增"檐柱"以营造外廊空间，入口处增设歇山门楼，无论是屋顶的尺度比例、檐角起翘，还是檐柱、雀替、额枋等构件的使用均与中国传统式样没有区别，显示出对中国传统建筑文化元素的"驾驭"掌握。而 1928 年建造的双城火车站，则将对中式建筑文化元素的理解推向"实践智慧"的水平。为了建造这座完全中式的车站，建筑师斯维利朵夫没有拘泥于中国传统建筑中规中矩的轴线对称模式，而是巧妙地运用建筑形式与空间布局的互动，创造出富有变化的韵律场景——建筑非对称布局，打破传统建筑平衡，形体组合高低错落，屋顶拼贴组合极具变化，三层重檐攒尖的阁楼突出了视觉的形象中心，在包含中国传统建筑韵味的同时又富有简洁的现代建筑特征（图 6-23）。

图 6-23　"实践智慧"的阿城、双城火车站

6.2.3.2 独特建筑结构的创新应用

在地域生产力水平、社会经济背景等影响下,中东铁路近代建筑产生了一些不同于俄国本土、独具地域特色的建筑结构形式,满足了当时建筑建造的现实需求。虽然以当代的眼光来看可能存在结构不合理、材料浪费的缺陷,但是却典型地反映了当时人们对地域结构的积极探索。

(1) 廉价地域材料的组构创新

砖材作为最早应用的人工建筑材料,虽然具有建造砌筑方便、形体组合灵活等优势特征,但是工业化配套生产、长距离交通运输也是其不可避免的劣势特征。尤其是在东西部的四五等站舍,城镇规模较小、居住人口不多,采用火车长距离地运输砖材建材不再具备经济优势,取而代之的是地域性的石材、木材、黏土、锯末材料。虽然这些材料在"易建性"上存在缺陷,但是却通过材料的组构创新产生了独具特色的结构形式,主要以多样的墙体形态最具代表性,表现在板夹墙体和复合墙体两个方面。

板夹墙体是一种造价低廉的结构形式,其结构以连续布置的木柱为支撑,柱列内外两侧拼贴木板,木板中间填充锯末、碎砖、黏土等混合物,木板外侧一般都钉"板条子"(菱形交叉的木条网格)后砂浆抹灰,从而形成墙体形态。事实上,板夹墙体结构并不是中东铁路近代建筑的原创,早在18世纪的美国就已经应用,明治维新之后又传入日本,当时被称为"雨淋板",即外侧木板倾斜错缝搭接,注重木材选材的优良和拼贴工艺的精美;而中东铁路近代建筑的板夹墙体外侧采用砂浆饰面,因而木板的选材和拼贴就变得相对粗糙廉价,从而降低了施工操作工艺难度和建造经济成本,也比较适合偏远城镇当时的建造情况。

板夹墙体具有经济、易于建造的特征,曾经在铁路沿线广泛应用。满洲里边境地区曾有大片的板夹墙体住宅群,当时称为"七十栋";哈尔滨也在1902年日俄战争时期在沙曼屯(南岗和兴路、学府路一带)建造了一批板夹墙体住宅用作俄军后方兵营;中东铁路被日本侵占之后,日本当局也曾借鉴这种简易的结构形式,为齐齐哈尔一带的"满洲开拓团"建造了大量简易住宅;即使在新中国成立之后,板夹墙体结构仍极具活力,20世纪70~80年代富林、巴林等地的铁路工人住宅还在采用这种墙体结构(图6-24)。

复合墙体是基于审美、保温、经济等方面的考虑而将不同材料进行"内—外"组合而形成墙体构造形式。

砖石复合墙体是中东铁路沿线比较多见的复合墙体形式,其出现主要是基于2方面的需求。其一是经济需求,中东铁路建设初期顾乡屯砖厂尚未建立,各类砖材主

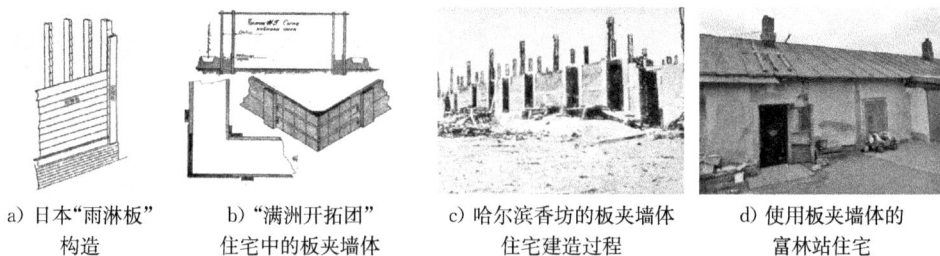

a) 日本"雨淋板"　　b) "满洲开拓团"　　c) 哈尔滨香坊的板夹墙体　　d) 使用板夹墙体的
　构造　　　　　住宅中的板夹墙体　　　住宅建造过程　　　　　富林站住宅

图 6-24　板夹墙体的应用

要依赖从俄国进口,造成砖材价格昂贵,但是作为人工材料的砖材具有一定的人文属性,并且砌筑施工速度较快、砌块小巧利于形体变化,砖材中融合石材等天然材料可以降低建造成本;其二是保温需求,由 5.2.1 节的分析可知,石材墙体即使厚达980 mm 石材墙体的传热系数仍高达 1.54 W/(m² · K),其保温性能尚不及 700 mm厚的砖墙,将二者融合以提高墙体保温能力成为墙体的普遍做法。砖石复合墙体主要出现在西部线的满洲里、博克图、免渡河等地,这些地区地处呼伦贝尔高原,石材的自然墙体外观与当地荒芜粗犷的地貌环境形象契合,融合的砖材又能提高墙体保温能力。以博克图的西大营为例,外墙厚度 700 mm,其中内侧 560 mm 为砖墙砌筑,外侧 140 mm 为石材拼贴,但是由于砖、石之间并没有特殊的构造咬合连接,容易造成外侧石材的脱落。同样的砖石墙体也应用到了哈尔滨中东铁路中央总医院中。

砖木复合墙体的出现则更多的是基于保温的考虑。外侧砖墙厚度 700 mm,内侧贴合半圆木的墙板,同时砖墙表面需砍磨为连续的弧形以便半圆木的嵌入固定,半圆木室内一侧满铺毛毡之后钉灰条子,然后抹灰。砖木复合墙体既拥有砖材的外观,又具有良好的防寒、防潮性能和温润的触觉感受,是一种较高级的构造做法。

砖材也可以与上述的板夹墙体相复合。其外侧为红砖砌筑,内侧为板夹锯末墙体,板夹锯末墙体用材一般,主要起到支撑结构作用,外侧砖墙只起装饰作用。如哈尔滨联发街的住宅,墙厚 580 mm,其中砖墙厚度 270 mm,板夹墙体厚度为 310 mm;再如哈尔滨市工人文化宫院内的小住宅,其建于 20 世纪初期,一层墙体中砖墙部分厚120 mm,内侧板夹墙体厚 200 mm,共厚 320 mm。板夹墙体能够有效提高外墙的保温性能,其传热系数仅为 0.31 W/(m² · K),是保温性能最高的墙体结构形式。

砖材还可以与锯末、毛毡材料复合,普遍采用夹心做法。此类墙体内外两侧为砖材砌筑,中间夹层填充锯末、毛毡保温材料。这在当时是一种非常多见的结构尝试,伪满时期的《满洲建筑杂志》甚至对此进行过专门的分析,但是目前遗存已经不多,仅在横道河子发现了一处住宅。

无论是砖木复合、砖材与板夹墙体复合,还是砖材与锯末、毛毡复合的墙体,都能够有效地提升墙体的防寒保温能力,是一种积极有效的尝试,反映了中东铁路建设中为改善墙体结构所做的努力。但是从这些建筑百年之后的使用情况来看,其结构却不尽合理,砖材和木材之间没有牢靠的构造连接,因而墙体的整体性较弱,两种材料自重不同更容易在沉降中造成裂缝脱落,求同存异的技术创新未能实现鱼和熊掌的兼得(图 6-25)。

图 6-25 中东铁路近代建筑中的复合墙体构造

(2) 新型材料组合的地域重构

20 世纪初虽然钢铁、混凝土等新型材料已经开始出现,但是其应用更多的是探索性的实验尝试,人们尚未对材料的组合连接产生科学的认知,由此也造成了新型材料的多样化发展,在中东铁路近代建筑中也同样如此。其中新材料结构的尝试应用与相邻的日韩和同时期的国内各地产生了鲜明的差异,这方面尤以过渡时期的"波形拱板"结构为主。

波形拱板结构作为砖材与工字钢的新式组合,借鉴了传统的拱券结构,将竖向荷载转化为水平推力。在相邻的日本、韩国的近代建筑中,为降低水平推力对工字钢的潜在影响,普遍会在相邻的工字钢之间增设横向拉杆,从而抵消水平推力的位移破坏,同时也适当地提高了工字钢之间的间距,节省了钢材的用量。而在中东铁路近代建筑中,水平拉杆这一结构构件被彻底删除,取而代之的应对措施是缩短相邻钢轨的距离,来降低承载的水平推力,但这也造成了钢材用量的增加。庆幸的是中东铁路的钢材配给充足,因而没有限制此种结构的使用(图 6-26)。

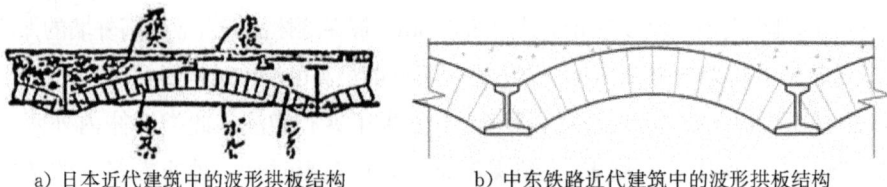

a) 日本近代建筑中的波形拱板结构   b) 中东铁路近代建筑中的波形拱板结构

图 6-26 日本与中东铁路近代建筑中的波形拱板结构对比

混凝土材料引入之后,也与钢材相互组合,形成了类似的结构形式。在相邻的日本、韩国,混凝土、钢材的早期组合方式是在相邻的工字钢之间铺设拱形铁板,其上浇筑钢筋混凝土,外观与前述的波形拱板结构极为相似。而中东铁路近代建筑则采取了更为简洁的做法——直接在相邻的铁轨之间浇筑钢筋混凝土平板,这显然更加符合结构的受力传递规则。《中国建筑现代转型》一书的作者、东南大学建筑学院副教授李海清在看到这类结构形式之后,认为此种结构"只是见过设计图纸,从未在南方的近代建筑中见过实例",可以说这种结构形式在中东铁路近代建筑中的应用极具地域性和创新性(图 6-27)。

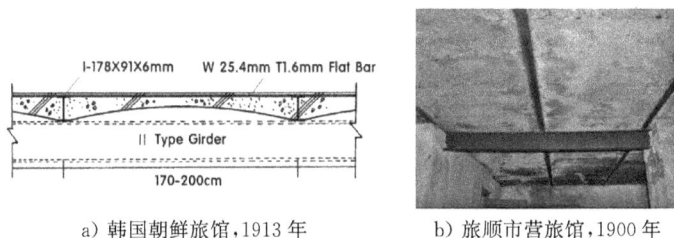

a) 韩国朝鲜旅馆,1913 年 b) 旅顺市营旅馆,1900 年

图 6-27 钢筋与混凝土的组合应用

6.3 感理交织、简单纯粹的技术审美意趣

作为西方工业文明的产物,中东铁路近代建筑并不是俄国相关技术的机械转移复制,相反会融入地域、环境、人文等文化表情,技术产生了浪漫人文气息,同时遵循系统、模件整合概念,形成自由浪漫又简单纯粹的技术审美意趣。

6.3.1 感理交织的技术外在表现

对技术外在表现进行艺术化的加工从而实现技艺结合是建筑中从功能走向审美的普遍做法,中东铁路近代建筑也不例外。中东铁路近代建筑中技术感理交织的首要表现就是其技术的"包容"品质——先进的建筑类型、结构与传统的样式、色彩之间形成一种相互配合和包容的关系,从而赋予原本冰冷的工业建筑一抹文化意味表情。最典型的表现就是大量的工业建筑都无一例外地展现出精美的砖工雕饰效果,砖材的细腻与钢结构的支撑形成了良好的合作关系,在形象上张弛有度、有进有退,在营造通透空间的同时也塑造了轻盈典雅的结构美感。另外,砖混结构外墙中的禺石,脱胎于西式传统建筑中的壁柱装饰;而在中东铁路近代建筑中,禺石除了具有同样的装饰作用外,还起着强化外墙结构、提高转角防寒性能等作用(图6-28)。类似的做法还有很多,技术与艺术的融合、理性与浪漫的交织已经成为中东铁路近代建筑重要的技术审美组成。除了这类寻常的技术审美形式外,中东铁路近代建筑还独具匠心地使用了点景装饰和宏观和谐两种处理手法,作为技术审美表达的重要措施。

a) 哈尔滨铁路总工厂　　b) 横道河子机车库　　c) 穆棱某铁路住宅　　　　d) 马桥河某铁路住宅

图6-28　包容——技术与艺术的统一

6.3.1.1　点景——微观层面里的审美融入

点景即在理性的技术表现上点缀感性的局部装饰,起到"点景"作用。感性的装饰融入理性技术整体之中,构成了整体和局部的有机结合。

(1) 工人工匠的传统审美注入

第2章中的技术语境因素已经强调了工人主观思想对技术表现的潜在影响。在西式主导的技术氛围下,传统中国的审美意趣屈居其次,成为西式建筑主体的附属;但是在等级较低的铁路城镇和远离枢纽哈尔滨的地区,这些审美情趣却显示出强大的生命力,成为建筑整体的重要组成部分。需要指出的是,工人工匠的点景式的审美情趣与6.2.3.1小节讨论的地域文化亲和融合截然不同,前者是"底层基础"的潜意识审美注入,装饰元素与建筑主体属于"整体—局部"的关系;而后者则是"上层建筑"对地域文化吸纳融合后的混搭表现,装饰元素与建筑主体属于"整体—整体"的关系。也正因为如此,工人工匠的"点景"审美意趣更能向观众传达技术的浪漫情怀。

工人工匠的点景式审美意趣主要基于3个方面,分别是图形图案、文字符号和色彩调和。

图形图案是中国工匠最常见的审美表达方式,在近代道外的大量应用逐渐成为"中华巴洛克"的滥觞,中东铁路建设初期,在文化差距影响下尚能得到有效的控制,因而也更能起到点景的装饰作用。"桃"形因其平安多福、健康长寿的图形寓意而在中东铁路近代建筑中应用较多,普遍见于入口雨搭、山墙悬坠等节点的装饰部位,南线一间堡的工区山墙甚至将石材錾凿成桃形,以调和冰冷的石墙外观;"宝瓶"意寓富贵高雅,多应用在建筑的入口门楼之上;"灯笼"象征家庭和美,多应用在建筑转角、窗下墙装饰之中。

文字符号也比较常见。文字寓意以"囍"字为孤例,仅应用于西线会让小站卧牛河的一个工区中,文字由砖材凹凸砌筑而成,上部带有相同工艺的平安结装饰。符号寓意以菱形、太极、花瓣较为常见,菱形具有代代相传、子孙振振之意,一般做法是在红砖墙体上以青砖组合而成,也可两菱相套寓意绵绵不断,菱形图案主要应用在西线碾子山—成吉思汗的局部地区,其他地区未见应用;太极、花瓣多应用在山墙博风板尽端为装饰之用。文字符号装饰比较精美的是西线喇嘛甸的一个工区,在入口雨搭、山墙博风板、悬坠等木构件的表面雕刻了祥云、菊花、寿桃、太极、荷花等多种传统装饰符号(图 6-29)。

色彩调和相对少见,在喇嘛甸的水塔基础中,于灰色的基底之上装饰了一条五彩石砌筑的腰线,也形成了鲜明的对比。

图 6-29 点景式的传统审美注入

具有中国审美情趣的点景式装饰,使千篇一律的铁路建筑外观于细腻隐蔽之处表露丝丝浪漫情怀,虽面积尺度较小但是却给观者带来情趣冲击,为冰冷的铁路遗产增添了些许浪漫情怀。从分布来看,这些悄无声息的点缀更多地应用在西线喇嘛甸—碾子山的局部地区,而在东线几乎完全没有,其可能的原因是西线历史城镇如扎兰屯、齐齐哈尔、海拉尔等分布较多,早期筑路工人雇佣于当地,其潜在的中式审美意识因而迸发。从点景装饰的类型来看,其种类多样几乎未曾重复应用,体现出随机的应用特征。

(2)建筑风格中的和而不同

与传统中式审美较多应用于西部线不同,风格样式的"和而不同"则更多地应用于东部线地区,指的是多样与统一的高度和谐,具体表现是不同建筑风格中的差异性的和谐共处。这些差异性的建筑非但没有破坏城镇的整体风貌,反而因其点景式的存在将城镇的景观审美提升到了更高的水平。

由于采用了标准化的定型设计,中东铁路沿线的车站、公建、住宅等建筑类型都有着相似的建筑样式和装饰风格。这些建筑虽然可以快速建造施工,但其千篇一律难免造成审美疲劳,差异性的建筑风格融入成为调和城镇审美的重要措施,以当时流行的新艺术运动风格较为常见。作为一场席卷欧洲的建筑运动,新艺术运动风格颠覆了工业革命造成的机械式审美,建筑开始具有自然生机的特征。铁路枢纽城市哈尔滨自然不必多说,新艺术形式的住宅公馆、商业建筑与折中主义、古典主义、巴洛克风格等共同奠定了城市风格基调。在偏远的铁路城镇,新艺术运动风格较为罕见,却成为调和小镇基调的重要元素,整个小镇也因此脱离原本居于统领地位的俄式风格而变得"时尚摩登"(图 6-30)。

a) 山市站新艺术住宅 b) 代马沟草原式建筑 c) 大观岭车站

d) 九江泡车站 e) 下城子车站 f) 伊林车站

图 6-30　建筑风格中的和而不同

以东线小镇山市为例,其仅为五等小站,现存铁路遗产 13 处,与沿线其他地域一样,建筑均为砖混结构的典型俄式建筑风格,但这里却罕见地出现了具有新艺术运动风格的住宅案例——连续的木质屋檐被竖向壁柱所打断,壁柱表面带有套圆、垂线的典型装饰图案,构件的转角也采用抹圆衔接。原本的俄式建筑风格成为"图底",出跳的新艺术运动风格建筑成为"点缀",有如画龙点睛般将小镇景观构成变得多元,原本的铁路工业文明开始变得具有人文气息。

同样的点景应用还出现在了代马沟、北林等东部小站,其点缀之笔不再是新艺术风格的建筑,而是一些带有"草原式风格"的住宅。虽然彼时莱特还未出现,但是二者的建筑风格已经颇为相似——建筑低矮强调水平方向的延展,屋顶水平出挑与竖向转角立柱产生横竖对比,适合东部地区地广人稀和山地草原的气候特点。这些带有"草原式风格"特点的建筑将自然的生机融入了沉闷呆板的俄式风格秩序中,同样具有浪漫情怀。

这些建筑风格中的差异表现其实是标准化设计中的非标准案例,体现的是和而不同的包容艺术蕴含。在大观岭、九江泡、下城子、伊林等地的车站设计中,也都采用了非标准设计的车站形制,使得理性的标准化设计具有了感性的审美交织。

6.3.1.2　共鸣——宏观地域中的物我共鸣

建筑技术的审美意趣存在于意之情理、象之形神的艺术语言之中,是通过技术形态、艺术风格以及地域环境构成的技术审美意向世界,从而突出情与景的交融,反映技术语言与周围环境的关联性特征。它反映在宏观地域环境上,就是技术选择和技术表现与地貌环境之间的物我共鸣,而这种情与景的共鸣又有两种表现方式,其一是情景和谐产生共鸣,其二是情景对比产生共鸣。

(1) 情景和谐下的物我共鸣

情景和谐下的物我共鸣体现的是建筑材料与地域风情之间的因地制宜,二者相互和谐达到"共情"的目的,而基于材质、地貌的不同又会产生不同的共鸣体验。

以沿线的疗养基地为例。中东铁路管理局曾在沿线的高山、森林、河流等环境优美之地如巴林、扎兰屯、富拉尔基、爱河等处设避暑疗养基地,其景观环境宜人,因而对建筑材料、结构的选择也尤为谨慎,凉亭、桥梁、栈道等景观设施均选择古朴的桦木,且不做任何加工处理,结构则以优雅的金属悬索结构为主,从而营造出质朴的乡间田园风格,与风景优美依山傍水的优雅环境琴瑟和鸣,提升了共情的观感体验。

物我之间除了可以营造自然有机的共情体验,亦可共融营造茫茫洪荒的原始粗犷,这类共情营造在西部线的高原城镇多见,由于这些城镇地处荒漠戈壁高原,与东线的群山环抱草木充盈相比气候条件更加恶劣,因地制宜营造不同的物我体验成为情景和谐的另一种选择。以满洲里为例,其地处西部边陲,寒风萧瑟、干旱缺雨塑造了原始粗犷的地域环境,建筑材料及表现也尽可能地适应地域环境特征,在满洲里站前的住宅建筑群中,墙体普遍以凌乱的碎石砌筑,或者是以未经加工的粗糙原木叠垒,石材青灰色彩调和,原木本色外露,无时无刻不在渲染着冷酷与坚忍。如果说伊列克得等地木材与地势营造出的是"小家碧玉"的话,满洲里的石材与风貌营造出的则是截然相反的"粗糙硬汉",在情景的和谐下,中东铁路近代建筑技术营造出不同的物我共鸣体验。

同样的策略还应用在了四等小站伊列克得的建设之中。建筑群体顺应地貌合理布局,倾斜的缓坡布置经典设计的俄式住宅,坡下平坦地带布置冰窖、水塔等工程设施,建筑的水平延伸与水塔的竖向伸展产生和谐对比。在材质上,住宅群体都分为上下两层,上层木作,下层石作,上下层都有独立出入口与所在地平连接,上层木构遍布木雕装饰,从山花墙板、檐口版、窗罩、贴脸到门斗,经典的俄式镂空雕花将整座建筑装点得如同身着华丽民族服饰的俄罗斯少女,无论从任何角度观赏都可饱览建筑的风姿。舒展的铁道、耸立的水塔、精美的住宅与舒缓的地貌完美融合,共同形成了一幅优雅的画卷(图6-31)。

a) 沿线的疗养基地景观

b) 物我营造的自然有机——伊列克得小镇景观

c) 物我营造的粗犷原始——满洲里边境景观

图6-31　情景和谐下的物我共融

(2) 情景对比下的物我共鸣

与上述情景和谐的共情体验不同,情景对比下的物我共鸣强调地域所用材料、风格与环境的对立冲突,通过不和谐的差异对比营造另类的物我共鸣体验。

以西线的会让小站新南沟为例,其地处兴安岭脚下的雅鲁河谷,中东铁路全线最重要的铁路设施——新南沟螺旋展线即位于此,铁路环绕小镇呈螺旋攀升,石拱隧道、钢筋混凝土碉堡和涵洞等铁路工程设施共同塑造了冰冷严酷的铁路工业文明。与之对应的是小镇建筑普遍以石材、木材为主,尤其是多处木刻楞住宅以板条拼贴装饰,冠以门窗雕花、线脚装饰,色彩以黄、红等暖色为主,温暖的铁路建筑与冰冷的工程设施形成鲜明对比,冲突调和而传递出不一样的共鸣体验(图 6-32)。

a) 新南沟——隧道、碉堡与木刻楞建筑

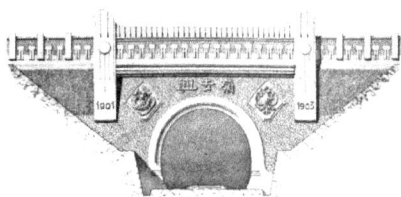

b) 兴安岭隧道——铁路景观与帝国新艺术装饰

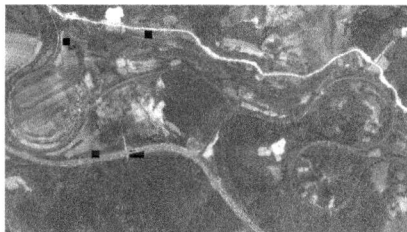

c) 展线——铁路工程与浪漫形态

图 6-32　情景对比下的物我共鸣

在兴安岭铁路隧道的出入口设计中,也使用了相同的对比共鸣模式。作为全线难度最高、耗时最长、开凿最长的工程设施,兴安岭隧道能够反映中东铁路工业文明的最高技术水平,因而工业气息最为浓厚。但是其两侧出入口的设计却都采用了与中东铁路管理局相似的新艺术运动设计元素,兽足、套圆、垂线、砖口等都在向观者传递"帝国新艺术"的感受,表面石材拼缝也在模仿有机的蜂窝形状,其自然有机的外观形态与恶劣的地形地貌、冰冷的铁路景观冲突而产生极强的对比,原本的钢铁洪流被弱化调和,折中的情感共鸣得以营造。

对比而生的共鸣体验还应用在了各类拱券桥梁中,其连续统一的视觉韵律可以调和巨大尺寸造成的观感冲击。另外,中东铁路沿线还有大观岭、代马沟、高岭子、拉林河、太平岭、兴安岭6条铁路螺旋展线,虽然是为翻越山岭而建,但其有机婉转的平面形态和简单浪漫的技术处理反而使其独立于铁路景观而存在,具备了浪漫的人文情怀,也是情景对比产生物我共鸣的另类表现。

6.3.2　简单纯粹的技术内在逻辑

与雷德侯在《万物》中提到的中国汉字和艺术的"模件化"生产一样,在俄国本土成熟的技术图式语言加持之下,中东铁路近代建筑的材料、构件、构筑等开始具备"模件化"的组合应用特征,即通用模式、构件互换的模件系统被应用于中东铁路近代建筑技术之中。

关于中东铁路近代建筑中的模件化应用现象,已经有学者对此进行了相关研究,并揭示出模件化的设计语言已被应用到构件、单体、群体等多重维度当中。模件化具有"通用性"和"互换性"两个基本特征,前者指一个模件在多个地点、多个建筑、多个位置中都可以重复使用;后者指通过模件之间的互相排列组合可以得到丰富的结果。这两项基本特征同样适用于中东铁路近代建筑技术中的模件化现象。

6.3.2.1　通用模件的增长方式

通用模件的增长方式在中东铁路近代建筑的设计中通常表现为标准化的建筑形式在不同站点规模的重复应用;技术模式下的通用模件则表现为同一技术原型的自我复制,以实现不同的建筑规模,其间富含两种模件增长规则,即模件串联增长和模件并列增长。

模件串联增长在铁路工程设施中较为多见,石拱桥、桁架桥的拱券、桁架变化其实都是技术模件增长的直接反应,只是在建筑领域相对不够明显。以现存最多的住宅建筑为例,其结构受力表现为木桁架支撑下的外墙受力,平面普遍为规则矩形,室内除分户墙使用永久性的砖材砌筑外,各功能房间均以灵活的木质板夹墙体来划分空间。外墙与木桁架组成通用模件,由此形成规模面积可调的技术体系,只需相应地增加开窗数量和延长外墙长度即可将单户型改造成双户型乃至四户型,承重外墙尺寸从 12.2 m 到 16 m 再到 19.8 m,每次都是以 3.8 m 的模数递增,凸显了外墙和木桁架通用模件的增长方式。当然,住宅形式、平面、层数变化丰富,模件的串联增长并不具备普适的应用特征,建筑中最能反映模件串联增长现象的是在马厩、兵营和大型集合住宅中应用的木质排架结构,这类建筑均采用简洁矩形平面,以木质排架为结构支撑,通过排架模件的串联复制,从体量上改变了建筑的规模、等级。以马厩、兵营为例,排架模件的增加可使马厩的规模从 38 匹增加到 124 匹,兵营居住人数可从 60 人增加到 296 人。

模件并列增长则以各类工业建筑居多。以扇形机车库为例,通过"钢柱＋拱形屋面"模件单元的并置,可实现机车孔位数量的变化,以满足不同等级车站的使用需求。在模件并列增长中还有着模件比例的变化。模件的比例调整在建筑的局部构件和装饰中非常多见,而在结构构件这一维度应用较少,以中东铁路总工厂为典型,其通过"钢柱＋钢桁架"结构模件的比例调整,满足车间的不同使用需求,也体现了工业设施中的结构创新(图 6-33)。

a) 结构中的模件单元

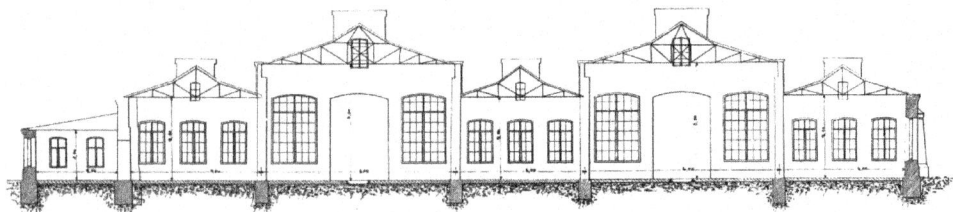

b) 模件增长中的比例变化

图 6-33 通用模件的增长方式

通用模件增长复制的潜在优势就是便于以后的改建、扩建。日本侵占中东铁路之后,就曾尝试将原本俄式住宅空间重新划分,以便适合日式榻榻米的生活方式,甚至将原本俄式住宅水平镜像以扩大使用规模,如果没有"木桁架＋外墙"的结构模件,恐怕日本的改建行为根本无从谈起。后期随着铁路运力的提升和蒸汽机向内燃机的科技转变,扇形机车库中铁路机车的数量和长度都有所提升,因此机车库也需要进行相应的扩建,"钢柱＋钢桁架"的结构模件同样满足了这些扩建需求。

6.3.2.2 互换模件的多样表达

早在中东铁路修筑之前,俄国国内已经对墙体、拱券、梁板、桁架等结构部位制定了规范标准的做法,从而形成了模件化的应用雏形。中东铁路修筑之后,在"标准设计"的外衣之下,结构模件不断衍生变化,系统内容也随之丰富,正如雷德侯解释秦陵兵马俑中俑手、躯干、双臂、俑头模件组合形成姿态万千的兵俑大军一样,墙体、楼面、顶棚、屋架等构件的模件变化也是中东铁路近代建筑技术形态多样化的重要成因。

根据模件化的设计原理,模件可以根据自身属性划分为必选模件、可选模件和专用模件。必选模件是结构中必须具备的模件,是结构的主体和灵魂,如外墙就是砖混结构的必选模件;可选模件是技术体系中可有可无的东西,是自由度较高的模件,受结构体系、建筑功能的影响较大,如楼板模件对于工业建筑来说就是可选模件;专用模件对于某种结构来说是必需的,对于另一种结构来说有可能就成为可选模件。3种模件的组合没有严格的限定,取决于建筑的实际建造需求(表6-11)。

在形成了标准的模件数据库之后,建筑的建造活动就更加简单,只需将相应的结构模件选出并组合,再根据建筑结构和功能需求对模件进行适当调整即可。如采用标准设计图纸的单户型住宅(面积91 m²),在昂昂溪使用砖材外墙,在博克图使用石材外墙,在满洲里使用的则是砖石复合外墙;再如沿线标准设计的机车修理库,同样是在满洲里,其道北的机车修理库采用的是砖混钢框架结构,而道南的机车修理库采用的却是普通砖混结构;再如德惠的教会学校,其南翼采用的是木质梁板结构楼面,而北翼采用的则是钢骨混凝土结构楼面。中东铁路沿线像这样在相同的建筑、平面中使用不同结构、材料的案例不胜枚举,反映的是结构模件在相互组合中的内在规律,同时使中东铁路近代建筑技术具有了多样性的表现特征。

同时在结构模件的加持之下,建筑的建造也更具工业化的装配属性。这种操作方式对于庞大的铁路工程和附属建筑来说具有批量化、集约化的特征,极大地提高了建造的效率,并且随着建筑活动的继续发展和不同地貌环境的不断出现,模件的衍生现象更加多变,模件的数据集合更加丰富,模件的相互组合也更加多样。

模件作为中东铁路近代建筑技术中的隐藏脉络,在具备上述多样优势的同时,势必存在一些局限——这套系统仅能应用在中东铁路建设初期,所营造的技术多样性也只是总体趋同下的大同小异,后期城市进入快速发展之后,"定制设计"取代模件的定型设计成为历史必然,也是人们从工业化思维向艺术设计思维转变的必然流程。同时,标准而成型的模件系统也间接限制了新型结构体系如钢框架、钢筋混凝土框架的发展,在如此高度成熟的模件体系之下,尚未具备模件雏形的新型结构很难在建筑市场取得一席之地,由此也对中东铁路近代建筑技术的进一步发展产生了消极的影响。

表 6-11　中东铁路近代建筑的结构互换模件

部位	互换模件组成
外墙	
外柱	
内柱	
地面	
楼面	
顶棚	
屋架	

6.3.3　主观能动的技术审美传承

马克思曾说:"当人在不断的社会劳动实践中逐步认识并掌握客观对象的规律时,也创造了人类自身,产生了与动物根本不同的人类认识世界和改造世界的主体性……主体在对对象的直观中意识到自身的本质力量,从而获得情感的愉悦,这时审美主体才真正形成。"人类的审美结构是在漫长的历史过程中形成的,其中存在从自然自在向自觉自为的发展过程。在中东铁路近代建筑中,技术审美经历了百余年的发展,已经具备了能够引发审美主体产生相同思想感情的"感染力",并为主体所继承发展,表现在"主体"和"精神"两个方面。

6.3.3.1　拼贴匠式的技术主体延续

中东铁路近代建筑的技术主体仍然属于"建造史"的领域范畴,安托万·皮孔认为建造史和技术史有着本质的区别,前者在历史的维度下一直处于进步的过程,而技术史则不一定。王骏阳则用"拼贴式"形容建造史的发展过程,都是指建筑技术发展过程中的理性或非理性现象。在中东铁路近代建筑中,其技术主体的地域性、合理性和适应性已为当前人群所认知,并随着人们的改造利用而继续延续,呈现拼贴补丁式的发展过程(图6-34)。

a)技术形式主体的延续(一面坡,满洲里,青云,横道河子)

b)建筑整体的拼贴发展(苇河,绥西,青云)

图6-34　拼贴式的技术主体传承

最能为人们所延续使用的,往往是那些低技廉价的结构或材料,而且不同于"上层建筑"中对近代建筑的现代性表达,"底层基础"对中东铁路近代建筑的延续更多的是在经济性的条件下进行务实朴素的再利用,尤以桁架最为典型。在中东铁路建设之初,桁架就因其"用材粗壮、结构简单"的构造逻辑而达到了极高的技术水平,如今这类简单的结构形式依然有着广泛的适应性,砍伐的木材无需过多的精细加工,只需上下弦和连杆的简易固定即能满足住宅、车棚、车间的基本使用需求;同样达到辉煌技术水平的砖石拱券结构,也显示了强大的生命力,在铁路沿线的乡间小镇中仍是桥梁搭建、围墙砌筑的首选结构形式。在材料应用方面,社会生产力的进步已经促使人们逐渐抛弃了中东铁路近代建筑中广为应用的石、木等自然材料,而作为铁路线路使用的钢轨却在淘汰之后被赋予了新的功能,与铁路枕木一起,成为建筑院落围挡、路堤护坡的重要组成材料。原本反映铁路工业文明的材料设施反而具备了朴素田园的性格特征,创造出对比和谐的材料延续方式。

　　而作为技术载体的建筑遗产,也在人们的拼贴式重构中展现出新的适应性特征。门窗、屋顶的尺寸调整和材料更替自然不必多说,更大尺寸上建筑的"完形填空"更显示了人们对历史遗产的充分尊重。如苇河站的一处住宅残损墙体,居民不但没有拆除,反而将其构筑成为建筑的一个重要组成部分;在绥西、青云,为了提高这些近代建筑的使用面积,居民则是砌筑更高、更长的墙体使原有建筑成为新建筑的内部组成,虽然从遗产保护的角度来看主体已经被破坏,但是它们却通过活态的拼贴组构实现了遗产本体的延续。

6.3.3.2　主观的技术审美传承

　　经历了一百二十余年的不间断使用,如今多数的中东铁路近代建筑已经破败不堪,结构失稳、破败漏风、光线昏暗、潮湿阴冷已经成为多数建筑面临的现实问题,由此产生的逃离鄙视、改造动迁成为当前居住者的思想诉求。虽然人们对这些历史建筑颇有微词,但是必须承认的是这些建筑所蕴含的技术审美仍在潜移默化地影响着当地人群的建造思维,直至主观传承。

　　以西线的会让小站旗山为例,20世纪90年代随着附近博林铁路的运力扩展,原本的车站已经不堪重负,于是哈尔滨铁路局在原车站以西建立了新的旗山站和机车乘务员宿舍,但是这两处建筑却呈现出与中东铁路近代建筑极为相似的技术特征——无论是砖混木桁架结构的使用,还是山墙落影、转角禺石、门窗贴脸装饰,都几乎完全相同,若不是檐下类似斗拱的砖饰和略小的比例尺度,观者决然无法将其与中东铁路近代建筑区分。这两处建筑的审美表达或许存在惰性抄袭的主观思想,但恰恰反映了当时人们对中东铁路近代建筑技术审美的直接依赖。同样的情形还出现在了东线的帽儿山、万山、鳌头的火车站建设中(图6-35)。

| a）旗山站 | b）旗山乘务员宿舍 | c）哈拉苏的村民住宅 |
| d）万山站 | e）敖头站 | f）红花岭的住宅护栏 |

图6-35　现代建筑中的技术审美传承

　　及至当前，这种具有典型中东铁路近代建筑技术审美的样式风格仍然在铁路沿途的偏远城镇彰显着强大的生命力。在西线的哈拉苏、南木、富林等地，当地人们在建造新房时仍然会刻意模仿中东铁路近代建筑中的禹石、线脚等附属装饰，以求建筑风格的样式统一；而在东线的红花岭，我们甚至偶遇了一位特别推崇中东铁路技术审美的房主，他不仅将自己的住宅彻底还原成设计之初的原始风貌，而且特意营造了俄式风味浓厚的阳光房、室外长廊、建筑护栏，甚至还在房前屋后栽植俄国人喜爱的榆树、樱桃树等绿色植被。传统技术审美带来的感染力已经深入人心，甚至开始潜移默化地影响人们的生活方式，积累而成的"实践智慧"正在主动延续着一百余年以前的技术审美。

　　在更大的城镇尺度层面上，中东铁路近代建筑群营造的乡村田园风貌也在影响着所在城镇的整体风貌。如东线小镇横道河子，村民新建的房屋不约而同地遵循着层高一层、双坡屋顶、矩形平面、暖黄外墙的潜在规律，配合鳞次栉比的木质电线杆、石块铺就的房前街道、低矮的木质栏杆、裸露的排水明沟，共同延续着铁路建设之初亲和自然、顺应自然的风貌特色。而在西线的小型城镇，其整体风貌审美的延续与横道河子略有不同，如赫尔洪德、乌古诺尔、扎罗木得等地，地势平坦，呈现草原风貌，人口稀少且以牧民为主，虽偶有建筑活动但是分布却极为松散且体量很小，原有的铁路建筑在高度、体量、颜色上仍居于主导地位，辅以周围低矮的土坯配房和牛羊畜棚，反而使城镇乡村田园、与世无争的整体风貌更加突出。不难发现，前者新建建筑对城镇风貌"遵循延续",后者新建建筑对城镇风貌"自降身位",双方都从不同的角度实现了对中东铁路近代建筑审美的主动传承(图6-36)。

a)遵循延续——横道河子的城镇审美传承

b)自降身位——扎罗木得的城镇审美传承

图6-36　两种不同的城镇审美传承方式

本章是对中东铁路近代建筑技术的对比评价和内在伦理审美研究。

(1)在技术成就上,中东铁路近代建筑可谓参差不齐。一方面,传统的木质桁架、排架结构在工业建筑的功能需求之下不断探索尝试,一定程度上满足了工业建筑的跨度、结构需求,并且与国内同一时期的其他地域建筑相比有着一定的技术领先性;另一方面,新型钢结构、钢筋混凝土结构虽然在跨度和应用时间上都居于国内领先地位,但是在工艺配比上却存在许多问题:钢结构采用铸铁因而杂质较多;铆接工艺较差因而使用寿命较短;钢筋混凝土结构则应用极为保守,外观也在模仿传统的石质结构,反映了对新结构的认知还处于初级阶段。

（2）在技术伦理上，形成了经世致用、求同存异的伦理思想。建筑结构的选择注重实用性和经济性，建筑的施工既重视材料的组合和灵活变通，同时积极面对马架子、生土、板夹墙体、中式装饰等地域性的建筑和结构语言，加以融合以适应地方文化，又积极创新建造出不同于俄国和其他地域的独特墙体结构。

（3）在技术审美上，形成了简单技术逻辑下的浪漫审美意趣。审美意趣有点景和共鸣两种方式，点景通过和而不同的装饰符号、建筑风格营造对比差异的审美体验；共鸣则是通过材料与建筑、建筑与环境、工程与环境之间的情景和谐或对比来营造物我共鸣的观感体验。技术内涵则以模件化为特征，以通用模件的增长满足空间、跨度要求，以互换模件的多样表达实现装配化的快速建造，模件化的结构逻辑对后来新型结构的探索应用产生了潜在的消极影响。最后通过拼贴、主观的处理形式，实现了建筑技术审美的沿袭传承。

7 结论

7.1 研究成果

中东铁路近代建筑技术是近代中国东北建筑结构转型、融入世界结构体系的重要见证。本书按照由整体到局部、由表及里、由外而内、层层深入的逻辑体系,做了大量的梳理和分析工作。通过田野调查、文献研究、统计比较、档案归纳、定量分析等方法,本书尽最大可能梳理了中东铁路近代建筑在地域条件和气候影响下的技术表征和技术体系,还原了特定历史时期下的技术表现和成就水平。本书突破了以往片段研究、个案研究的狭隘局限,从新的方法、新的角度进行原创性的研究,逐渐廓清这份遗产的技术原貌,得到了 5 个方面的研究成果。

(1) 本书全面厘清了中东铁路近代建筑技术传播之时的显在和潜在语境因素。技术史的社会型塑理论和语境分析方法均表明,技术发展只有回溯至"切面"式的语境模型才能实现内外史的统一,才能使历史具备叙事意义。一方面,俄国19 世纪的结构发展以及金属、混凝土材料的产量情况、加工工艺、法规政策等显在语境因素无疑都会对建筑技术的传播产生最直接的影响;另一方面,东北地域的客观社会环境和工人的主观能动思想又会对技术表现产生多种型塑影响,促使技术发展从单一的线性模式向多维模式转变。

(2) 本书全面廓清了中东铁路近代建筑材料技术的整体面貌。研究中归纳整理了砖、石、木等传统建筑材料的产地、来源、尺寸、工艺、组合等技术信息,从中可知当时传统建筑材料从加工运输到市场应用已经臻于完善,便于大规模筑路活动的展开;新型的金属材料也因供给充足、工艺合理而在工程设施中大放异彩,在快速施工建造的同时又具有鲜明的时代属性;钢筋混凝土材料则和俄国本土状况持平,原材料的缺乏致使混凝土结构的应用十分有限,并对后期新型结构的发展产生消极的影响。

（3）本书挖掘阐释了中东铁路近代建筑结构技术的演变规律。虽然从砖混结构向钢结构、钢筋混凝土结构转变是近代中国普遍的技术发展规律，但是在特殊的语境影响下中东铁路近代建筑具有地域性的局限特征。砖混结构因相对成熟的技术体系而应用范围颇广，且面对工厂、车间等新型建筑提出的结构、跨度要求，砖混结构于墙体、楼面、屋架等结构部位做出了诸多尝试，因而具备了典型的过渡时期特征；而钢筋混凝土框架结构则在中东铁路总工厂车厢组装车间这一"高光时刻"之后迅速归于沉寂，直至 20 年后才被重启应用，具有典型的"间断"发展特征，也正是因为这一时间的断层，中东铁路近代建筑在新结构的探索应用上逐渐被上海、广东，乃至相邻的南满地区超越，并开始逐渐落后于近代中国多数地区。

（4）本书模拟并评价了中东铁路近代建筑的室内热环境状况。面对地域气候的挑战，中东铁路近代建筑产生了与俄国本土不同的保温调试策略，通过"小尺寸、独立设"的壁炉组合和外墙构造的相互配合，形成了统筹兼顾的采暖体系，同时借助复合的外墙构造、过渡的缓冲空间和被动的采暖设计等众多措施来提高围护界面的防寒性能。借助 Airpak 软件模拟分析了多种功能类型建筑的室内温度状况，结果表明多种功能建筑的室内温度分布较不均匀，多数建筑能够在"部分时间、部分区域"达到室内温度标准，但居住舒适性不足。

（5）本书揭示了多样技术表现背后蕴含的技术伦理和技术审美。技术伦理以经世致用、求同存异为原则，注重技术选择使用的实用经济性和灵活调整性；技术审美则注重感性—理性融合下的技术浪漫形态，并产生了"点景"和"共鸣"两种感理融合意境；技术内在逻辑则相对简单，通过"模件化"的结构组合形成了通用模件增长和互换模件表达两类内在逻辑。

7.2　研究创新点

本书的主要创新点有 4 个方面。

（1）通过统计对比与文献分析，揭示出俄国本土与中东铁路在建筑技术上的"源—流—变"关系，并探索发现中东铁路近代建筑独特的结构演进发展规律。19世纪末俄国的建筑技术发展情况和相关政策法规都对中东铁路近代建筑技术的选择与引入产生了直接影响，东北地域的各类语境影响因素又造就了建筑技术的多样化表达，砖混结构及各类过渡的砖混钢骨结构自始至终贯穿了整个中东铁路建设时空,框架结构在"昙花一现"后又"梅开二度",呈现出间断的二次发展特征。

（2）以模拟分析的方法,还原了特殊时代背景下中东铁路近代建筑的室内热环境状况。各类保温防寒技术的综合运用并没有营造出舒适温暖的室内热环境,"部分时间、部分区域"满足室内温度需求成为中东铁路近代建筑的普遍状况,技术状况相对契合当时的气候环境。

（3）通过定量分析、文献比对,给出了中东铁路近代建筑技术在中国近代建筑技术发展史中的准确定位。木桁架结构、拱券结构在单跨、总跨等方面均领先于国内同时期的其他铁路遗产,金属桁架结构、钢筋混凝土结构在应用时间方面也处于国内第一梯队,尤其是金属桁架结构在 20 世纪 10 年代以前一直处于国内的最高水平。

（4）提炼出蕴含于中东铁路近代建筑背后的深层次的技术伦理和技术审美,诠释了中东铁路近代建筑技术表现多样性的精神内涵,为后续的相关建筑遗产保护提供技术支撑,同时丰富了技术美学研究边界。

7.3　不足与展望

由于本书篇幅和作者能力有限,本书尚存在研究的不足和值得拓展的研究空间,主要有以下几个方面。

（1）当代美国史学的跨国转向研究已经表明关联性叙事框架和"跨国个体"的重要作用,本书的研究更多的是将 19 世纪俄国的技术状况作为叙事背景,而未考虑更加宏观的世界历史状况,对世界如何影响俄国、俄国如何影响东北、东北又如何回馈世界尚没有进行彻底详细的考虑。

（2）1898 年《中俄会订条约》签订后俄国又获得了哈尔滨—大连的支线修筑特权。与中东铁路干线相比,支线的施工速度更快、面临的社会语境因素更加复杂,其技术表现也更为多样。本书只是针对干线的建筑遗产技术进行了分析研究,未包含支线建筑的相关介绍,因而在室内热环境状况、技术水平分析、技术伦理提取等方面的评估分析有可能会有失偏颇。

（3）本书借助语境的"切面"特点,研究的是特定历史时期下的技术表现和技术分析,未对当前的技术现状和结构风险作评估介绍,对"遗产化"的整个遗产历史时期而言稍显不足,这也是值得相关学者继续开拓的研究领域。

参考文献

［1］刘松茯.哈尔滨城市建筑的现代转型与模式探析［M］.北京:中国建筑工业出版社,2003.

［2］莫娜,刘大平.哈尔滨城市边缘建筑文化特质解析［J］.城市建筑,2008(6):82-84.

［3］藤森照信,王炳麟.日本近代建筑史研究的历程［J］.世界建筑,1986(6):76-81.

［4］村松贞次郎.近代建筑史的研究方法　近代建筑的保存与再利用［J］.世界建筑,1987(4):29-38.

［5］张复合.中国近代建筑技术史研究势在必行［C］//张复合,刘亦师.中国近代建筑研究与保护(九).北京:清华大学出版社,2014:3-9.

［6］刘亦师.边疆·边缘·边界:中国近代建筑史研究之现势及走向［J］.建筑学报,2015(6):63-67.

［7］张家浩,徐苏斌,青木信夫."中国工业建筑遗产学术研讨会"既往成果研究［C］//朱文一,刘伯英.中国工业建筑遗产调查、研究与保护:2015年中国第六届工业建筑遗产学术研讨会论文集.北京:清华大学出版社,2016:86-96.

［8］李国友.文化线路视野下的中东铁路建筑文化解读［D］.哈尔滨:哈尔滨工业大学,2013.

［9］包慕萍,村松伸.中国近代建筑技术史研究的基础问题:从日本近代建筑技术史研究中得到的启迪与反思［C］//刘伯英.中国工业建筑遗产调查与研究:2008中国工业建筑遗产国际学术研讨会论文集.北京:清华大学出版社,2009:192-205.

［10］藤森照信.纪念村松贞次郎先生［J］.建筑史学,1997(30):124-126.

［11］村松贞次郎.日本近代建筑技术史［M］.东京:彰国社,1976.

［12］王炳麟."同僵硬的西方现代主义诀别":记日本近代建筑史家村松贞次郎［J］.世界建筑,1986(3):83-87.

［13］藤森照信.日本近代建筑［M］.黄俊铭,译.济南:山东人民出版社,2010.

［14］尹一柱.韩国洋式建筑80年:解放前篇［M］.首尔:冶庭文化社,1966.

［15］金晶东.韩国近代西式建筑的引入及影响研究［D］.首尔:弘益大学,1991.

［16］宋吾尔.韩国近代建筑发展过程研究［D］.首尔:首尔大学,1993.

［17］Jeon B H, Joo S H. Annotation of the architectural drawing in the Japanese colonial period［J］. National Archives of Korea, 2014,7: 367-389.

[18] Joo S H. Characteristics of the use of the western building system with the change of the architectural design in the Japanese colonial period-focused on the facility built by Japanese government-general in 1910s[J]. Journal of Architectural History，2012,21(5)：57-68.

[19] Kim T Y. A study on the introductory process of foreigner's architectural engineering in the late yi-dynasty [J]. Journal of Architectural History，1992, 1(1)：117-128.

[20] 林金花,金泰勇.从立面表象谈吉林边务督办公署的建筑价值:结合日、韩近代建筑及近代建筑技术[C]//张复合.中国近代建筑研究与保护(八).北京:清华大学出版社,2012:358-369.

[21] Kim T Y，Park C S. Treatment of concrete floor slabs in early 20th century Korea [J]. Journal of Asian Architecture and Building Engineering，2010, 9(2)：299-306.

[22] Kim T Y，Park C S，Jung J J. The adoption and refinement of reinforced concrete construction in early 20th century Korea [J]. Journal of Asian Architecture and Building Engineering，2012, 11(2)：253-260.

[23] Park S，Kim T Y，Roh S H. Treatment of brick wall systems in early 20th century Korea [J]. Journal of Asian Architecture and Building Engineering，2011，10(1)：37-44.

[24] Kim M Y，Kim T Y，Park C B. Treatment of western wooden roof trusses in early 20th century Korea [J]. Journal of Asian Architecture and Building Engineering，2009, 8(1)：49-56.

[25] 刘亦师.中国近代建筑发展的主线与分期[J].建筑学报,2012(10):70-75.

[26] 沙永杰."西化"的历程:中日建筑近代化过程比较研究[M].上海:上海科学技术出版社,2001.

[27] 李海清.中国建筑现代转型[M].南京:东南大学出版社,2004.

[28] 刘珊珊.近代中国建筑技术发展研究[D].北京:清华大学,2015.

[29] 李蒻楠.当前中国近代建筑史研究中的地域性差别和不平衡性:基于"中国近代建筑史研究讨论会"数据分析[J].华中建筑,2012(8):14-17.

[30] 武群.广州近代建筑砖砌体墙保护与修缮技术研究[D].广州:华南理工大学,2011.

[31] 彭长歆.广州近代建筑结构技术的发展概况[J].建筑科学,2008,24(3):144-149.

[32] 汤国华.广州沙面近代建筑自然通风技术分析[C]//张复合.中国近代建筑研究与保护(二).北京:清华大学出版社,2001:348-355.

[33] 刘先觉,杨维菊.建筑技术在南京近代建筑发展中的作用[J].建筑学报,1996(11):40-42.

[34] 王昕.江苏近代建筑文化研究[D].南京:东南大学,2006.

[35] 刘佳.镇江近代建筑形态及其演变研究[D].无锡:江南大学,2012.

[36] 黄琪.上海近代工业建筑保护和再利用[D].上海:同济大学,2007.

[37] 聂波.上海近代混凝土工业建筑的保护与再生研究(1880—1940):以工部局宰牲场(1933老场坊)的再生为例[D].上海:同济大学,2008.

[38] 张海翱.近代上海清水砖墙建筑特征研究初探:以上海市优秀历史建筑为例[D].上海:同

济大学,2008.

[39] 蒲仪军.从光陆大楼看上海近代建筑设备的演进[J].建筑学报,2014(2):96-100.

[40] 蒲仪军.被改变的习俗:上海近代建筑采暖历史溯源[J].建筑学报,2014(11):43-47.

[41] 王力霞.外来文化影响下的北京近现代建筑[D].北京:北京建筑工程学院,2008.

[42] 李旋.北京近现代建筑木屋架微生物劣化机理与修复技术评析[D].北京:北京工业大学,2013.

[43] 范磊.北京劝业场建筑特征和修缮技术研究[D].北京:清华大学,2014.

[44] 任怀晟,王晨萱.船业及其装备对天津近代建筑艺术风格的影响[J].硅谷,2008(17):197.

[45] 王苗.中西文化碰撞下的天津近代建筑发展研究[D].天津:天津大学,2013.

[46] 成帅.近代历史性建筑维护与维修的技术支撑[D].天津:天津大学,2011.

[47] 陈雳.楔入与涵化:德租时期青岛城市建筑[M].南京:东南大学出版社,2010.

[48] 王福云,韩勇,谭大珂.青岛近代独立式住宅建筑研究[J].工业建筑,2009,39(6):42-45.

[49] 任璞.青岛近代德国建筑风格研究[D].北京:北方工业大学,2015.

[50] 宋日升.基于材料技术演进的武汉近代砖建筑发展研究[D].武汉:华中科技大学,2013.

[51] 赵彬,吴杰.武汉大学近代历史建筑营造技术研究[J].华中建筑,2013,31(3):114-121.

[52] 袁媛.近代长沙与广州独立式住宅西化历程的比较研究[D].长沙:湖南大学,2006.

[53] 欧阳怀龙,欧阳莎,欧阳苹.庐山近代石工及其建筑营造技艺[C]//张复合.中国近代建筑研究与保护(八).北京:清华大学出版社,2012:568-578.

[54] 李宁.重庆近代砖木建筑营造技术与保护研究[D].重庆:重庆大学,2013.

[55] 陈卓.重庆近代居住建筑研究[D].重庆:重庆大学,2006.

[56] 田惠娟.河南开封地区近代公共建筑研究[D].长沙:湖南大学,2008.

[57] 王秀静.山西近代建筑技术的探讨[J].建材技术与应用,2009(10):18-20.

[58] 苑丽娟.晋北近代建筑概论[D].太原:太原理工大学,2014.

[59] 符英.西安近代建筑研究(1840—1949)[D].西安:西安建筑科技大学,2010.

[60] 郝倩茹.呼和浩特与包头市近代建筑的保护与再利用研究[D].西安:西安建筑科技大学,2005.

[61] 王美秀.基督教史[M].南京:江苏人民出版社,2008.

[62] 刘思铎,黄健.沈阳近代工业建筑及其构造研究[J].沈阳建筑大学学报(社会科学版),2014,16(4):353-357.

[63] 符英,吴农,杨豪中.西安近代工业建筑的发展[J].工业建筑,2008,38(5):39-41.

[64] 敖黎黎.大连近代殖民时期银行建筑研究[D].大连:大连理工大学,2011.

[65] 罗明,柳肃.内陆城市住宅营造技术的近代化研究:以长沙市近代公馆建筑为例[C]//张复合.中国近代建筑研究与保护(八).北京:清华大学出版社,2012:611-616.

[66] 郭晋峰.山西近代基督教教会医院建筑研究[D].太原:太原理工大学,2007.

[67] 刘亦师.清华大学大礼堂穹顶结构形式及建造技术考析[J].建筑学报,2013(11):32-37.

［68］廖文新,朱万明,施玉麒. 上海近代建筑的房屋质量检测方法探讨［J］. 上海地质,2003(4)：
56-58.

［69］杨菁. 从中国到欧洲:"海狸尾瓦"寻踪［C］//2015 世界建筑史教学与研究国际研讨会论文
集. 北京:中国建筑工业出版社,2015:103-110.

［70］Wolmar C. Blood, iron, and gold: How the railroads transformed the world［M］. Public
Affairs, 2010.

［71］Lee R. Railway sites and world heritage status: Some Australian reflections of Indian expe-
riences［J］. Historic Environment, 2008, 21(2): 7-10.

［72］Lee Y S, Chung B H. A comparative study of rail heritage conservation system between
Korea and Japan［J］. Journal of the Korean Society for Railway, 2011, 14(2): 174-180.

［73］Erkan Y K. Railway heritage of Istanbul and the Marmaray project［J］. International Jour-
nal of Architectural Heritage, 2012, 6(1): 86-99.

［74］Bhati A, Pryce J, Chaiechi T. Industrial railway heritage trains: The evolution of a heritage
tourism genre and its attributes［J］. Journal of Heritage Tourism, 2014, 9(2): 114-133.

［75］Srinivas V, Sasmal S, Ramanjaneyulu K, et al. Performance evaluation of a stone mason-
ry-arch railway bridge under increased axle loads［J］. Journal of Performance of Construc-
ted Facilities, 2014, 28(2): 363-375.

［76］Bacinskas D, Kamaitis Z, Jatulis D, et al. Field testing of old narrow-gauge railway steel
truss bridge［J］. Procedia Engineering, 2013,57: 136-143.

［77］Hellebois A, Espion B. Tests up to failure of a reinforced concrete Hennebique T-beam
［J］. Proceedings of the Institution of Civil Engineers-structures and Buildings, 2014, 167
(2): 81-93.

［78］Ahn J C, Song J M. Material properties of structural steel used in modern historical herit-
age of Busan and Gyeongsang in the 1930—1940s［J］. Journal of Architectural History,
2014, 23(6): 39-46.

［79］Baker J C T. Mobility, topicality and landscape: The Darjeeling Himalayan railway, 1881—1939
［J］. Journal of Historical Geography, 2014,44: 133-144.

［80］Bhattacharya N. Leisure, economy and colonial urbanism: Darjeeling, 1835—1930［J］. Urban
History, 2013, 40(3): 442-461.

［81］王斌. 近代铁路技术向中国的转移:以胶济铁路为例(1898—1914)［M］. 济南:山东教育出版
社,2012.

［82］戚斌,于建勇. 胶济旧影［M］. 济南:济南出版社,2014.

［83］贾超. 文化线路视角下胶济铁路建筑遗产的研究与保护［D］. 济南:山东建筑大学,2014.

［84］建筑文化考察组,潍坊市规划局,潍坊市坊子区政府. 山东坊子近代建筑与工业遗产［M］. 天
津:天津大学出版社,2008.

[85] 温玉清. 山东坊子近代建筑遗存及其历史性景观保护随感[J]. 建筑创作,2007(8):146-156.

[86] 邵甬,辜元. 近代胶济铁路沿线小城镇特征解析:以坊子镇为例[J]. 城市规划学刊,2010 (2):102-110.

[87] 伊勃. 滇越铁路:来自法国的解密文件[M]. 许涛,刘春艳,译. 昆明:云南人民出版社,2013.

[88] 庄兴成,吴强,李昆. 滇越铁路史料汇编[M]. 昆明:云南人民出版社,2014.

[89] 肖鹏. 汽笛在山谷中独鸣:滇越铁路小火车之旅[M]. 昆明:云南美术出版社,2009.

[90] 王明东. 民国时期滇越铁路沿线乡村社会变迁研究[M]. 昆明:云南大学出版社,2014.

[91] 吴兴帜. 延伸的平行线:滇越铁路与边民社会[M]. 北京:北京大学出版社,2012.

[92] 范玉洁. 滇越铁路滇段沿线车站建筑窗形制评析[J]. 玉溪师范学院学报,2010,26(3): 29-32.

[93] 董峻岩. 本土建筑与外来文化的影响:以昆明近代本土建筑为例[D]. 昆明:昆明理工大学,2008.

[94] 陈兆俭. 滇越铁路(云南段)近代站房建筑保育研究[D]. 昆明:昆明理工大学,2011.

[95] 陈光毅. 滇越铁路文化遗产保护与再利用的途径探究[D]. 昆明:昆明理工大学,2013.

[96] 段海龙. 京绥铁路研究(1905—1937)[D]. 呼和浩特:内蒙古师范大学,2011.

[97] 白月廷. 京张铁路最具代表性的建筑遗存:康庄机车库及附属建筑[J]. 中国文化遗产,2013 (5):64-68.

[98] 闫觅,青木信夫,徐苏斌. 天津市塘沽南站价值与保护更新探析[J]. 城市建筑,2012(3): 28-30.

[99] 薛林平,石玉. 中国近代火车站之静海站研究[J]. 华中建筑,2012,30(3):163-169.

[100] 吴文衔,张秀兰. 早期中东铁路简史[M]. 哈尔滨:黑龙江人民出版社,2014.

[101] 徐景辉. 风雨中东路[M]. 哈尔滨:北方文艺出版社,2016.

[102] 郭俊胜. 中东路与中东路事件[M]. 沈阳:辽宁人民出版社,2010.

[103] 阿成. 他乡的中国:密约下的中东铁路秘史[M]. 武汉:武汉大学出版社,2013.

[104] 程维荣. 近代东北铁路附属地[M]. 上海:上海社会科学院出版社,2008.

[105] 范立君. 近代关内移民与中国东北社会变迁:1860—1931[M]. 北京:人民出版社,2007.

[106] 范立君. 近代松花江流域经济开发与生态环境变迁[M]. 北京:中国社会科学出版社,2013.

[107] 胡赤军. 近代中国东北经济开发的国际背景:1896—1931[M]. 北京:商务印书馆,2011.

[108] 达日夫. 中东铁路与东蒙古[D]. 呼和浩特:内蒙古大学,2011.

[109] 陈秋杰. 西伯利亚大铁路修建及其影响研究(1917年前)[D]. 长春:东北师范大学,2011.

[110] 陈伯超. 沈阳城市建筑图说[M]. 北京:机械工业出版社,2011.

[111] 王丽. 鞍山近代建筑[M]. 沈阳:东北大学出版社,2010.

[112] 李国友. 文化线路视野下的中东铁路建筑文化解读[D]. 哈尔滨:哈尔滨工业大学,2013.

[113] 丁艳丽. 沙俄在南满洲的建设活动及其影响研究(1898—1907)[D]. 沈阳:沈阳建筑大

学,2011.

[114] 卢庆旼. 近代大连和釜山城市形成及发展比较初探(1876—1945):以近代海路与铁路交通体系为切入点[J]. 建筑史,2013(2):167-184.

[115] 卢庆旼. 中国东北和韩国近代铁路沿线主要城市及建筑之比较研究[D]. 北京:清华大学,2014.

[116] 张军,李姮. 中东铁路沿线站房建筑的再生现状研究[J]. 华中建筑,2014,32(3):192-196.

[117] 张军,刘大平,孙尧. 横道河子中东铁路建筑群遗产价值调研分析[J]. 华中建筑,2015,33(3):95-100.

[118] 张军,张雨婷,李姮. 中东铁路站房建筑表皮再生研究[J]. 华中建筑,2015,33(5):132-136.

[119] 赵艳,邵龙,卞广萌. 中东铁路工业文化景观廊道保护初探[J]. 艺术与设计(理论版),2015(6):73-75.

[120] 李良玉. 关于中国近代史的分期问题[J]. 福建论坛(人文社会科学版),2002(1):76-83.

[121] 刘亦师. "中国近代建筑史"题辨[J]. 建筑学报,2010(6):1-5.

[122] 刘亦师. 中国近代建筑发展的主线与分期[J]. 建筑学报,2012(10):70-75.

[123] 王能能. 语境论视野下的技术发展和创新研究[D]. 合肥:中国科学技术大学,2012.

[124] 成素梅,郭贵春. 语境论的真理观[J]. 哲学研究,2007(5):73-78.

[125] 郭贵春. 走向语境论的世界观:当代科学哲学研究范式的反思与重构[M]. 北京:北京师范大学出版社,2012.

[126] 熊澄宇. 传播学十大经典解读[J]. 清华大学学报(哲学社会科学版),2003,18(5):23-37.

[127] 王汉林. "技术的社会形成论"与"技术决定论"之比较[J]. 自然辩证法研究,2010(6):24-30.

[128] 王汉林. 技术的社会型塑:镇江香醋酿制技术变迁的社会学考察[D]. 天津:南开大学,2004.

[129] 王龙. 论近现代英国钢铁生产技术的发展[D]. 西安:陕西师范大学,2013.

[130] 张广翔,李振文. 俄罗斯冶金业史研究的力作:评《乌拉尔冶金业:从远古到现今》[J]. 俄罗斯学刊,2011(3):88-91.

[131] Adriaenssens S, Schoonjans Y, de Bouw M, et al. Strengthening historic pedestrian suspension bridges[C]// Structural analysis of historic construction: Preserving safety and significance. Boca Raton:CRC Press, 2008: 1383-1390.

[132] Chen W F,Duan L. Bridge engineering handbook:Construction and maintenance [M]. Boca Raton:CRC Press,2014.

[133] 巴拉诺夫斯基. 十九世纪下半叶俄国建筑百科全书[M]. 圣彼得堡:Builder 杂志出版社,1902.

[134] 西伯利亚铁路管理局. 车里雅宾斯克铁路建设图集(1892—1896)[M]. [出版者不

详],1896.

[135] Gasparini D A, Nizamiev K, Tardini C. G. W. Whistler and the howe bridges on the Nikolaev railway, 1842—1851 [J]. Journal of Performance of Constructed Facilities, 2016, 30(3): 40-46.

[136] Kosykh A, Lorenz W, Frommelt K. The roof of the marble palace in saint-petersburg: An structural iron ensemble from the 1770s [C]// Building Knowledge, Construction History. Boca Raton: CRC Press, 2018: 809-817.

[137] James J G. The Russian iron industry (excluding bridges) up to about 1850 [J]. The International Journal for the History of Engineering & Technology, 2013, 83(1): 22-61.

[138] Andreevsky I E. Brockhaus and Efron encyclopedic dictionary [M]. [s. n.],1907.

[139] Souponitski S Z, Sniatkov S V, Grigoriev S E. Early reinforced concrete constructions in Russia: Specific faults and causes of failure [J]. Engineering Failure Analysis, 2001, 8 (2): 201-212.

[140] Mändel M, Orro O. The marvellous reinforced concrete shells of Tallinn seaplane hangars in the context of early concrete architecture in Estonia [J]. Construction History, 2012, 27: 65-85.

[141] Brumfield W C. The origins of modernism in Russian architecture [M]. Berkeley: University of California Press, 1991.

[142] Kierdorf A. Early mushroom slab construction in Switzerland, Russia and the U. S. A: A study in parallel technological development [C]//Proceedings of the second international congress on construction history. Cambridge Construction History Society Cambridge University, 2006, 2: 1793-1807.

[143] Malozemoff A. Russian far eastern policy: 1881—1904 [M]. Berkeley: University of California Press, 2023.

[144] Rhodes B D. Road to power: The trans-siberian railroad and the colonization of Asian Russia, 1850-1917 [J]. Business History, 1992, 34(4): 111-113.

[145] 谭桂恋. 中东铁路的修筑与经营(1896—1917):俄国在华势力的发展[M]. 台北:联经出版社,2016.

[146] 陈秋杰. 西伯利亚大铁路修建及其影响研究(1917 年前)[D]. 长春:东北师范大学,2011.

[147] Fraser B J F. The real siberia: Together with an account of a dash through manchuria [M]. London:Cassell, 1902.

[148] Ready O G. Through siberia and manchuria by rail [M]. Shanghai: Oriental Press, 1904.

[149] 哈尔滨市城市规划局. 哈尔滨:俄罗斯人心中的理想城市[M]. 哈尔滨:哈尔滨出版社,2007.

[150] 李海清. 20 世纪上半叶中国建筑工程建造模式地区差异之考量[J]. 建筑学报,2015(6):

68-72.

[151] 潘一婷,坎贝尔.建成环境"前传":英国建造史研究[J].建筑师,2018(5):23-31.

[152] 高曼士,徐怡涛.舶来与本土:1926年法国传教士所撰中国北方教堂营造手册的翻译和研究[M].吴美萍,译.北京:知识产权出版社,2016.

[153] 范立君.近代东北移民与社会变迁(1860—1931)[D].杭州:浙江大学,2005.

[154] 段禹农.十八世纪俄罗斯建筑艺术中的"中国"情调[J].重庆建筑大学学报,2007,29(5):31-37.

[155] 黑龙江省档案馆.中东铁路(一)[M].[出版者不详],1986.

[156] 满铁北满经济调查所.北满的各种工业现状[M].[出版者不详],1938.

[157] 张书铭,刘大平.东北近代建筑用砖的历史与信息解码[J].建筑学报,2019(2):112-119.

[158] 满洲建筑学会新京支部.满洲建筑概说[M].[出版者不详],1939.

[159] 俞滨洋.哈尔滨 印·象[M].北京:中国建筑工业出版社,2005.

[160] 李浈.中国传统建筑形制与工艺[M].上海:同济大学出版社,2006.

[161] de Arteaga I, Morer P. The effect of geometry on the structural capacity of masonry arch bridges [J]. Construction and Building Materials,2012,34:97-106.

[162] 王燕谋.中国水泥发展史[M].北京:中国建材工业出版社,2005.

[163] 保田虎太郎.混凝土施工に就いて[J].满洲建筑杂志,1928(8):10-13.

[164] 布施忠司.鐵、セメント、モルタル及混凝土に就いて[J].满洲建筑杂志,1930(10):27-32.

[165] 草野美男.鐵筋混凝土設計計算圖表[J].满洲建筑杂志,1934(14):24-33.

[166] 桥本方广.寒中混凝土施工法[J].满洲建筑技术杂志,1928(5):17-28.

[167] 南满冬季施工研究调查委员会.低温時に於ける混凝土の凝結硬化に就いて[J].满洲建筑杂志,1934(14):1-14.

[168] 田中國盆.滿洲に於けるセメント工業と其の將來[J].满洲建筑杂志,1936(16):35-39.

[169] 田島俊雄.1930—50年代中国内陆地区的工业化发展:以西北洋灰和蒙疆洋灰为例[J].海峡两岸近现代经济研究,2011(6):43-64.

[170] Marsh C F. Reinforced concrete [M]. New York:D. Van Nostrand Company,1909.

[171] 杨舒驿.中东铁路建筑砖构筑形态研究[D].哈尔滨:哈尔滨工业大学,2012.

[172] 谢少明.岭南大学马丁堂研究[J].华中建筑,1988(3):20.

[173] 冷天.尘封的先驱:康式钢筋混凝土技术的南京实践[J].建筑师,2017(5):67-74.

[174] 张磊.初探弗朗索瓦·埃纳比克钢筋混凝土体系及其应用[J].华中建筑,2013(11):22-25.

[175] 耿凯.山东省坊子镇近代德日建筑营造和保护研究[D].北京:北方工业大学,2018.

[176] 田中良太郎.ペチカに關する研究[J].满洲建筑杂志,1942(22):9-24.

[177] Dufour A. Le Chemin de fer du Yunnan [M]. Paris:Imprimerie G. Goury,1910.

[178] 谭锦棠.京张路工摄影[M].[出版者不详],1909.

［179］陈亮.南京近代工业建筑研究［D］.南京：东南大学，2018.

［180］崔玉军，时永明，刘国栋，等.黑龙江省松嫩平原南部黑土的元素含量特征［J］.现代地质，2008，22(6)：929-933.

［181］赵鹏.荷载与环境作用下青砖及其砌体结构的损伤劣化规律与机理［D］.南京：东南大学，2016.

［182］张瀚墨.黄仁宇和他的中国大历史［J］.读书，2019(7)：71-80.

［183］王云才.论景观空间图式语言的逻辑思路及体系框架［J］.风景园林，2017(4)：89-98.

［184］中长铁路管理局财产登记室.中长铁路第八工务段房屋平面图［M］.［出版者不详］，1952.

［185］矢崎高儀.北満都市住宅試案に就て［J］.满洲建筑杂志，1939(19)：198-205.

［186］Dreyfus H. How far is distance learning from education［J］. Bulletin of Science, Technology & Society, 2001, 21(3)：165-174.

［187］田中良太郎.ロシア農村住宅粘土と粗朶の家［J］.满洲建筑杂志，1940(20)：25-38.

［188］郭威.中东铁路近代建筑模块化现象解析［D］.哈尔滨：哈尔滨工业大学，2017.

［189］全非非.建筑设计的模块化探研［D］.郑州：郑州大学，2013.

［190］沃尔夫斯.艺术思想史［M］.上海：上海人民出版社，2007.

［191］皮孔，周渐佳.建造的历史：在技术史与文化史之间［J］.时代建筑，2020(3)：12-19.

附录　中东铁路沿线现存桥隧设施数量统计

	工字钢桥	金属桁架桥	石拱桥	钢筋混凝土桥	涵洞	隧道	碉堡
边境—满洲里	10		1				
满洲里—扎赉诺尔	9		1				
嵯岗—赫尔洪德	2						
海拉尔—哈克	5	1					
哈克—扎罗木得	4		1				
扎罗木得—牙克石	9				2		
牙克石—免渡河	7	1	1				
免渡河—乌奴耳	9	1	5	2			
乌奴耳—伊列克得	26		1				
伊列克得—兴安岭	7						
兴安岭—博克图	9		9		4	1	2
博克图—雅鲁	18		2				
雅鲁—巴林	15	1	6				
巴林—哈拉苏	13		16				
哈拉苏—扎兰屯	6	1	12				
扎兰屯—成吉思汗	15		3		3		
成吉思汗—碾子山	15		8		2		
碾子山—龙江	12		1				
龙江—虎尔虎拉	3		3				
虎尔虎拉—昂昂溪		1					3

续表

	工字钢桥	金属桁架桥	石拱桥	钢筋混凝土桥	涵洞	隧道	碉堡
昂昂溪—烟囱屯	3						
烟囱屯—泰康	2						
泰康—喇嘛甸	1						
萨尔图—安达	10		1		1		
安达—宋	1		1		4		
宋—肇东	3				2		
肇东—对青山	4				9		
对青山—哈尔滨	2	1			2		
哈尔滨—阿城	13		11				3
阿城—玉泉	1	1	5				
玉泉—小岭	2		10		17		
小岭—帽儿山	1	2	12		11		
帽儿山—乌吉密	15		22		12		
乌吉密——面坡	14		5		3		
一面坡—苇河	9	1	4		4		
苇河—石头河子	13		4		10		
石头河子—高岭子	8		16		10		
高岭子—横道河子	9		19		8		
横道河子—山市	11	1	12	3	7		
山市—海林	6	1	17	1	4		
海林—牡丹江	4		12		5		
牡丹江—磨刀石	8	2	3		2		1
磨刀石—代马沟	4		5		22	3	
代马沟—穆棱	7		14		18		
穆棱—马桥河	17		4		7		
马桥河—太岭	9		6		17		
太岭—细鳞河	9		1		21		

续表

	工字钢桥	金属桁架桥	石拱桥	钢筋混凝土桥	涵洞	隧道	碉堡
细鳞河—绥阳	10		1		26		
绥阳—绥芬河	11		2		8		
绥芬河—边境	2		9			5	
合　计	403	15	266	6	241	9	9